唐代中后期司法运作研究

宋平 著

岭南古籍出版社
·广州·

图书在版编目（CIP）数据

唐代中后期司法运作研究 / 宋平著. -- 广州：岭南古籍出版社, 2024.12. -- ISBN 978-7-80775-053-6

Ⅰ. D929.42

中国国家版本馆 CIP 数据核字第 20253YE241 号

TANGDAIZHONGHOUQI SIFAYUNZUO YANJIU
唐代中后期司法运作研究
宋　平　著

出 版 人：肖风华

责任编辑：段亚彤
封面设计：奔流文化
责任技编：周星奎

出版发行：岭南古籍出版社
地　　址：广州市越秀区恤孤院路12号（邮政编码：510080）
电　　话：（020）87776449（总编室）　（020）87774479（售书热线）
印　　刷：广州市豪威彩色印务有限公司
开　　本：889 mm×1230 mm　1/32
印　　张：11.375　　字　　数：226千
版　　次：2024年12月第1版
印　　次：2024年12月第1次印刷
定　　价：78.00元

版权所有　翻印必究

如发现印装质量问题，影响阅读，请与出版社（020-87778643）联系调换。

本书由姚国厂先生、杨志文先生赞助出版

自　序

本书是在我博士学位论文《唐代司法官吏与司法运作研究》的基础上修改完成的。2017年我从中山大学历史学系毕业后，继续考虑对博士论文的修改问题，补充了不少资料，也陆续对论文中的一些论点进行思考和更新。然谋生所迫，诸多杂事缠身，直到2024年才完成修改，并把主要的论述集中到唐代中后期司法运作的相关问题，尤其是相对唐初司法运作体系所表现出来的变革问题上。

唐代中后期司法运作自然是随着经济社会基础的变化而变革的。我们从永徽初年长孙无忌主持的对唐律进行官方注疏和解释上，就可窥见唐初制定的许多法律及其相应的司法制度，已经不能完全适应社会的发展了，所以需要对法律进行新的解释。《唐律疏议》的颁布是一个标志性的司法变革事件，论述《唐律疏议》条文及其律令体系的研究已经很多，常论多认为《唐律疏议》是对六朝隋唐法律的总结和集大成之作，相关学术史我在本书"绪论"中进行了梳理。这里想强调的是，在唐高宗之后开始出现的政局不稳、政治诡异多变的背景下，除了《唐律疏议》，目前还没有发现其他完整的、系统性的成文法典留存，司法运作变化方面的情况往往容易被忽略。我们注意到《唐律疏议》中"疏议"部分的内容,结合诏令、判文,甚至冥判故事中所记叙的司法官吏行为来看,可以发现这一时期司法体系与初唐时期的诸多不同之处。这种情况,称之为司法运作体系日渐成熟也好,称之为司法运作的变革也罢,其特性是非常明显的。

大处着眼,小处着手——这是我的博士研究生导师王承文教授时常跟我强调的历史学治学方法。结合本科法学专业学习的经验,我试图用司法制度、法律条文、具体案例三者结合的方式阐述唐代中后期司法运作的问题。第一章"唐代中期司法运作体系的发展与成熟——以公罪和私罪制度为中心"讨论的是司法运作制度建设的问题;第二章"唐代公、私罪与司法运作实践——以'禁囚不如法'罪为例"是围绕具体法律条文的解析问题展开的;第三章"唐代司法官员与吏员考论"探讨执行司法权的官吏,尤其是以"法直"这一具体接触法律条文运用的官职身份变化为例,思考唐至五代、宋初的下层司法官吏的地位问题;第四章从法藏敦煌文书P.2942中的判文案例出发,讨论唐代中后期节度观察使的司法权及其运作问题;第五章针对唐代中后期度支盐铁转运使的司法权及其运作问题,在补充考证唐代中后期新出财税法律和度支盐铁转运司法管辖权的基础上,重点考证了中下层司法官员殷彪的司法职务行为,以及度支盐铁转运使系统司法运作的典型案例邓琬案。这种法制史的研究范式虽然尚粗鄙,但我想结合历史学的研究方法,尝试打破法制史研究中制度、法律条文、人三者之间的壁垒，为解决法史中常见的制度研究和人物研究"两张皮"的研究困境做一些尝试。

法律和历史都是人类社会早期就出现的产物，法律探索人类社会运行的规律，形成规范，进而指导人类行为；历史记录人类活动的轨迹，形成史书，供人类反思与进步。虽然可以把规范人类行为的制度都视为法律，但从法律史的角度来看，只有文字出现后，人类所制定的法律规范，并进行历史的记录和传承，才能被称为法律。古埃及的文字尚未被大规模解读，但其中应有法律方面的内容；公元前18世纪古巴比伦王国的《汉穆拉比法典》已经是一部包括序言、正文、结语三部分，结构比较完备的法律了，说明成文法律已经在人类社会流传已久。中国法史学研究的优势在于，中国古代十分注重文字的记载，法律史料十分丰富。从最终成书于战国、实际内容却是西周便已流传的《尚书》，到浩如烟海的秦汉公文简牍；从敦煌遗书中多见的隋唐西夏官文书，到唐宋流行的笔记小说；从明清两代的刑部档案，到陆续发现的大量契约文书等，都有法律的影子或明或暗地出现。在整理这些法律史料的基础上，去研究制度的形成和变革，再去探寻人类社会发展的规律，也是法史学的一个重要责任。19世纪中期英国法学家梅恩的《古代法》所开创的法史学研究早就表明：法史学是一个需要考证，也需要思辨的学科，既要求证历史的真相，也要探求案件背后的原因，更要思考隐藏在人类历史长河中的发展规律问题。

本科论文导师张兆凯教授、硕士研究生导师向群教授、博士研究生导师王承文教授，都曾对我寄予厚望。然弟子不肖，既感恩老师们的青睐，又汗颜自己不够勤奋，研究迟钝拖延，远未达到诸位老师的期望。今日这本法史研究专著终于出版，可谓积累了几位老师多年的谆谆教诲与耳提面命，引路之德，扶持之恩，在此叩谢。还有诸多师友，或在平日工作中关心帮助，或在学术会议中当面指导，或在论文评审中予以指正，我感激不尽，一一拜谢。

大学同窗好友姚国厂先生、杨志文先生，商海拼搏，事业有成，但深知坐冷板凳从事学术之不易，慷慨解囊，资助本书出版。友谊贵相知，历久弥新。

同样十分感谢岭南古籍出版社的柏峰老师、周惊涛老师、段亚彤老师为本书出版所做的各种劳力费心的推动工作。没有几位老师的大力支持，本书的出版恐怕遥遥无期。

囿于本人学力，书中不足尚多，祈望读者批评指正。

目　录

绪　论

一、唐代司法运作的特点　/ 002

二、学术史回顾　/ 007

三、研究材料　/ 021

四、主要内容与研究思路　/ 025

第一章　唐代中期司法运作体系的发展与成熟
　　　　——以公罪和私罪制度为中心

第一节　唐以前公罪和私罪制度的发展情况　/ 031

第二节　唐代公罪、私罪定义新论及相关制度
　　　　考释　/ 039

　　一、公罪、私罪的定义与判定问题　/ 041

　　二、官吏因职务犯罪不定公罪的特例　/ 053

　　三、公罪轻罚原则及其法理　/ 064

第三节　唐代官吏犯公罪、私罪对其仕途的影响　/ 082

一、公、私罪与官员考课　/ 082

二、官吏犯公罪、私罪的连坐问题　/ 086

结　论　/ 091

第二章　唐代公、私罪与司法运作实践——以"禁囚不如法"罪为例

第一节　唐代"禁囚"概念新论　/ 095

第二节　唐代"禁囚不如法"方面的罪名与司法实践　/ 105

一、"应禁不禁"罪与"不应禁而禁"罪　/ 105

二、使用械具不当罪　/ 116

三、失囚罪　/ 125

结　论　/ 129

第三章　唐代司法官员与吏员考论

第一节　唐代司法官员的名称和职能考　/ 133

一、唐代司法官员称谓考　/ 134

二、唐代司法体系中官员与吏员的职能区分　/ 146

三、唐代司法官员的官职名考　/ 155

第二节　唐代司法体系中的吏员考 / 170

第三节　唐代冥判故事中所见司法官吏的名称与
　　　　职务行为 / 175

　　一、冥判故事反映的司法制度与法制观念 / 176
　　二、冥判故事中司法官的称谓与职务行为 / 178
　　三、冥判故事中司法吏员的称谓与执掌 / 186

第四节　官吏之间：唐代法直身份地位与职能的
　　　　演变 / 189

　　一、唐代法直的设置、品级及来源 / 190
　　二、唐至五代法直地位与司法职能的演变 / 195

结　论 / 200

第四章　唐代中后期节度观察使的司法权及其运作

第一节　法藏敦煌文书P.2942中的判文案例
　　　　分析 / 207

　　一、民事案件的判文 / 209
　　二、行政案件的判文 / 209
　　三、刑事案件的判文 / 213

第二节　唐代中后期节度观察使司法权的行使
　　　　方式 / 217

　　一、弹劾使府僚佐及州县官吏 / 217

二、停止犯罪官员职务、收禁犯罪官员 /222
　　三、参与判决和审覆地方司法案件 /226
　　四、对使府僚佐及州县官吏执行刑罚 /227
第三节　唐代后期节度观察使的司法僚佐及其
　　　　职掌 /228
　　一、唐代方镇判官的设置与司法执掌 /229
　　二、节度观察使其他僚佐与司法运作 /235
结　论 /239

第五章　唐代中后期度支盐铁转运使的
　　　　司法权及其运作

第一节　唐代中后期新出财税法律及财税系统
　　　　司法权的扩张 /242
　　一、漕运、仓库管理方面的刑律 /242
　　二、与盐法有关的刑律 /246
　　三、与榷酒、茶有关的刑律 /254
　　四、与禁私铸钱、恶钱等有关的刑律 /255
　　五、与禁私采矿等有关的刑律 /262
第二节　度支盐铁转运使的司法管辖权 /264
　　一、对财税工商管理系统官吏的司法权 /266
　　二、管辖盐商、茶商、铁商等特殊商人群体的
　　　　司法案件 /272

三、管辖盐户、匠户、茶园户等群体的司法
案件 / 275
四、审理贩卖私盐、私铸钱、私采矿等特殊
犯罪案件 / 276
五、度支盐铁转运使下属机构与州县的司法
管辖权冲突 / 280

第三节 唐代后期度支盐铁转运使官吏司法权的行使
——以《殷彪墓志》为中心 / 285
一、《殷彪墓志》文字补正 / 286
二、殷彪的历官及相关事迹考 / 290
三、殷彪的司法职务与司法行为 / 296

第四节 度支盐铁系统司法运作的典型案例：
邓琬案 / 300
一、邓琬案始末 / 302
二、邓琬案的相关法律问题探讨 / 307

结 论 / 315

余 论 / 317

参考文献 / 321

绪 论

唐代法律制度是中国法制史和唐史研究领域的一个重要课题，许多文史大家做出了丰硕的成果。相关研究主要集中在法律条文和司法机关的考证上，如清代薛允升的《唐明律合编》、仁井田陞的《唐令拾遗》、戴炎辉的《唐律通论》和《唐律各论》、刘俊文的《唐律疏议笺解》、张晋藩的《中国法制史》隋唐部分等，可谓荦荦大观。近些年来，有关唐代司法机构、诉讼制度的研究也日益受到重视。相对唐前期法制史的丰硕研究成果，唐代司法运作方面的研究相对较弱，尤其是唐代中后期至五代这一时段的司法运作情况，还有不少可深入探讨的空间。

丹尼斯·C.特威切特在《初唐法律论》中指出："在研究任何一个法律制度时，需要回答的最重要的问题，也许不只是了解其中的法律条款是如何详细地规定的，而恰恰是弄清这个机制是如何运转的，以及由谁来操纵它的运转的问题。"[①] 我在中山大学读博士期间，选择以唐代的法律制度为

---

① ［英］丹尼斯·C.特威切特著，张中秋摘译：《初唐法律论》，《比较法研究》1990年第1期。

研究方向的时候，导师王承文教授指导我要注意法律实践的问题，不只是对法律条文的研究；要注意法律与司法官吏之间的联系，以此为切入点研究司法运作中的具体问题。出于对唐代司法运作问题的兴趣，我最终以"唐代司法官吏与司法运作研究"为博士论文题目，并于2017年在中山大学通过答辩。此后，我吸收评审专家和答辩专家的意见，把更多的思考点焦聚到唐代中后期的司法运作问题上，最终补充完成本书。

全书从唐代"狱政"概念与司法运作特点展开，将唐代司法官吏设置与司法运作制度的建立二者进行关联论证，再以唐代中后期社会变革大背景下的司法运作之变为重点，讨论这种司法变革的特点及其对后代的深远影响。

一、唐代司法运作的特点

唐代司法运作制度又可称为狱讼制度，其内涵以狱和讼为中心。"狱讼"一词最早出于《周礼·秋官·司寇》，有诉讼、审判等义，但其法律定义包含甚广，有模糊之处。直至隋唐时期，"斗讼"与"断狱"分离为律中的两章，"狱讼"一词有了比较明确的含义，即狱是官吏代表国家处理司法事务的职务行为，讼是百姓参与司法的诉讼行为。从隋开皇三年（583）《开皇律》定律十二篇开始，中国古代的司法运作确立了狱讼分离——用《斗讼》与《断狱》分别规范百姓和官吏的司法行为的制度。《唐律疏议》作为中国古代完整保存的最早的成文法典，不仅在篇目上继承隋《开皇律》，并以司法解释的形式扩充、完善了《斗讼》与《断狱》的条文，使司法制度在立法层面达到中国古代社会的一个高峰。隋唐律所确立的以"狱讼分离"为特点的司法运作制度也为后世宋、元、明、清各朝所继承。

那么，唐代法律中"狱"的概念和内涵是什么呢？《唐律疏议·断狱》开篇言明：

> 【疏】议曰：《断狱律》之名，起自于魏，魏分李悝《囚法》而出此篇。至北齐，与《捕律》相合，更名《捕断律》。至后周，复为《断狱律》。《释名》云："狱者，确也，以实囚情。皋陶造狱，夏曰夏台，殷名羑里，周曰圜土，秦曰囹圄，汉以来名狱。"然诸篇罪名，各有类例，讯舍出入，各立章程。此篇错综一部条流，以为决断之法，故承众篇之下。①

《唐律疏议》因循《释名》的解释，将"狱"的含义理解为确定囚犯情况，故认为断狱律是"决断之法"，是关于怎样确定和执行前面各律所规定的犯罪行为的法律规范。唐代史书中常见断狱、大狱、诏狱、狱讼、决狱等词语，例如，

---

① 〔唐〕长孙无忌等撰，刘俊文点校：《唐律疏议》卷29《断狱》，北京：中华书局，1983年，第545页。按：李悝，或名李恺。

《唐六典》"大理寺"条提到,大理寺卿行使职责有"五听三虑",其中三虑为,"一曰明慎以谳疑狱,二曰哀矜以雪冤狱,三曰公平以鞫庶狱"①,可见在唐代,"狱"更多为司法案件之意,断狱、决狱则意为审理、判决案件。按照《唐律疏议》中"断狱"律的内容,我们认为"断狱"包含如何关押囚犯(禁囚)、如何讯问囚犯(讯囚)、如何断结案件(断罪),以及怎样执行刑罚等内容。这些是司法官吏最为主要的职务行为,代表了狱政的内涵。

现代法律学者多把"狱"的概念等同于现代的监狱,并常使用"狱政"一词指代监狱管理。②其概念误区在于忽视了中国古代司法制度"狱讼分离"的特点,未作狱和讼的区分;并缩小了狱的内涵,将其等同于监狱管理制度。因此,重新定义唐代"狱"的概念,避免以监狱管理取代其代表司法官吏履行职务行为的特性十分必要。

"断狱"律在隋唐时期成为律令中最后一篇,具有决断

---

① 〔唐〕李林甫等撰,陈仲夫点校:《唐六典》卷18《大理寺》,北京:中华书局,1992年,第502页。

② 参见万安中:《我国狱政思想及其发展特征初探》,《学术研究》2002年第5期。他认为:"狱政思想作为监狱管理的指导原则,是监狱立法和监狱管理制度制定和实施的理论依据,它随监狱的产生而逐步形成和完善。"又参见崔永东:《试析中国古代狱政文化的基本精神》,《北方法学》2010年第6期。他认为,"中国古代狱政文化是一个包括监狱管理、罪犯改造、监狱行刑、监管法规、监狱设施及监管理念等在内的文化系统"。

章程的性质,与中古时期国家运作机制的变化有关。魏晋南北朝至隋唐时期,国家运作机制开始发生变化,律令体制建立并逐渐成熟,统治者对国家的治理更多采用成文法律来进行。西汉时以儒家学说作为官吏处理政务行为和断狱依据的方式,在中古时期逐渐消亡。唐初王珪在与太宗讨论治国方略时就认为:"古之帝王为政,皆志尚清静,以百姓之心为心。近代则唯损百姓以适其欲,所任用大臣,复非经术之士。汉家宰相,无不精通一经,朝廷若有疑事,皆引经决定,由是人识礼教,治致太平。近代重武轻儒,或参以法律,儒行既亏,淳风大坏。"[①]王珪认为近代(指魏晋)以来以武立国,轻视儒术,治国参以法律,不再是汉代的儒家经术治国,故而民风不再淳朴,此为近代治国不逮前古(汉代)的原因。王珪"近代重武轻儒,或参以法律"的观点反映出中古以来国家运作机制的变化,即法律在治国中发挥了越来越重要的作用。高明士将这种变化总结为中古国家运作的法制化,他认为中古法制化发展的三个基本特征为"律令法典的儒教化、政治法制化,以及'令'成为制度法典"[②]。

至唐代,儒家学说,或者儒家所尊崇的礼制不再直接

---

① 〔唐〕吴兢编著:《贞观政要》卷1《政体第二》,上海:上海古籍出版社,1978年,第14页。

② 高明士:《中国中古法制化的发展及其历史意义——儒教初次较全面性的具体实践》,荣新江主编:《唐研究》第17卷,北京:北京大学出版社,2011年,第522页。

作为国家行政的依据，而成为制定律令的指导原则，此为不少学者所认可的观点。①这种国家运作机制的变化，表现在司法运作方面，就是汉代至魏晋时期"春秋决狱"（直接以儒家经典作为断罪依据）方式的消亡，确立了"断罪须引法律明文"的原则，即《唐律疏议·断狱》所言"断罪皆须具引律、令、格、式正文"②。唐代断狱律、狱官令等规范司法官吏职务行为的成文法律大量出台，并且规定了司法官吏只能以法律条文作为断罪依据，正是这种变革的反映。因此，考察唐代的狱政，是了解唐代乃至中古时期国家运作、司法运作的重要专题。

法制史研究应包括三个层面：第一个层面是对法律条文的复原和解读，第二个层面是对法律制度的探究，第三个层面是对司法运作的研究。③三个层面的研究相互关联，不可

---

① 参见刘俊文：《唐律与礼的关系试析》，《北京大学学报（哲学社会科学版）》1983年第5期；王立民：《唐律的礼法关系透视》，中国儒学与法律文化研究会编：《儒学与法律文化》，上海：复旦大学出版社，1992年。

② 《唐律疏议》卷30《断狱·断罪不具引律令格式》，第561页。

③ 参见范忠信：《法律史研究的"文化解释"使命——兼论传统法律史研究的局限性》，倪正茂主编：《批判与重建：中国法律史研究反拨》，北京：法律出版社，2002年。范忠信将我国近一百年的法律史研究分为三种路径：第一种是事实描述型，第二种是功能价值评说型，第三种是文化分析型。这是研究方法上的一种分类。从研究对象来分，则法律条文、法律制度和法律运作三种比较合适，而且比较符合研究成果现状的分类。

分割。但就唐代的史料保存状况而言，第三个层面的研究所需资料更为分散，收集难度显然更大。从目前唐代法制史研究情况来看，已发表的成果主要集中于第一和第二个层面，内容多是对唐代律令格式的复原和解读，以及对诉讼制度和司法机构的考察，而涉及司法运作的研究成果较少。究其原因，固然与唐代遗存史料中司法案件的材料比较分散有关，也与史学界重考据、忽视案件复原的研究方法有关。

本书对唐代司法运作的研究，主要集中在唐代司法官吏处理司法事务的具体职务行为上，从司法官吏的角度探讨唐代司法运作中的具体问题。内容以唐代司法官吏在司法实践中的职务行为为基础，在对司法运作的相关法律条文规定、司法官吏设置与职能进行讨论时，特别注意对唐代中后期司法权和执行变化方面的探讨，以求了解在"唐宋变革"大背景下司法运作的变革问题。该研究将有助于我们从司法实践的角度理解唐代司法运作机制，并更深入地理解唐代国家机构运作与司法官吏之间的关系，以及唐代中后期一些司法制度的变革和对后代的影响。

二、学术史回顾

对唐代中后期司法运作的研究，首先要注意唐代法律、典籍、文集等史料中的相关记载和论述。这些是我们了解唐人总结前代司法运作得失、阐述法律条文意义、评述断案公平与否的基本材料。唐高宗永徽年间长孙无忌主持编纂的

《唐律疏议》是总结初唐法律研究与司法实践成果的精华集合,"断狱"律律疏的法理解释和问答部分辑录了具体司法运作条文,保存了初唐时期的部分案例等内容。《唐六典》对中央和地方司法机关和官吏设置的归纳,在一定程度上反映了盛唐时期的司法运作情况。《通典》所收集的大量唐中期诏令、奏疏,是我们研究唐代司法运作变化情况的重要资料。正史对唐代法律条文、司法制度、狱讼案件的记载同样具有重要的史料价值:两《唐书》的《刑法志》《酷吏传》《循吏传》以及《资治通鉴》的总结和评述可视为对唐代司法运作的官方评价。唐人文集中关于案件的记录和评述是反映当时司法运作的重要资料,这些文集集合了唐代法律思想家对司法运作的认识:有适用法律方面的探讨,也有情理与法律条文关系方面的讨论。以拟制的判文为例,唐代最为出名的是张鷟的《龙筋凤髓判》和白居易的《百道判》,其中收录了大量当时的司法案件,还留下了判文作者对法律的认识和使用。这些判文以案例为基础,讨论法律适用是否得当、是否符合当时社会认识,给我们留下的不但是案件的记录,而且也启发我们应当以当时的法律思维去思考司法运作的相关问题。

对唐代司法官吏与司法运作的系统研究起于清末西方法学理论传入中国后,首推沈家本的《历代刑法考》。沈家本为清末律学家,熟悉中国和西方法律,曾主持清末的修律工作。其《历代刑法考》对中国古代法律进行纵向的分类汇集,方便了研究者认识相关问题的历史流变。例如,"历代刑官考"考证唐代刑官为：刑部尚书、侍郎、郎中、员外郎、主事、令史、书令史、亭长、掌固、计史，大理寺卿、少卿、正丞、主簿、狱丞、司直、评事，御史大夫、中丞、侍御史、监察御史，节度使、观察使、团练使、防御吏推官，牧尹、刺史、县令，法曹司法参军事、司法佐。① 该书对唐代的司法官吏做了初步的定义，统计了刑部、大理寺、御史台、地方四个系统的官吏，并列举了唐代的监狱设置、刑具等问题。

从20世纪30年代开始，法制史研究突破了以条文考据和语词解释为主的律学传统，引入了西方法学概念和部门分类的研究方法。关于唐代司法官吏与司法运作的研究，多见于法制通史研究中的诉讼制度、司法制度、法院编制等专题。杨鸿烈的《中国法律发达史》②和陈顾远的《中国法制史》③是对唐代司法官吏和司法运作问题着墨较多的著作。杨氏《中国法律发达史》认为唐代"法院编制"有：中央为直接管理囚禁的大理寺、提起公诉的御史台和分掌司法的刑部，地方为州、府、县的各级行政官兼理司法事务，并设法曹参军事、典狱。该书还介绍了唐律中关于司法的罪名，有虐待被告人、因应禁不禁、徒留（流）送配稽留三种。陈

---

① 〔清〕沈家本撰，邓经元、骈宇骞点校：《历代刑法考》，北京：中华书局，1985年，第1987—1991页。
② 杨鸿烈：《中国法律发达史》，上海：商务印书馆，1930年。
③ 陈顾远：《中国法制史》，上海：商务印书馆，1934年。

氏《中国法制史》第三编为狱讼制度，简略介绍了唐代法律中法官的失出失入和淹禁不决的责任，并提出官员犯罪应区分公罪和私罪的原则，开辟了以法官犯罪行为作为研究对象的新领域。这个时期相关成果的特点是，研究对象以司法机构和罪名为主，使用材料亦多限于正史典籍的职官志、刑法志。

20世纪50年代至80年代初，中国大陆的法制史研究不被重视，有关唐代司法运作的论著乏善可陈。但中国台湾地区的学者和日本学者在这一时期发表了不少唐代法制史研究的重要成果。有关司法官吏与司法运作的研究进展主要有两个方面：一是以现代刑法理论解释唐律的刑法原则和律文；二是注重对法律原典的解读和复原，特别是复原了部分唐令，为研究司法运作中的具体规定提供了新的材料。第一个方面的代表作是中国台湾学者戴炎辉所著的《中国法制史》《唐律通论》《唐律各论》等。戴氏《中国法制史》第二篇"刑事法史"指出公罪为现代法律意义上的行政犯，私罪为刑事犯；公私罪的区分仅限于官吏犯罪；犯公罪者，大体上其刑比较轻，且在处罚上亦有特例。戴氏《唐律通论》《唐律各论》用现代刑法理论对律文进行逐条分析，认为职制、断狱等律中的各罪为公罪。① 戴氏用现代法学观念对唐代律

---

① 戴炎辉：《中国法制史》，台北：三民书局，1966年；《唐律通论》，台北：台湾编译馆，1964年；《唐律各论》，台北：成文出版社，1988年。

文的分析,给后人研究提供了一个新的视角。第二个方面主要是由日本学者仁井田陞和池田温做出的。仁井田陞辑佚整理完成的《唐令拾遗》①,复原狱官令44条;池田温《唐令拾遗补》②又补订狱官令17条,追加参考资料14条,新复原8条。两书辑录了关于唐代中期司法运作的珍贵材料,在复原唐令上做出了卓越的贡献。

从20世纪80年代开始,随着中国大陆法制史研究的逐渐恢复,多部中国法制通史编辑出版,其内容大多涉及唐代司法运作,但这些通史基本上是从机构设置和诉讼程序两个方面做的制度介绍。张晋藩担任总主编的10卷本《中国法制通史》③代表了大陆法制通史编撰的最高水平,隋唐卷由陈鹏生主编。该书隋唐卷第十二章"唐代司法制度"包括司法机关、控告与强制措施、审判、执行、司法教育五个方面,对唐代的司法机关、案件断决程序、监狱管理等内容均有全面的介绍。另外还有多部法制史教材,其内容大同小异,不一一列举。大陆有关唐代法制史的研究,以刘俊文的成果最为突出。其《唐律疏议笺解》考证律条源流并补充他证,

---

① [日]仁井田陞著,栗劲、霍存福、王占通等编译:《唐令拾遗》,吉林:长春出版社,1989年。
② 仁井田陞著,池田温编集:《唐令拾遺補》,東京:東京大學出版會,1997年。
③ 张晋藩总主编:《中国法制通史》,北京:法律出版社,1999年。

资料翔实,给研究者带来了极大方便。① 其著作《唐代法制研究》第三章"唐代司法研究"从受诉(留禁)、拘捕、监禁、审判、申覆五个程序出发介绍了唐代的司法运作概况。② 刘俊文的研究将唐代律文解读和司法制度的研究推进了一大步。

唐代的司法运作有禁囚、讯问、断决、执行等几个方面,也出现了一系列专题研究成果。与本书相关的研究主要有以下几个方面:

第一是有关唐代监狱设置和禁囚情况的研究。薛梅卿的《中国监狱史》是中国大陆学者中较早关于古代监狱史的著作。该书对唐朝的狱政思想、监狱组织和设置、监狱的管理制度等进行了研究,介绍了禁囚、狱具、衣粮及医药、监作、录囚等制度。③ 另外还有梁民立主编的《简明中国监狱史》、李长青主编的《中国监狱简史》等④。专门的研究论文有许章润《唐代的狱政制度》,邵治国《唐代监狱制度述要》,赵友新《唐代狱政制度研究》,王素芬《唐朝待遇囚人之法论要》,阎守诚、李军《唐代的因灾虑囚》,陈俊强

---

① 刘俊文:《唐律疏议笺解》,北京:中华书局,1996年。
② 刘俊文:《唐代法制研究》,台北:文津出版社有限公司,1999年。
③ 薛梅卿主编:《中国监狱史》,北京:群众出版社,1986年。
④ 参见梁民立主编:《简明中国监狱史》,北京:群众出版社,1994年;李长青主编:《中国监狱简史》,北京:社科出版社,1994年。

《唐代录囚制试释》，陈玺《唐代虑囚使职系统的演进与发展》等。①

第二是唐代吏治研究中关于司法官吏管理的部分。重要的论著有徐显明《唐律中官吏犯罪初探》，霍存福《唐代官刑论》，钱大群、郭成伟《唐律与唐代吏治》，巩富文《中国古代法官责任制度研究》，彭炳金《唐代官吏职务犯罪研究》等。②

第三是对司法机构、诉讼程序、诉讼制度的相关研究，亦有对司法运作方面的讨论。重要的论文有贾宪保《唐代北司的司法机构》、王宏治《唐代司法中的"三司"》、刘后滨《唐代司法"三司"考析》、胡沧泽《唐代御史台司法审判权

---

① 参见许章润：《唐代狱政制度》，《法学与实践》1986年第1期；邵治国：《唐代监狱制度述要》，《河北师范大学学报（哲学社会科学版）》2004年第6期；赵友新：《唐代狱政制度研究》，西南政法大学2006年硕士学位论文；王素芬：《唐朝待遇囚人之法论要》，《浙江社会科学》2007年第6期；阎守诚、李军：《唐代的因灾虑囚》，《山西大学学报（哲学社会科学版）》2004年第1期；陈俊强：《唐代录囚制试释》，高明士编：《东亚传统教育与法制研究（一）教育与政治社会》，台北：台湾大学出版中心，2005年；陈玺：《唐代虑囚使职系统的演进与发展》，《求索》2008年第1期。

② 参见徐显明：《唐律中官吏犯罪初探》，《东岳论丛》1985年第1期；霍存福：《唐代官刑论》，《吉林大学社会科学学报》1989年第5期；钱大群、郭成伟：《唐律与唐代吏治》，北京：中国政法大学出版社，1994年；巩富文：《中国古代法官责任制度研究》，西安：西北大学出版社，2002年；彭炳金：《唐代官吏职务犯罪研究》，北京：中国社会科学出版社，2008年。

的获得》等①。一些学位论文也对司法机关和诉讼制度进行讨论，如陈灵海《唐代刑部》、王建峰《唐代刑部尚书研究》、陈玺《唐代诉讼制度研究》等②。这些论文论著数量较多，不一一列举，可参考《二十世纪唐研究》第四章关于司法制度的介绍。③

20世纪80年代以来，大陆出现了数量众多的研究成果，反映出学界对唐代法制史研究的重视。这些研究大体上把唐代前期的司法机关设置、诉讼与审判程序等基本问题整理清楚了，并对部分具体的罪名进行了讨论，为唐代司法官吏与司法运作问题的讨论打下了良好的基础。

唐代中后期法制变化是唐代法制史研究的一个重要问题，其中最显著的特点就是部分使职拥有了司法权。刘俊文是较早注意这个问题的学者，其《论唐后期法制的变化》一文总结了唐后期法制的几个特点：1. 立法方面，统治者频繁

---

① 参见贾宪保：《唐代北司的司法机构》，《人文杂志》1985年第6期；王宏治：《唐代司法中的"三司"》，《北京大学学报（哲学社会科学版）》1988年第4期；刘后滨：《唐代司法"三司"考析》，《北京大学学报（哲学社会科学版）》1991年第2期；胡沧泽：《唐代御史台司法审判权的获得》，《厦门大学学报（哲学社会科学版）》1989年第3期。

② 陈灵海：《唐代刑部》，华东政法学院2004年博士学位论文；王建峰：《唐代刑部尚书研究》，山东大学2007年博士学位论文；陈玺：《唐代诉讼制度研究》，陕西师范大学2009年博士学位论文。

③ 胡戟、张弓、李斌城等主编：《二十世纪唐研究》，北京：中国社会科学出版社，2002年，第175—177页。

编撰格后敕和刑律统类,使敕成为主要的法律形式;2.加重刑罚;3.藩镇、军司、使司等分权。①唐代中后期使职可分为地方军政制度中的使职系统、财政部门的使职系统、宦官充任的使职系统等。宁志新《唐朝使职若干问题研究》认为:"肃宗、代宗、德宗三朝,常设固定的使职越来越多,又形成了以盐铁使为中心的手工业管理系统、以度支使为中心的财政管理系统、以租庸使(两税使)为中心的税收征管系统、以观察使为中心的地方行政管理系统。"②其中地方行政系统节度观察使及其僚佐,财税工商管理系统的度支盐铁转运使及其下属机构逐渐掌握了部分司法权。

唐睿宗时期,为加强对边境的控制设立节度使,掌控边镇的军队和行政权。安史之乱后,中原地区也遍设节度观察使,兼管军队和地方行政,逐渐成为道一级地方行政机构的长官,掌握财政、监察、人事、司法等权力。刘俊文《论唐后期法制的变化》一文认为唐后期使职有设牢狱、禁锢犯人的职权,"唐前期派往诸道之使,有权观风俗、察冤滞,但是无权听讼,更无权禁系、刑杀。然而到了唐后期,盐铁、

---

① 刘俊文:《论唐后期法制的变化》,《北京大学学报(哲学社会科学版)》1986年第2期。
② 宁志新:《唐朝使职若干问题研究》,《历史研究》1999年第2期。

户部、度支诸使事权日重,皆有牢狱,妄专禁锢"[1]。翁俊雄《唐后期政区与人口》认为节度(观察、经略、防御)使成为地方一级行政机构,拥有统军权、财权、行政权以及监察、司法权。[2] 虞云国、张玲《唐宋时期"观察使"职权的演变》认为唐代观察使除了军事职权、政务职权、经济管理职权之外,"在司法方面也拥有权力。……观察使对所部的民讼、刑罚等拥有处理权,对法令行废与否握有决定权"[3]。尽管部分研究者注意到了唐代中后期节度观察使拥有司法权,但是这种司法权具体包括哪些方面,实际的运作情况又是怎样,仍需要我们去进一步研究。

唐代度支盐铁转运使的设置和职权是学术界讨论较多的问题。何汝泉对转运使的研究用力最勤,先后发表《唐代转运使成为固定职官考》《关于唐代转运使的治所问题》《唐代度支使出现时间的探讨》《汉唐财政职官体制的三次变革》《唐代地方运使述略》等文,使我们对转运使的设置

---

[1] 刘俊文:《论唐后期法制的变化》,《北京大学学报(哲学社会科学版)》1986年第2期。

[2] 翁俊雄:《唐后期政区与人口》,北京:首都师范大学出版社,1999年,第26—30页。

[3] 虞云国、张玲:《唐宋时期"观察使"职权的演变》,姜锡东、李华瑞主编:《宋史研究论丛》第7辑,保定:河北大学出版社,2006年,第44页。

沿革、职能有了基本的认识。①吴丽娱所撰《中国盐业史》"隋唐五代的盐业"部分对唐代盐铁机构的运作、变革等问题有概括性的总结。②李锦绣《唐代财政史稿》对度支盐铁系统的官吏设置及财税征收与使用机制的考证十分详细。③这些研究虽在司法职权方面较少着墨，但对我们讨论司法运作颇有参考价值。目前学界对度支盐铁司法职权的研究，集中在巡院拥有监察地方的司法权上。日本学者高桥继男在《关于唐代后半期巡院的地方行政监察业务》一文中，最早提出巡院是与唐后期形成的藩镇体系相对应的一级监察机构。④贾宪保认为："巡院的第二个职能是抓捕、禁系和处决盐犯。"⑤宁欣认为唐后期的财政使及所属巡院有一套中央直

---

① 参见何汝泉：《唐代转运使成为固定职官考》，《西南师范学院学报》1982年第1期；《关于唐代转运使的治所问题》，《西南师范学院学报》1983年第4期；《唐代度支使出现时间的探讨》，《西南师范大学学报（哲学社会科学版）》1988年第3期；《汉唐财政职官体制的三次变革》，《西南师范大学学报（哲学社会科学版）》1997年第1期；《唐代地方运使述略》，《西南师范大学学报（人文社会科学版）》2003年第6期。

② 郭正忠主编：《中国盐业史（古代编）》，北京：人民出版社，1997年。"隋唐五代的盐业"部分由吴丽娱撰写。

③ 李锦绣：《唐代财政史稿》，北京：社会科学文献出版社，2007年。

④ 高橋継男：《唐代後半期における巡院の地方行政監察業務について》，星博士退官記念中国史論集編集委員会編：《星博士退官記念中国史論集》，1978年。

⑤ 贾宪保：《唐代巡院初探》，《人文杂志》1984年第3期。

贯地方的完整系统,巡院在唐后期新形成的监察体系中占有重要的一席,作为新兴的监察机构常驻地方,与御史台、出使郎官御史和其他使不定期巡察共为三方并举的监察体系。① 齐涛认为唐代巡院具有按察地方和提点刑狱之权,是宋代诸路转运使的前身。② 遗憾的是,唐后期有关度支盐铁使及其下属机构在执行刑律、审判案件等司法运作方面的研究却还很少,尚需继续深入探讨。

近二十年来,唐代法制史研究出现了两个新的特点:一是把有关唐代法制变化的问题放到"唐宋变革"的社会背景下进行讨论;二是对敦煌文书、唐代笔记小说、唐人文集以及碑刻等资料的利用,拓宽了史料使用范围。

"唐宋变革"自内藤湖南提出以来已有不少学者进行讨论,并从生产关系、社会阶层、官制、思想等方面进行了研究。法制史方面的相关研究成果集中在法律形式的变化上。戴建国《唐宋变革时期的法律与社会》是其中具有代表性的一部著作,该书对唐代中期以来法律形式、法典修纂、刑罚传承与演化做了系统论述。③ 相对而言,司法运作方面的研

---

① 宁欣:《唐朝巡院及其在唐后期监察体系中的作用和地位》,《北京师范学院学报(社会科学版)》1989年第6期。

② 齐涛:《巡院与唐宋地方政体的转化》,《文史哲》1991年第5期。

③ 戴建国:《唐宋变革时期的法律与社会》,上海:上海古籍出版社,2010年。

究却还较少。

学术界对敦煌文书中法制资料的整理在上个世纪已经起步。刘俊文的《敦煌吐鲁番法制文书考释》即是代表之作[①]，但直到近年来才出现了较多关于司法运作方面的成果。其中有两项成果值得特别指出。其一是郑显文的《新材料、新视野——敦煌吐鲁番文书与中国法律史学研究》，该文对敦煌吐鲁番文书中关于法律方面的文献资料做了分类，并辑录出大量的实务案例。[②] 其二是台湾学者陈登武的《从人间世到幽冥界——唐代的法制、社会与国家》，该书使用敦煌文书中的十王经等材料讨论唐代的司法程序问题，是近年来利用敦煌吐鲁番文书材料研究唐代诉讼制度、狱政方面的力作，可资借鉴。[③] 其他还有诸如黄正建等学者对法律文书等问题的讨论，因不与本书的研究直接相关，不再列举。

明抄本宋《天圣令》的发现和整理是21世纪初唐代法制史研究的一件大事，对唐代司法运作的研究有直接推进作

---

① 刘俊文：《敦煌吐鲁番唐代法制文书考释》，北京：中华书局，1989年。

② 郑显文：《新材料、新视野——敦煌吐鲁番文书与中国法律史学研究》，张中秋编：《法律史学科发展国际学术研讨会论文集》，北京：中国政法大学出版社，2006年。

③ 陈登武：《从人间世到幽冥界——唐代的法制、社会与国家》，北京：北京大学出版社，2007年。

用。戴建国发表《天一阁藏明抄本〈官品令〉考》后①，黄正建等学者以此为基本材料复原了更多的唐令，并发表了一系列法制史方面的研究成果。其主要复原成果《天一阁藏明钞本天圣令校证（附唐令复原研究）》②，是继《唐令拾遗》《唐令拾遗补》后最为重要的唐令复原成果。其中雷闻复原的《狱官令》、黄正建复原的《杂令》等涉及司法运作的内容，为我们研究唐代狱政提供了新的资料。

前人的研究为我们奠定了坚实的基础，但也存在不足和需要深入的地方，主要体现在以下几个方面：

一是部分学者对唐代"狱"的理解有所偏差，忽视了中国传统狱讼制度"狱讼分离"、狱专指司法官吏职务行为的特点。因而，究竟该如何把对司法制度的研究扩展到对司法官吏群体与个体的研究，以便从司法官吏的角度深入了解唐代司法运作机制与变革，仍是需要我们探讨的问题。

二是对唐代司法运作过程中司法官吏所犯公罪与私罪问题讨论不够。触犯公罪、私罪作为司法官吏行使职权时最主要的行政和刑事风险，学界的相关研究却相当少见。已有的研究成果也多以介绍《唐律疏议》的相关内容为主，较少关

---

① 戴建国：《天一阁藏明抄本〈官品令〉考》，《历史研究》1999年第3期。
② 天一阁博物馆、中国社科院历史研究所天圣令整理课题组校证：《天一阁藏明钞本天圣令校证（附唐令复原研究）》，北京：中华书局，2006年。

注唐令及诏敕的相关规定,更缺乏对司法实践方面的讨论。唐代公罪和私罪制度所反映的中古国家运作法制化、公罪轻罚原则、公私罪对官吏仕途的影响等问题尚有深入讨论的必要。

三是唐代法制研究中"重条文、轻实践,重前期、轻后期"的现象未得到很好改善。学界对《唐律疏议》、唐令等唐前期成文法的研究可谓成果丰硕,但对司法运作的研究,特别是唐代中后期的司法运作研究还远远不够。随着经济与社会政治的变革,唐代中后期的节度观察使、度支盐铁使都拥有了司法监察、关押囚犯、司法审判等司法权力。尽管有学者认识到二者已有司法监察的职能,但其司法权的内涵,以及司法具体运作等问题还大有可深入研究的地方。

四是对唐代法制史研究的材料范围还有待扩展。现有研究主要集中在两《唐书·刑法志》、《唐律疏议》、《唐六典》、《唐会要》等基本材料上,对敦煌吐鲁番文书、唐代笔记小说、唐人文集、碑刻等资料的深入发掘和利用还不够。

三、研究材料

中国古代法律条文的制定很早就注意成文化与法典化,司法运作的过程也注意文字记录和官吏的签署。目前所知这种现象至晚从战国时期的《法经》就已经开始了。至秦汉时期,则留下了记载大量法律条文和案例的海量简牍。唐代更是封建时代法制建设的一个高峰期,故有关司法运作的材料尚保存不少，经梳理后可作为本课题研究的主要资料。具体有如下几种：

（一）唐代成文法律

众所周知，唐代成文法律包括律、令、格、式和制敕。除唐律有完整保存外，其他成文法律尚未完全复原。我们在充分利用前人对唐代成文法律整理、复原与研究成果的同时，继续梳理相关法律条文，特别是对反映唐代中后期司法运作变化的法律条文进行梳理。

1. 唐律。《唐律疏议》是现存中国古代最早的完整律典，其"名例"律类似现代法律中的总则，对法律概念、法律原则等做了规定。其"断狱"律是结尾之篇，不仅保存了唐代对司法官吏在禁囚、讯问、断罪、刑罚等方面的具体规定，还有不少针对法律运作问题的司法解释。

2. 唐令。唐令多是唐代中后期用以补充唐律的重要法律文件。20世纪30年代，日本学者仁井田陞《唐令拾遗》复原狱官令44条，池田温《唐令拾遗补》又补订17条，新增8条。雷闻根据明抄本《天圣令》复原了唐开元时期《狱官令》。前后共计复原68条。《狱官令》对司法官吏收禁关押犯人、证人、推问、判决等制度做了详细的规定。

3. 唐格和唐式。唐代格和式散落在《全唐文》、《唐六典》、《通典》、两《唐书·刑法志》、《册府元龟》、《宋刑统》等史料中，数量庞大，对讨论唐代司法运作的研究具有十分重要的作用。霍存福、韩国磐等学者对唐式的辑录①，已为我们打下了一定的基础。我们还可进一步梳理，辑录出有关司法官吏在司法运作中的作用等内容。

4. 制敕与诏令。《唐大诏令集》《文苑英华》《册府元龟》《全唐文》等文献保存了大量与唐代司法运作有关的制敕与诏令。本书拟重点对唐中后期的制敕与诏令进行辑录，特别是对反映司法变革的相关诏敕进行梳理。例如，唐代中后期颁布了大量授予节度观察使的司法职权诏敕，以及要求度支盐铁使及其下属机构对财税工商业进行监察、管理的诏敕。这些诏敕在司法机构设置、刑事处罚条文等方面有新的规定，与唐前期的法律有所不同，直接反映了唐中后期司法运作的变革。

（二）正史典籍中的案例

两《唐书》、《通典》、《唐会要》等正史典籍尽管记载了大量的司法案例，但文字大多比较简略，较少涉及司法案件本身的审判过程。本书对正史典籍材料的运用，主要集中在爬梳司法案件上。通过对案件材料的对比，我们可以还原唐代后期一些典型案例的始末，进而从司法实践的角度讨论司法运作问题。

---

① 霍存福：《唐式性质考论》，《吉林大学社会科学学报》1992年第6期；韩国磐：《传世文献中所见唐式辑存》，《厦门大学学报（哲学社会科学版）》1994年第1期。

（三）敦煌吐鲁番文书中的法制材料

敦煌吐鲁番文书中主要有三个方面的法制材料：一是唐代的成文法律残卷，如律、令、格、式残卷，以及诏敕等；二是记录唐代司法活动的契约、判文、牒文等；三是变文、经文等间接反映唐代司法观念、司法制度的材料。这些材料均应被纳入我们研究的视野。本书除了引用神龙刑部格等法律残卷外，还重点利用《河西节度观察使判牒集》（P.2942）、《十王经图》、《燕子赋》等材料进行了研究。

（四）唐五代笔记小说

唐五代笔记小说多描写志怪故事，看似荒诞不经，但反映社会现实背景，有其合理性。其中，冥判故事对地狱中司法官吏的称谓，对拷讯与判决等司法程序的记载，间接反映了唐代司法运作的具体情况。例如，《太平广记》保存了大量唐代中后期至五代的笔记小说，其中辑录的唐代冥判故事内容丰富多彩，是反映司法运作的鲜活材料。因此，唐五代的笔记小说不仅可弥补法律典籍对具体司法运作问题记载的不足，还能反映唐代中后期至五代法制方面的变化。

（五）唐人文集

唐人文集中保存的奏疏、判文等，辑录了时人对司法案件的记录和法律思想。我们重点对唐代法律思想家，如张鷟、韩愈、元稹、白居易、柳宗元、李商隐等人的文集进行研究。这些文人或在中央御史台、大理寺、刑部担任司法官，或在地方担任过行政长官，他们的文集既有对某些案件的评述,也有对自己履行职务行为的记录。唐代判文是拟制的司法判决,张鷟的《龙筋凤髓判》和白居易的《百道判》最为出名,收录了大量司法案件,我们得以从司法运作的层面了解判文作者对法律的认识和使用问题。

(六)碑刻等金石材料

碑刻和墓志铭等金石材料中,有对唐代中下层官员仕宦经历的记载。这些中下层官员不见于正史,但其行使司法职权的行为可作为本书研究的重要材料。本书重点对唐代中后期节度观察使的判官、推官、巡官等中下层官员墓志,度支盐铁系统的监院官墓志进行梳理。另外,《观察使厅壁记》《判官厅壁记》等碑刻亦有助于我们讨论唐代中后期地方司法官吏的员额设置、司法职权等问题,也应纳入我们研究的视野。

四、主要内容与研究思路

全书分为六个部分,主要的内容与研究思路如下:

绪论介绍选题的缘由与意义,对相关学术史进行简要回顾,并对唐代法律中"狱"的概念和内涵进行讨论。"狱"意为司法案件,唐代法律常用"断狱""决狱"等词来指司法官吏处理司法实务的职务行为,与"讼"所代表的民间诉讼行为有区分。唐代"断狱"方面的内容包括禁囚、讯问、断决、执行处罚等,也正是唐代司法官吏司法职务行为的内容。我们对司法官吏群体和个体的研究,把法制史研究视野从对司法机构、司法程序的讨论,扩展到司法运作的层面,以期对唐代法制史研究"重前期、轻后期,重条文、轻实践"的现象有所补益。我们还从中古时期国家运作法制化的背景来讨论唐代司法官吏与司法运作研究的意义。

第一章为唐代司法运作体系的构建研究以公罪和私罪制度为中心展开探讨。经唐高祖与唐太宗时期的司法制度建设,至唐高宗永徽年间的唐代中期已形成了比较稳固的司法运作体系。在成文立法方面,主要表现为建立了以《唐律疏议·断狱》为主、以狱官令和刑部格等为辅、以诏敕为调整规范的狱政法律体系。其中最具有特色的内容就是完善了公罪和私罪制度。公罪和私罪制度是中国古代法律专门针对官吏设立的,是秦汉以降官僚选拔制代替贵族世袭制的产物。该章对唐以前的公罪和私罪制度发展情况进行回顾。在律学发展和国家运作法制化的背景下,唐代的公罪和私罪制度的发展已经比较完备。该章还对唐代的公罪和私罪概念、判定等问题,以及公、私罪连坐等问题进行了探讨。

第二章为唐代的司法官员与吏员论考。司法官吏是国家司法权的执行者,同时也是公、私罪的犯罪主体。唐代对司法官和司法吏有所区分,但没有明确的概念,其中颇有模糊之处。该章使用唐代成文法律和正史典籍的记载甄别司法官与司法吏的称呼和含义,对二者的职能做区分,尤其以"法直"这一官职为例,探讨司法变革中官与吏的转换问题。该章还大量使用了唐代笔记小说、敦煌文书中的冥判故事材料，进一步探讨二者之间的关系，弥补正史典籍对司法官吏之间关系记载的不足。

第三章以"禁囚不如法"罪为例，讨论唐代司法官吏所犯公罪与私罪的司法实践问题。唐代狱政大略包括禁囚、讯问、断决、执行四个方面的内容。禁囚是《唐律疏议·断狱》首先规范的内容，具有典型意义。该章首先厘清禁囚的概念，对前人的研究把禁囚等同于现代监狱中服刑犯人的误解进行纠正。唐代"禁囚不如法"包括禁系不当、使用械具不当、失囚等几种犯罪行为，前人的研究多限于对罪名和处罚的简单介绍。我们不仅综合运用律、令、格、式以及制敕等成文法律的规定讨论罪名成立的要件，还通过司法案件、判文等材料探讨该罪名的司法实践及其反映的唐代法律思想等问题。

第四章讨论节度观察使的司法权及其运作问题。唐代中后期道—州—县三级地方行政管理体制逐渐形成，节度观察使成为道一级的行政长官，在司法方面获得了重要的权力。节度观察使与道制改革是"唐宋变革"的重要专题。在司法运作方面，节度观察使府及使府僚佐不仅组成了道一级地方行政机构，还成为中央和州之间新的地方司法机构，具有司法监察、案件审覆、执行刑罚等司法权力。该章以藏于法国国家图书馆的敦煌文书《河西节度观察使判牒集》（P.2942）为基本材料，结合唐代中后期的诏敕、人物传记等对判文进行分析，讨论这种司法权具体有哪些内容，以及通过怎样的机构或僚属来执行，并辑录唐代笔记小说、敦煌吐鲁番文书中有关节度观察使行使司法权的案例、判牒等，来考察司法实际运作情况。

第五章讨论唐代中后期度支盐铁转运使的司法权及其运作问题。唐代中后期，经济社会的变革促使司法制度也进行着变革，其中之一就是以度支盐铁使为中心的财税工商管理系统拥有了司法权。前人研究多集中在司法监察权上，该章则重点对司法审判权和刑罚权进行讨论。我们首先辑录唐代中后期新出的关于仓库与漕运管理、盐政、茶酒、钱币、采矿等方面的刑事条文，并在此基础上考察度支盐铁系统及其下属机构所拥有司法权的具体内容，重构度支盐铁使司法职权的基本面貌。其次以《殷彪墓志》为材料，对度支盐铁使系统中下层官员的司法职务行为进行考证，从官吏履职的角度讨论司法运作问题。最后以邓琬案为例，梳理这件唐德宗贞元年间至文宗大和年间发生的典型司法案件，探讨度支盐铁转运使司法权在案件中的具体操作问题。通过梳理两《唐书·唐扶传》、《全唐文》所记载的相关奏疏和敕令等材料，还原了邓琬案的经过，结合唐代法律条文分析邓琬案中官物损坏与追偿等相关法律问题，并以白居易的《奏阌乡县禁囚状》为重点讨论唐代中后期度支盐铁转运使禁系囚犯的相关法律问题。

第一章　唐代中期司法运作体系的发展与成熟
——以公罪和私罪制度为中心

唐初司法体系的建立直接借鉴了隋朝的制度,参与法律条文制定和司法制度改革的官员大多曾经在隋朝担任过官职,熟悉隋朝法律体系的利弊。唐高祖武德年间主持修订律令的尚书左仆射裴寂、尚书右仆射萧瑀、大理卿崔善为、给事中王敬业、中书舍人刘林甫、泾州别驾靖延、太常丞丁孝乌、大理丞房轴、上将府参军李桐客、太常博士徐上机等人均有隋朝仕宦经历,他们撰定的律令大略以《开皇律》为准,又力求简洁易行,删去繁杂的条文。太宗贞观年间参与司法改革的长孙无忌、房玄龄、戴胄、魏徵等人亦多具有丰富的治国和行政经验,吸取隋朝死刑过多、刑罚过重的教训,废除了部分肉刑和死刑。武德和贞观年间立法和司法运作大略以"平恕""慎刑""宽简"为原则。经过三十一年的发展,至永徽初年,唐代已形成了比较成熟稳定的司法运作体系,大体以《唐律疏议》为主,以令、格、式为辅,以诏敕为调整和补充规范,指导司法官吏的具体职务行为。

《唐律疏议》的"斗讼""捕亡""断狱"三篇与狱官令组合，以成文法典的形式规定了唐代"狱讼分离"的司法运作体制。在唐代大量规范司法官吏职务行为的法律条文中，有一个十分重要的制度就是：将官吏犯罪行为区分为公罪和私罪。本章主要分析唐代公罪与私罪的概念、相关法律规范，以及对官吏的惩罚等制度。

在唐代法律中，公罪和私罪是区分官吏职务犯罪的法律概念。关于公罪和私罪制度的起源，可上溯至秦汉时期"正坐""公坐"的法律名称，是贵族分封制度消亡、国家官僚集团成为统治阶层的产物。晋朝已将"公罪"一词正式列入律文中，隋代法律中已有区分公罪和私罪概念的规定。至唐代，公罪和私罪制度日趋完善，《唐律疏议》中已有区分公罪和私罪，并采用轻重不同的处罚的制度。对唐代公罪和私罪的研究，戴炎辉、乔伟、刘俊文、钱大群等学者均有相关成果。乔伟认为划分公罪和私罪是唐律的原则之一。[1] 钱大群《唐律研究》对公罪和私罪的概念、处罚原则和犯罪官员行政考课进行了介绍。[2] 本人硕士学位论文《唐代公罪研究》在前人研究的基础上，通过梳理唐代律、令、格、式中关于"公罪"的规定，明确了"公罪"以官吏为犯罪主体、以职

---

[1] 乔伟：《唐律概说》，吉林大学内部刊本，1982年，第113—114页。

[2] 钱大群：《唐律研究》，北京：法律出版社，2000年，第152—153页。

务行为为要件、以过失为犯罪主观方面的概念,并总结了同职犯公罪连坐、公罪得累减、公罪轻刑等几个特点。[①]

目前,唐代公罪和私罪虽在概念和处罚原则上有一些研究成果,但对具体罪名的分析不够详细,更缺乏司法实践层面的研究,因而有必要以个案分析加深我们的认识。本章对公罪和私罪的讨论以《唐律疏议》和唐令为基本材料,以唐宋诏敕、奏章、判文等材料为佐证,通过分析相关案例来研究司法官吏在司法运作中的公罪与私罪行为,管窥唐代司法官吏在司法体系下的具体活动。

第一节　唐以前公罪和私罪制度的发展情况

"德主刑辅"是古代中国的基本治国思想,刑罚为国家的主要职能之一,代表国家执行刑罚者被称为司法官吏。秦汉时期,中国从分封世袭制走向官僚制,通过选拔和任命的各级官僚取代了世袭的诸侯、士大夫,公罪和私罪作为规范官吏职务行为的重要法律制度也随之萌芽和发展。最晚从秦朝开始,统治者已着手制定管理司法官吏的成文法律,使其按照自己的意志执行刑罚。其中一项重要内容就是把官吏犯罪行为区分为公罪和私罪,作为保证国家机构正常运作和管

[①] 宋平:《唐代公罪研究》,中山大学 2007 年硕士学位论文。犯罪主观方面,指犯罪主体对自己所实施的危害行为必然或可能引起的危害社会的结果所持的心理态度。

理官吏的重要手段之一。

公罪和私罪制度首先是以区分官吏职务行为中"故意犯"和"过失犯"的规定出现的。秦代法律中有区别官吏犯罪因公与因私、过失与故意的规定。秦律虽亡佚，但根据1975年在湖北省云梦县出土竹简整理而成的《睡虎地秦墓竹简》①可知，秦律至少包括了置吏律、除吏律、除子弟律、尉杂律、内史杂律、傅律、徭律、司空律、军爵律、公车司马律、中劳律、屯表律、戍律、行书律、传食律、游士律、属邦律等律法。该书《封诊式》则载有"治狱""讯狱""封守""有鞫""覆"等与狱政相关的篇章，记录了审判原则及对案件进行调查、勘验、审讯、查封等方面的规定和案例。《法律答问》记载有如下几条体现官吏失职而受处罚的案例：

> 仓屚（漏）朽（朽）禾粟，及积禾粟而败之，其不可食者不盈百石以下，谇官啬夫。
>
> 甲贼伤人，吏论以为斗伤人，吏当论不当？当谇。②

谇即斥责之意。因上述罪属于公事失职，不是故意犯罪，按秦律没有对官吏处以刑罚，只是对官吏开展训诫。对于狱政

---

① 睡虎地秦墓竹简整理小组编：《睡虎地秦墓竹简》，北京：文物出版社，1978年。
② 睡虎地秦墓竹简整理小组编：《睡虎地秦墓竹简》，第97、203页。

中的法官犯罪问题，秦律有"不直"和"故纵"之说。《法律答问》专门做了论述：

> 论狱【何谓】"不直"？可（何）谓"纵囚"？罪当重而端轻之，当轻而端重之，是谓"不直"。当论而端弗论，及伤其狱，端令不致，论出之，是谓"纵囚"。①

按其文所述，法官在断案时重罪轻判，或轻罪重判，是"不直"；应当判刑而不判，使犯罪者出狱，是"纵囚"。"不直"和"故纵"都是故意犯罪，在后代的唐律中是"故出入人罪"。《史记·秦始皇本纪》记载："三十四年（前213），适治狱吏不直者，筑长城及南越地。"②这是较早对治狱"不直"的官吏处以流放和劳役刑罚的记载，说明秦朝在司法实践中对因公务行为犯罪的司法官吏会处以刑罚。

汉代法律中也有区分法官过失犯罪和故意犯罪的规定，过失犯罪称"失"，故意犯罪称"不直"和"故纵"，与秦律略有不同。《张家山汉墓竹简〔二四七号墓〕》"具律"篇记载：

> 劾人不审，为失；其轻罪也而故以重罪劾之，为

---

① 睡虎地秦墓竹简整理小组编：《睡虎地秦墓竹简》，第191页。
② 〔汉〕司马迁：《史记》卷6《秦始皇本纪》，北京：中华书局，1959年，第253页。

不直。①

由此可知,汉代法律规定:审理时没有调查清楚,是过失犯;故意将轻罪判决为重罪,则是"不直"。《睡虎地秦墓竹简》与《张家山汉墓竹简》对"不直"的解释有共通之处,即都是指故意把轻罪重判的行为。

在汉代的司法实践中,史书有载法官犯公罪的案例,称之为"正坐"。《汉书·尹赏传》记载了尹赏断案的故事。尹赏为京兆尹,召集当地"素有豪猾名"的豪族子弟百余名,未经推按就全部斩杀,一时长安城内多家披孝,哭声震天。尹赏临终前对子弟说:"丈夫为吏,正坐残贼免,追思其功效,则复进用矣。一坐软弱不胜任免,终身废弃无有赦时,其羞辱甚于贪污坐臧。慎毋然!"②"正坐"指因公事犯罪,而且没有个人的贪污坐赃行为。这是汉代对公罪的定义,其含义与唐有别。从尹赏此语可见,在当时人的观念中,因使用酷刑而犯公罪者并不是一件羞耻的事情,反因"其功效"容易得到任用。在汉代,因公事所犯的罪往往可以视为轻罪,从轻处罚。《后汉书·郭躬传》记载了公事失误的一

---

① 张家山二四七号汉墓竹简整理小组编:《张家山汉墓竹简〔二四七号墓〕》,北京:文物出版社,2001年,第149页。
② 〔汉〕班固:《汉书》卷90《尹赏传》,北京:中华书局,1962年,第3675页。这里断句有误,"正坐残贼免",应为"正坐残贼,免",意为因执行公务对贼用酷刑,被免官。

个案例：

> 又有兄弟共杀人者，而罪未有所归。帝以兄不训弟，故报兄重而减弟死。中常侍孙章宣诏，误言两报重，尚书奏章矫制，罪当腰斩。帝复召躬问之，躬对"章应罚金"。帝曰："章矫诏杀人，何谓罚金？"躬曰："法令有故、误，章传命之谬，于事为误，误者其文则轻。"帝曰："章与囚同县，疑其故也。"躬曰："'周道如砥，其直如矢。''君子不逆诈。'君王法天，刑不可以委曲生意。"帝曰："善。"①

该案中，中常侍孙章宣诏两报重的行为被定性为"故"还是"误"，是该案例的焦点。定性为故意犯罪的罪名是"矫制"，当处以腰斩之刑；定性为过失犯罪的罪名是"传命误"，仅处罚金，两种定性的处罚差别巨大。郭躬定孙宜章所犯罪为"误"，并反驳了皇帝"章与囚同县，疑其故"的说法，强调"刑不可委曲生意"，反对主观臆测，最后说服皇帝，以误报结案。这是汉代法律对过失犯罪和故意犯罪区别处罚的一个典型案例。

三国时期魏国亦有"公坐"之名。《三国志·魏书·王

---

① 〔宋〕范晔撰，〔唐〕李贤等注：《后汉书》卷46《郭躬传》，北京：中华书局，1965年，第1544页。

凌传》引《魏略》曰:"凌为长,遇事,髡刑五岁,当道扫除。时太祖车过,问此何徒,左右以状对。太祖曰:'此子师兄子也,所坐亦公耳。'于是主者选为骁骑主簿。"①这个案例反映了东汉末期曹操所代表的统治者对公罪的态度,犯"公坐"之罪者在升职上没有受到很大的影响,故王凌被选为骁骑主簿。

晋朝时公罪的概念已被写入律中,名为"公坐"。因晋律亡佚,具体规定难以考证,但从一些史书记载中仍依稀可见。《晋书·刑法志》记录了张斐对律的注解,其文曰:"法律中诸不敬,违仪失式,及犯罪为公为私,赃入身不入身,皆随事轻重取法,以例求其名也。"②由此可知,张斐认为判断公罪还是私罪是法官职责的重要组成部分,断定的方法是:一为事情的轻重大小,二是查看以前的判例。程树德在《九朝律考·晋律考》"居职犯公坐"条引《抱朴子·审举篇》云:"诸居职其犯公坐者,以法律从事;其以贪浊赃污为罪,不足至死者,刑竟及遇赦,皆宜禁锢终身,轻者二十年。如此不廉之吏,必将化为夷齐矣。"程树德注云,"按唐律名例有同职犯公坐,据此,知晋时已有此律,疑当

---

① 〔晋〕陈寿撰,陈乃乾校点:《三国志》卷28《魏书·王凌传》,北京:中华书局,1959年,第757页。
② 〔唐〕房玄龄等:《晋书》卷30《刑法志》,北京:中华书局,1974年,第930页。

第一章 唐代中期司法运作体系的发展与成熟

时多不依法处罚"①。这些记载，一方面说明官吏犯罪区分公罪和私罪的原则已体现在晋律中，有贪污之类的私罪则处罚较重，甚至终身不得再为官，即使情况轻的也二十年不得入职；另一方面，也说明这些规定还不够完善，需要通过案例来确定刑罚，在司法实践中还存在操作不便的问题。北魏时期亦有因公犯罪而得到赦免的案例。《魏书·安同传》记载了一个案件，安同与肥如侯贺护持节巡察并、定二州及诸山居杂胡、丁零时，发动民户通天门关（今山西省太原市西北），又在宋子（今属河北省赵县）修筑坞堡。贺护告发安同"筑城聚众，欲图大事"，群官议罪时，认为安同触犯了擅兴律的条文，"太宗以同虽专命，而本在为公，意无不善，释之"②。

隋《开皇律》中有"公罪"和"私罪"之名，并明确规定了公罪官当值上比私罪多的原则。③《隋书·刑法志》记载了开皇元年（581）高颎等人修订的新律，有关于私罪和公罪官当值的条文："犯私罪以官当徒者，五品已上，一官当徒二年；九品已上，一官当徒一年；当流者，三流同比

---

① 程树德：《九朝律考》，北京：中华书局，2006年，第263页。
② 〔北齐〕魏收：《魏书》卷30《安同传》，北京：中华书局，1974年，第713页。
③ 所谓官当，即以官职、爵位等抵刑罚的制度。

徒三年。若犯公罪者,徒各加一年,当流者各加一等。"①然隋律亡佚,相关的令亦不存,目前难以了解隋朝法律对公罪、私罪的定义,以及如何处罚等具体内容。但按照《开皇律》已出现"公罪"和"私罪"的名词,以及《隋书·刑法志》所记载的对公罪和私罪官当值不同的规定,我们可以推测,在隋律中已有比汉、晋两朝律法更加完备的公罪和私罪制度。

公罪和私罪制度从出现到逐渐完备经历了一段相当长的时间,这与中国古代国家官僚体系的发展进程是分不开的。自秦建立大一统的国家后,贵族世袭制的统治模式被打破,以选拔制为基础的官僚集团统治模式形成和逐渐完善。在这个过程中,公罪和私罪制度作为一种专门为规范官僚执行公务的行为而设的制度,因此得到不断发展,至唐代而完备。历朝法律一般都给予犯公罪的官吏较轻的处罚和一定程度的免责权,不仅体现了先秦即已形成的"刑不上大夫"的等级优待,更是鼓励官吏能够积极行使公务职权,更好地促进国家机构正常运作的重要手段。

---

① 〔唐〕魏徵、令狐德棻:《隋书》卷25《刑法志》,北京:中华书局,1973年,第711页。

第二节　唐代公罪、私罪定义新论及相关制度考释

唐律承袭隋律。据《旧唐书·刑法志》记载，武德年间（618—626）的唐律和唐令修订是以开皇律令为蓝本的，其文曰："（唐高祖）及受禅，诏纳言刘文静与当朝通识之士，因开皇律令而损益之，尽削大业所用烦峻之法。……寻又敕尚书左仆射裴寂……撰定律令，大略以开皇为准。"[1] 程树德在《九朝律考》"律系表"中考证唐律的历史渊源，依次为：法经—秦律—汉律—后魏律—北齐律—隋开皇律。[2] 陈寅恪在《隋唐制度渊源略论稿》中主张"三源说"，强调汉律、晋律和南朝前期的法律都是隋唐律的渊源，"司马氏以东汉末年之儒学大族创建晋室，统治中国，其所制定之刑律尤为儒家化，既为南朝历代所因袭，北魏改律，复采用之，辗转嬗蜕，经由（北）齐隋，以至于唐，实为华夏刑律不祧之正统"，"隋唐刑律近承北齐，远祖后魏，其中江左因子虽多，止限于南朝前期，实则南朝后期之律学与其前期无大异同"。[3] 后代亦有多位学者对唐代法律制度之历史渊源进

---

[1] 〔后晋〕刘昫等：《旧唐书》卷50《刑法志》，北京，中华书局，1975年，第2133—2134页。
[2] 程树德：《九朝律考·律系表》，第4页。
[3] 陈寅恪：《隋唐制度渊源略论稿》，北京：生活·读书·新知三联书店，2001年，第111—112页。

行研究，尤其是对唐律渊源的研究，更是成果尤多，众说纷纭，不一一列出。但可以肯定的是，因唐律承袭《开皇律》，唐代的公罪和私罪制度也直接继承了隋《开皇律》的相关规定，又有新的发展。

因隋律亡佚，史书仅载隋《开皇律》规定公罪官当值比私罪多，其定义、处罚原则等条文均不见记载。到唐代，区分公罪与私罪已经成为一个比较完备的法律制度。① 《唐律疏议》中明确了公罪和私罪的定义，并有公罪失错自觉举、同职犯公罪、公罪得累减等相关内容。根据仁井田陞《唐令拾遗》、池田温《唐令拾遗补》所复原的考课令、狱官令条文，犯公罪和私罪者的行政考课、禁系（关押）等亦有区别，一般犯公罪者有一定优待。雷闻根据天一阁所藏明抄本《天圣令》进一步推进了唐《狱官令》的复原工作，将唐《狱官令》复原数目从 52 条增加至 68 条，增加了唐代司法官吏的行政规范材料，为狱政中的公罪和私罪区分和判定问题提供了支持。通过梳理《文苑英华》《全唐文》等所载判文，以及对唐代笔记小说和敦煌文书中所载相关判例的分析，我们能够进一步明确当时的法律思想家是如何认识和区分公罪和私罪的，并在判文中给予犯罪者不同处罚的依据。在扩展史料范围、使用新发现材料的背景下，前引戴炎辉、乔伟、钱大群等学者对唐代公罪和私罪的研究，我们可以继续推进，

---

① 宋平：《唐代公罪研究》，中山大学 2007 年硕士学位论文。

并从其法理、司法实践等方面补充前人的研究,并对其观点进行补正。

一、公罪、私罪的定义与判定问题

汉代法律中的"正坐"可包含各种执行公务导致的犯罪,范围广,但定义模糊,不区分故意和过失。在唐代法律中,"公罪"与"私罪"相对而设。《唐律疏议》"官当"等条文明确规定了公、私罪的定义,并列举了几种区分公、私罪的情形。前人对公罪、私罪定义已有研究,试举几种典型观点分析如下:

戴炎辉认为公罪有类于现代法律意义上的行政犯,私罪为刑事犯;公、私罪的区分仅限于官吏犯罪,但不完全与现代法之行政犯与刑事犯的区别一致。[①] 戴氏在《唐律各议》中把所有官吏犯罪均定义为公罪,没有区分官吏犯罪的公罪和私罪问题。戴氏把公罪和私罪的犯罪主体定为官吏是正确的,但以现代法律概念中的行政犯和刑事犯来类比公罪和私罪显然失之偏颇。唐代的法律体系中并没有行政犯和刑事犯的区分,官吏无论触犯公罪还是私罪均被处以刑事处罚,所以唐代的公罪和私罪都是刑事犯罪,只不过官吏的考课、升迁等行政方面的问题也与此有关。

钱大群认为唐代有比较成熟的区分公罪和私罪的制度,

---

① 戴炎辉:《中国法制史》,第19页。

公、私罪区分的要件为是否因公事而过失犯罪：第一，"公罪"是因公事而过失犯罪；第二，"私罪"是不因公事犯罪或者私犯；第三，在公事中的故犯是私罪。[①] 钱氏从犯罪要件的角度出发，提炼出三条区分公、私罪的要件，总结比较准确。但其观点仅从过失与故意的角度分析公罪和私罪尚不完整，没有对司法实践中的私、曲问题进行讨论。

柏桦和葛荃的《公罪与私罪——中国古代刑罚政治观》是为数不多的专门研究公罪和私罪问题的论文，主要集中于对明代相关法律制度的研究。该文认为："从历史的发展来看，公罪与私罪的概念没有实质性的变化。公罪就是指官员在执行公务中发生错失和违法行为，在主观上是由于过失，没有追求个人私利的违法动机，如办事错谬、怠忽职责等。私罪是指官员在执行公务中为谋求私利而发生违法行为，或与职务无关而有违官吏道德的行为，如滥用职权、贪污、受贿、生活作风等。"[②] 作者还采用了现代法学中犯罪构成的概念来比较分析公罪与私罪，认为公罪侵犯的客体是君主专制统治，私罪侵犯的客体是君主专制统治及社会伦理道德秩序。文中关于"从历史的发展来看，公罪与私罪的概念没有实质性的变化"的观点，其依据主要在于唐律和明律的比较

[①] 钱大群：《唐律研究》，第152—153页。
[②] 柏桦、葛荃：《公罪与私罪——中国古代刑罚政治观》，《政治与法律》2005年第4期，收入柏桦：《中国古代刑罚政治观》，北京：人民出版社，2008年，第18—19页。

第一章 唐代中期司法运作体系的发展与成熟

研究。笔者考察汉律至唐律有关公罪定义的变化，认为此观点尚可商榷。汉代的公罪是指执行公务的行为导致的犯罪，并不区分故意和过失。而唐代法律对公罪的定义显然更加详尽，并特别以是否有私、曲作为区分公罪和私罪的标准，立法上更加先进。

尽管前人对公罪和私罪的定义多有论述，但笔者认为尚有不清晰之处，尤其在判定公罪和私罪的标准，以及司法实践上没有深入探讨。对此，我们首先从《唐律疏议》的规定出发，结合唐令、诏敕中的相关规定，并参详唐人文集和司法案例资料，来更加准确、全面地定义唐代的公罪和私罪。

《唐律疏议·名例》"官当"条清晰地对公罪和私罪进行了定义，并列举了数种情形进行分析解释。该条对私罪的定义是"私罪，谓私自犯及对制诈不实、受请枉法之类"，并在疏议中进行更加详细的解释，称"'私罪'，谓不缘公事，私自犯者；虽缘公事，意涉阿曲，亦同私罪。对制诈不以实者，对制虽缘公事，方便不吐实情，心挟隐欺，故同私罪。受请枉法之类者，谓受人嘱请，曲法申情，纵不得财，亦为枉法。此例既多，故云'之类'也"；该条对公罪的定义是，"公罪，谓缘公事致罪而无私、曲者"。[①] 对如何断定公罪，疏议和问答进行了解释和举例：

---

① 《唐律疏议》卷2《名例·官当》，第44页。

> 【疏】议曰：私、曲相须。公事与夺，情无私、曲，虽违法式，是为"公坐"。各加一年当者，五品以上，一官当徒三年；九品以上，一官当徒二年。
>
> 问曰：敕、制施行而违者，有公坐以否？答曰：譬如制、敕施行，不晓敕意而违者，为失旨；虽违敕意，情不涉私，亦皆为公坐。①

判断"公坐"的标准是与公事有关，而且没有私、曲。该疏议还以制、敕施行过程中因理解错误而违反的情况举例，如果不涉及私情，则可定为公罪。另外《唐律疏议》"公事失错自觉举"条也对公罪的定义进行了解释："【疏】议曰：'公事失错'，谓缘公事致罪而无私曲者。"②

按律文及疏议，公罪的判定条件是：1."缘公事致罪"，即官吏因执行公务的行为而犯罪；2."无私、曲者"，没有犯罪的故意，不涉及贪赃枉法、徇私舞弊之类。私罪有两种：一种是官吏与公务行为无关的犯罪，一种是官吏在执行公务中涉及私情的犯罪。我们主要对第二种私罪的构成条件进行讨论，主要有：1. 因公事犯罪；2. 犯罪意图为故意；3. 有贪污枉法等私、曲的行为。疏议还列举了"对制诈不以实、受请枉法之类"③的私罪行为。

---

① 《唐律疏议》卷2《名例·官当》，第44—45页。
② 《唐律疏议》卷5《名例·公事失错自觉举》，第114页。
③ 《唐律疏议》卷2《名例·官当》，第44页。

第一章 唐代中期司法运作体系的发展与成熟

现代刑事法律对一种行为是否构成犯罪一般从四个构成要件来确定,即犯罪主体、犯罪主观方面、犯罪客体、犯罪客观方面。[①]这种方法能够清晰判断一种行为是否构成犯罪,故为大多数国家所采用。以此来分析唐代的公罪与私罪,我们可以发现如下特点:

从犯罪主体来看,公罪为官吏,私罪亦为官吏,唐代的公罪和私罪均为执行公务的官吏而设。从犯罪主观方面来看,公罪主要为过失犯罪;私罪可因故意,也可因过失[②],但因公务行为所犯的私罪为故意犯罪。从犯罪客体来看,公罪主要侵害的客体是国家机构的运作秩序、官方财物等,一般不涉及私人财物和人身安全,但在狱政中,司法官吏也可能造成对囚犯的人身侵害;私罪主要侵害的客体包括国家机构的运作秩序、官方与私人财物、私人人身安全等诸多方面。从犯罪客观方面来看,公罪和私罪均涉及危害行为。但公罪强调有危害结果才追责,无危害结果可免责;私罪则只要有

[①] 参见马克昌主编:《刑法学》,北京:高等教育出版社,2007年,第35—100页。现代刑法学一般将犯罪构成要件分为四个,即犯罪客体、犯罪客观方面、犯罪主体和犯罪主观方面。犯罪客体指法律所保护的,为犯罪行为所侵犯的社会关系。犯罪客观方面指刑法规定的构成犯罪在客观上需要具备的诸种要件的总称,包括危害行为和危害结果。犯罪主体指实施危害行为,依法应当负刑事责任的自然人和单位。犯罪主观方面指刑法规定的犯罪成立必须具备的由犯罪主体对自己实施的危害行为及其危害结果所持的心理态度,分为故意和过失。

[②] 宋平:《唐代公罪研究》,中山大学2007年硕士学位论文。

危害行为，无论有没有危害结果，都构成犯罪，即犯罪预备、犯罪未遂的情况亦须治罪。

从现代法律中罪名构成要件的角度出发，有助于我们定罪和量刑，对公罪和私罪进行更加精细的分析。以此来判断，公罪和私罪的相同方面有犯罪主体的同一性，在犯罪意图、侵害的客体方面则有所区别。

唐代的司法运作自然没有此类精细的区分，更多是从犯罪者的主观思想来判断所犯罪的公私性质。有无"私、曲"是唐代法律中区分公罪和私罪最为重要的标准。所谓"私、曲"，私为私情，即为了个人的利益和情感；曲，即为曲解法律，不按法律行事。这个标准与汉代的公坐已有不同，汉代一般因为公事致罪即是公坐，故"饶法以杀之"亦是公罪。唐代法律对公罪定义严格，仅指因公事犯罪而且没有私曲，"虽缘公事，意涉阿曲，亦同私罪"[1]。唐代法律条文定义公罪往往用"失"来表示，定义私罪往往用"故"来表示。何谓"故"与"失"呢？

西晋最为出名的律学家张斐注律后上书晋武帝，这样解释"故"与"失"：

> 其知而犯之谓之故，意以为然谓之失。[2]

---

[1] 《唐律疏议》卷2《名例·官当》，第44页。
[2] 《晋书》卷30《刑法志》，第928页。

其意为：知道危害结果而实施犯罪称为故意，以为不会引起危害结果而实施犯罪称为过失。张斐对故意的定义与现代刑法理论中的故意犯罪相差无几，对过失的定义则有差别。又如，北宋著名经学家孙奭对《唐律疏议》中"故失"条注曰："知而犯之，谓之故。意以为然，谓之失。"[①] 现代刑法理论对过失的定义与分类有两种：一是未能预见危害结果，二是以为能够避免危害结果，即疏忽大意的过失与过于自信的过失。[②] 中国古代律学家对过失的认识更多是第二种。

在唐律中，官吏犯公罪常用"误""忘误""错失""不知情""不觉"等词；官吏犯私罪则常用"诈""故""故纵""知情"等词。略举《唐律疏议》中的几条规定如下。

1. 《唐律疏议》"流徒囚役限而亡"条载：

> 诸流徒囚，役限内而亡者，一日笞四十，三日加一等；过杖一百，五日加一等。主守不觉失囚，减囚罪三等；即不满半年徒者，一人笞三十，三人加一等，罪止杖一百。监当官司，又减三等。故纵者，各与同罪。[③]

---

① 孙奭：《律音义》，《唐律疏议》"附录"，第600页。
② 马克昌主编：《刑法学》，第97页。《中华人民共和国刑法》第十五条对过失犯罪的定义是："应当预见自己的行为可能发生危害社会的结果，因为疏忽大意而没有预见，或者已经预见而轻信能够避免，以致发生这种结果的，是过失犯罪。"
③ 《唐律疏议》卷28《捕亡·流徒囚役限而亡》，第533页。

看守流放和徒刑犯人的官吏为犯罪主体。在"不觉"的情况下犯人逃亡，是为公罪，按囚犯刑罚减三等论罪；故意放走囚犯的，为私罪，与囚犯同罪处罚。

2.《唐律疏议》"丁夫杂匠亡"条载：

> 诸丁夫、杂匠在役及工、乐、杂户亡者，太常音声人亦同。一日笞三十，十日加一等，罪止徒三年。主司不觉亡者，一人笞二十，五人加一等，罪止杖一百；故纵者，各与同罪。即人有课役，全户亡者，亦如之；若有军名而亡者，加一等。其人无课役及非全户亡者，减二等；即女户亡者，又减三等。其里正及监临主司故纵户口亡者，各与同罪；不知情者，不坐。①

看守丁夫、杂匠在役的官吏，工、乐、杂户则为教坊司等部门的管理官吏，户口为里正，管理军人的折冲府官吏，均为犯罪的主体。"不觉亡"是为公罪，处罚相对较轻；对户口逃亡"不知情"者，可免于刑罚。"故纵"则为私罪，与逃亡者同罪。

3.《唐律疏议》"官司出入人罪"条载：

> 即断罪失于入者，各减三等；失于出者，各减五

---

① 《唐律疏议》卷28《捕亡·丁夫杂匠亡》，第534—535页。

第一章 唐代中期司法运作体系的发展与成熟

等。若未决放及放而还获，若囚自死，各听减一等。即别使推事，通状失情者，各又减二等；所司已承误断讫，即从失出入法。虽有出入，于决罚不异者，勿论。①

出入人罪是司法官吏在执行公务时比较容易犯的罪名。《唐律疏议》"官司出入人罪"条不仅区分了"故"和"失"，还把无罪断有罪、有罪断无罪，以及刑罚轻重不对等情况详细地列出，把公罪和私罪区分得非常清楚。

从上引《唐律疏议》各条文对公罪和私罪的区分可见，唐代的公罪和私罪制度已相当完备，关于官吏的职务犯罪行为定为公罪还是私罪有明文规定。在司法实践中，判断"故"和"失"往往以是否有"私、曲"来确定。怎样确定公罪和私罪呢？我们从案例出发进一步讨论公罪和私罪的区分、认定问题。

私罪有因私事犯罪，有因公事犯罪但有"私、曲"。"私"是对犯罪人主观意愿的判定，"曲"是对犯罪行为的判定。唐代的司法实践中，还用"憾""枉法""曲法""饶法""赃""受财"等词来表示官吏犯私罪的行为。

司法实践中用"憾"来表示因有私情、私愤，以私罪论处。例如，《旧唐书·李袭誉传》记载："（袭誉）寻转凉州都督，加金紫光禄大夫，行同州刺史。坐在凉州阴憾番禾县

---

① 《唐律疏议》卷30《断狱·官司出入人罪》，第564—565页。

丞刘武,杖而杀之,至是有司议当死,制除名,流于泉州,无几而卒。"①李袭誉杖杀番禾县丞刘武,因为有私情在其中,故按私罪处罚,论刑罚当处以死刑,因官当改为流刑。

司法实践中用"枉法""曲法""饶法"来表示司法官吏在审理案件时的故意犯罪行为。例如,《旧唐书·穆赞传》记载穆赞在德宗时为御史中丞,"时裴延龄判度支,以奸巧承恩。属吏有赃犯,赞鞫理承伏,延龄请曲法出之,赞三执不许,以款状闻。延龄诬赞不平,贬饶州别驾"②。"曲法"即是不按照法律条文的规定判决。

司法实践中用"赃""受财"来表示司法官吏行使职权时的受贿行为,加"曲法""枉法"一类的词则指受贿后不按法律判决,其性质比受财或枉法这样单一性质的犯罪严重。《旧五代史》记载后唐明宗时期,"甲申,镇州奏,行军司马赵瓌、节度判官陆浣、元从押衙高知柔等并弃市,坐受赂枉法杀人也。节度使李从敏罚一季俸"③。赵瓌、陆浣、高知柔等人因受贿与枉法两罪合并被处以死刑。实际上节度使李从敏也参与了枉法案件,但因是唐明宗之犹子(即侄子)而被轻罚,仅罚俸而已。该事在《旧五代史·李从敏传》中有详细的记载:"李从敏,字叔达,唐明宗之犹子也。……

---

① 《旧唐书》卷59《李袭誉传》,第2332页。
② 《旧唐书》卷155《穆赞传》,第4116页。
③ 〔宋〕薛居正等:《旧五代史》卷44《唐明宗纪》,北京:中华书局,1976年,第603页。

寻代范延光为成德军节度使，加检校太尉，封泾王。镇州有市人刘方遇，家富于财。方遇卒，无子。妻弟田令遵者，幼为方遇治财，善殖货，刘族乃共推令遵为方遇子，亲族共立券书，以为誓信。累年后，方遇二女取资于令遵不如意，乃讼令遵冒姓，夺父家财，从敏令判官陆浣鞫其狱，而杀令遵。"① 李从敏为夺取家产而令判官曲法杀人，唐明宗对此大怒，称："朕用从敏为节度使，而枉法杀人，我羞见百官，又令新妇奔赴，不须见吾面。"② 但后来在王淑妃劝说下，唐明宗对李从敏的犯罪行为轻罚，被史书评论为"失法"。

断定为公罪的案例，往往可见"误""失情""不当"等词。例如，《旧唐书·孙伏伽传》记载："（贞观）五年，（孙伏伽）坐奏囚误失免官。"③ 又如，《旧唐书·萧瑀传》记载："（贞观）八年，为河南道巡省大使，人有坐当推劾苦未得其情者，遂置格置绳，以至于死，太宗特免责之。"④ 萧瑀刑讯囚犯致人死亡，但是没有私曲，是为公罪，故太宗给予免责。《新唐书·房琯传》记载："拜监察御史，坐讯狱非是，贬睦州司户参军。"⑤《新唐书·杜咸传》记载："开元中，

---

① 《旧五代史》卷124《李从敏传》，第1618页。
② 《旧五代史》卷124《李从敏传》，第1618页。
③ 《旧唐书》卷75《孙伏伽传》，第2638页。
④ 《旧唐书》卷63《萧瑀传》，第2401页。
⑤ 〔宋〕欧阳修、宋祁：《新唐书》卷139《房琯传》，北京：中华书局，1975年，第4625页。

为河北按察使。坐用法深,贬睦州司马。"① 司法官吏犯公罪,多处以免官或贬官,很少有死刑、流刑一类的处罚。

除尽量区分官吏的公罪和私罪外,唐代的立法者还注意到公罪和私罪相伴的问题,并做了量刑和考课方面的考量。《唐律疏议》"诈为官文书"条云:"问曰:主司自有所避,违式造立文案,徒罪以上,加所避罪一等。加罪有公有私,若用官当,合并满以否?答曰:主司若避公罪,有所增减、造立,即坐本罪,依公坐加罪为私罪。若应以官当者,须以私并公,通所加私罪为公坐当法。其于负殿者,各依公私两论。"② 该条规定同一案件中,官吏犯有公罪和私罪,刑罚和给予考课上的负殿(即考绩名列最下等)是分开计算的,官当则私罪合并到公罪中。

当然,在司法实践中,也有不细分公罪和私罪的案例。例如,武则天统治时期韩大敏就因断案被认为是"推反失情"、"知反不告",被赐死。《旧唐书·韩休传》记载:"韩休,京兆长安人。伯父大敏,则天初为凤阁舍人。时梁州都督李行褒为部人诬告,云有逆谋,则天令大敏就州推究。或谓大敏曰:'行褒诸李近属,太后意欲除之,忽若失旨,祸将不细,不可不为身谋也。'大敏曰:'岂有求身之安而陷人非罪!'竟奏雪之。则天俄又命御史重覆,遂构成其罪,大

---

① 《新唐书》卷106《杜咸传》,第4039页。
② 《唐律疏议》卷25《诈伪·诈为官文书》,第460—461页。

敏坐推反失情，与知反不告同罪，赐死于家。"①韩大敏不肯遵从武则天的意愿，判定李行褒为谋逆，即使断罪不当也应该是公罪，罪不至死。但武则天或出于政治目的，以"知反不告"这样的私罪名义处死了韩大敏。

由此可见，尽管唐代的法律条文对公、私罪已做了相当详细的规定，但在司法实践中，司法官吏所犯罪为公、为私，也与统治者是否尊重法律，是否坚持宽仁为本的政治态度有关。

二、官吏因职务犯罪不定公罪的特例

唐律涉及官吏因履行职务而犯罪的条文，基本可分为公罪或私罪。但有一个特例，即因公事致罪且没有私、曲，却不能以公罪论处，那就是危及皇帝生命安全、触犯皇权的犯罪行为。《唐律疏议·名例》"十恶"条是对这种犯罪行为的总规定：

> 六曰大不敬。谓盗大祀神御之物、乘舆服御物；盗及伪造御宝；合和御药，误不如本方及封题误；若造御膳，误犯食禁；御幸舟船，误不牢固；指斥乘舆，情理切害及对捍制使，而无人臣之礼。②

---

① 《旧唐书》卷98《韩休传》，第3077页。
② 《唐律疏议》卷1《名例·十恶》，第10页。

"名例"律把影响皇帝生命安全的供御汤药、饮食、舟船，误不如法，以及危及皇权的"对捍制使"等列入"十恶"之中，可见此等即使是因过失导致的犯罪也不定为公罪。具体在"职制"律中有规定，有如下几个方面。

（一）影响皇帝医疗方面的犯罪：合和御药有误。《唐律疏议》"合和御药有误"条云：

> 诸合和御药，误不如本方及封题误者，医绞。料理简择不精者，徒一年。未进御者，各减一等。监当官司，各减医一等。①

制作给皇帝服用的药有误，医官处以绞刑；选料不精良也要徒一年，并且监察药物的官吏也要按比医官轻一等的处罚。监当官司，指监督配药、制药的太医官、太监、当值侍卫等。唐代《医疾令》云："诸合和御药，在内诸省，省别长官一人，并当上大将军、将军，卫别一人，与殿中监、尚药、奉御等监视。药成，医以上先尝，然后封印、写本方，方后具注年月日，监药者遍署名俱奏。饵药之日，尚药、奉御先尝，次殿中监尝，次皇太子尝，然后进御。"②这说明唐代供皇帝药在使用药方、精捡药物、熬制药汤各方面都有十

---

① 《唐律疏议》卷9《职制·合和御药有误》，第190—191页。
② 《唐令拾遗》，第650页。

分严格的程序规定,出现失误要追究医生、监视的内省长官、将军、殿中监等官员的责任。如医官合药失误,并已进给皇帝,医官处以绞刑,监当的官员则减一等流三千里,处罚很重。与之相比较,可以看《唐律疏议》中"医合药不如方"条的规定:

> 诸医为人合药及题疏、针刺,误不如本方,杀人者,徒二年半。
>
> 【疏】议曰:医师为人合和汤药,其药有君臣、分两,题疏药名,或注冷热迟驶,并针刺等,错误不如本方者,谓不如今古药方及本草,以故杀人者,医合徒二年半。若杀伤亲属尊长,得罪轻于过失者,各依过失杀伤论。其有杀不至徒二年半者,亦从杀罪减三等,假如误不如本方,杀旧奴婢,徒二年减三等,杖一百之类。伤者,各同过失法。
>
> 其故不如本方,杀伤人者,以故杀伤论;虽不伤人,杖六十。即卖药不如本方,杀伤人者,亦如之。[①]

对普通人的合药,误致人死亡,处罚为徒二年半;即使"故不如本方",未伤人,才杖六十。对普通人用药有误与合和御药有误的处罚差别巨大。同样,对皇帝使用非常用的医

[①] 《唐律疏议》卷26《杂律·医合药不如方》,第483—484页。

疗方法，对医官而言也有极大的风险。高宗因患风疾（现代学者推测为高血压），御医秦鸣鹤使用针刺头以减缓病情的方法，不同常法，差点被处斩。此事见于《旧唐书·高宗纪》，载：

> 上苦头重不可忍，侍医秦鸣鹤曰："刺头微出血，可愈。"天后帷中言曰："此可斩，欲刺血于人主首耶！"上曰："吾苦头重，出血未必不佳。"即刺百会，上曰："吾眼明矣。"①

唐宪宗因服用翰林医官柳泌、僧大通的饵药暴卒。穆宗继位后即处死了二人。《旧唐书·穆宗纪》记载：

> 上始御延英对宰臣。诏曰："山人柳泌轻怀左道，上惑先朝。固求牧人，贵欲疑众，自知虚诞，仍更遁逃。僧大通医方不精，药术皆妄。既延祸衅，俱是奸邪。邦国固有常刑，人神所宜共弃，付京兆府决杖处死。"金吾将军李道古贬循州司马。宪宗末年，锐于服饵，皇甫镈与李道古荐术人柳泌、僧大通待诏翰林。泌于台州为上炼神丹，上服之，日加躁渴，遽弃万国。②

---

① 《旧唐书》卷5《高宗纪》，第111页。
② 《旧唐书》卷16《穆宗纪》，第475—476页。

按《旧唐书·皇甫镈传》《旧唐书·王守澄传》等所载，唐宪宗暴卒因被宦官弑逆，亦有学者推测是被其子穆宗李恒主谋所弑。① 但柳泌、僧大通不按医方供药，炼制丹药让宪宗服用，违反唐代律令的规定，处以死刑并不为过。

《旧唐书》还记载了另一桩案件，即唐懿宗因同昌公主病亡而杀太医、囚禁其家族的事件。《旧唐书·懿宗纪》：

> ［咸通十一年（870）］八月辛巳朔。己酉，同昌公主薨，追赠卫国公主，谥曰文懿。主，郭淑妃所生，主以大中三年七月三日生，咸通九年二月二日下降。上尤钟念，悲惜异常。以待诏韩宗绍等医药不效，杀之，收捕其亲族三百余人，系京兆府。宰相刘瞻、京兆尹温璋上疏论谏行法太过，上怒，叱出之。②

唐懿宗因同昌公主病亡，因翰林医官韩宗绍（一作韩宗召）、康仲殷等用药无效，收之下狱，还逮捕两家宗族三百余人。宰相刘瞻、京兆尹温璋上疏认为处罚太严重，触怒了唐懿宗。结果刘瞻被贬，与刘瞻亲善的官员遭连坐者十余人；温璋被贬为振州司马后，喝药自杀。《旧唐书·刘瞻传》对该

---

① 唐宪宗为其子唐穆宗李恒所弑说，明清之际的大学者王夫之持之最力，陈寅恪、吕思勉等学者基本同意此说。参见岳纯之、唐澜：《论唐宪宗之死》，《烟台师范学院学报》1997 年第 1 期。

② 《旧唐书》卷 19 上《懿宗纪》，第 675 页。

案件记录比较详细,不仅对整个案件有完整的记载,还保留了宰相刘瞻为医官家属开解的上疏。疏云:

> 一昨同昌公主久婴危疾,深轸圣慈。医药无征,幽明遽隔。陛下过钟宸爱,痛切追思,爰责医工,令从严宪。然韩宗召等因缘艺术,备荷宠荣,想于诊候之时,无不尽其方术。亦欲病如沃雪,药暂通神,其奈祸福难移,竟成差跌。原其情状,亦可哀矜。而差误之愆,死未塞责。自陛下雷霆一怒,朝野震惊,囚九族于狴牢,因两人之药误。老幼械系三百余人,咸云:"宗召荷恩之日,寸禄不沾,进药之时,又不同议。此乃祸从天降,罪匪己为。"物议沸腾,道路嗟叹。①

翰林医官韩宗绍、康仲殷用药无效,而不是失误,且服药的不是皇帝,按律则不应当承担如此重的责罚。但是懿宗法外用刑,不仅关押了太医,还将其宗族三百余人全部收禁。宰相刘瞻所上疏也不敢明说太医无罪,而是从皇帝应该宽仁的角度劝谏。结果懿宗一怒之下将刘瞻等人贬官。

(二)制作皇帝饮食不当的犯罪:造御膳有误。《唐律疏议》"造御膳有误"条云:

---

① 《旧唐书》卷177《刘瞻传》,第4605—4606页。

> 诸造御膳，误犯食禁者，主食绞。若秽恶之物在食饮中，徒二年；简择不精及进御不时，减二等。不品尝者，杖一百。①

该条涉及供御膳三个方面的犯罪：一是触犯食禁，《旧唐书》"殿中省"条载："若进御，必辨其时禁。春肝，夏心，秋肺，冬肾，四季之月脾王，皆不可食。"②二是对食物的处理不精；三是进御膳前不品尝，故《旧唐书》还记载了进御膳前的要求："当进，必先尝。"③

（三）危及皇帝出行安全方面的犯罪：御幸舟船有误。《唐律疏议》"御幸舟船有误"条云：

> 诸御幸舟船，误不牢固者，工匠绞。工匠各以所由为首。若不整饰及阙少者，徒二年。④

该条律文规定的罪名有两个：一是制造皇帝所乘的舟船不牢固，直接影响皇帝的生命安全，对工匠处以绞刑，其他按等科罪。二是舟船没有装饰好，缺少物件，因不影响皇帝生命安全，则处以徒刑二年，相对较轻。

---

① 《唐律疏议》卷10《职制·造御膳有误》，第191—192页。
② 《旧唐书》卷44《职官三·殿中省》，第1864页。
③ 《旧唐书》卷44《职官三·殿中省》，第1864页。
④ 《唐律疏议》卷9《职制·御幸舟船有误》，第192页。

（四）监察皇帝饮食不力方面的犯罪：监当、主食有犯。《唐律疏议》"监当主食有犯"条云：

> 诸监当官司及主食之人，误将杂药至御膳所者，绞。所，谓监当之人应到之处。
>
> 【疏】议曰：御厨造膳，从造至进，皆有监当官司。依令："主食升阶进食。"但是杂药，误将至御膳所者，绞。"杂药"，谓合和为药，堪服饵者。若有毒性，虽不合和，亦为"杂药"。①

这条规定兼有御食和医药两个方面的情况，主要是监当职责的失误。犯罪主体为监当官司和送膳之人，而不是御厨或御医。监当之官吏也不得自带药物之类到御厨。《唐会要·君上慎恤》就记载了唐太宗贞观二年（628）的一个案例："贞观二年十月三日，殿中监卢宽，持私药入尚食厨，所司议当重刑。上曰：只是错误。遂赦之。"② 卢宽带私药进入尚食厨，按律要处以重刑，幸好唐太宗赦免了他。

（五）危及皇帝尊严和皇权方面的犯罪：指斥乘舆及对捍制使。《唐律疏议》"指斥乘舆及对捍制使"条云：

---

① 《唐律疏议》卷9《职制·监当主食有犯》，第194页。
② 〔宋〕王溥：《唐会要》卷40《君上慎恤》，北京：中华书局，1955年，第717页。

第一章　唐代中期司法运作体系的发展与成熟

> 诸指斥乘舆,情理切害者,斩;言议政事乖失而涉乘舆者,上请。非切害者,徒二年。对捍制使,而无人臣之礼者,绞。因私事斗竞者,非。①

该条有对"指斥乘舆"和"对捍制使"两个方面的犯罪的规定。犯罪侵害的对象是皇权的尊严,而不是皇帝人身安全。

同样,其他涉及皇帝人身安全的行为均不会定为公罪而能得到从轻处罚,诸如皇宫安全警卫、皇帝出行保卫等。举例如下:

> 贞观元年(627),吏部尚书长孙无忌尝被召,不解佩刀入东上阁门,出阁门后,监门校尉始觉。尚书右仆射封德彝议,以监门校尉不觉,罪当死,无忌误带刀入,徒二年,罚铜二十斤。太宗从之。大理少卿戴胄驳曰:"校尉不觉,无忌带刀入内,同为误耳。夫臣子之于尊极,不得称误,准律云:'供御汤药、饮食、舟船,误不如法者,皆死。'陛下若录其功,非宪司所决;若当据法,罚铜未为得理。"太宗曰:"法者非朕一人之法,乃天下之法,何得以无忌国之亲戚,便欲挠法耶?"更令定议。德彝执议如初,太宗将从其议,胄又

---

① 《唐律疏议》卷10《职制·指斥乘舆及对捍制使》,第207页。

驳奏曰:"校尉缘无忌以致罪,于法当轻。若论其过误,则为情一也,而生死顿殊,敢以固请。"太宗乃免校尉之死。①

此案中,长孙无忌被召入宫带刀入东阁门,犯了"阑入宫殿门及上阁"罪;监门校尉没有发觉也被治罪,而且刑罚重。大理少卿戴胄的理由是"臣子之于尊极,不得称误",说明为维护皇权和皇帝安全,即使是因过误犯罪也不得按公罪减轻处罚。因涉及皇帝安全,负责警卫的侍卫责任较大,有所疏忽即可能被处以极刑。中宗神龙三年(707年)七月,皇太子重俊与羽林将军李多祚等人,率羽林兵及千骑三百余人,诛武三思、武崇训及其党羽后,遂引兵自肃章门斩关而入。太子之乱平定后,太子率兵所过宫门的卫士皆被处斩。②

皇帝在巡幸路途、驻跸行宫中的安全警卫级别也同皇宫之例。《唐会要》还记载有两件在皇帝行幸期间发生的案例。第一件是唐太宗在未央宫路遇带刀卫士的事件。《唐会要·行幸》记载:

[贞观二十一年(647)]九月,太宗辟(按:同避)人,从两骑幸故未央宫。遇一卫士,佩刀不去,车

---

① 《贞观政要》卷5《公平第十六》,第164页。
② 《旧唐书》卷86《李重俊传》,第2834页。

驾至惶惧待罪。太宗谓之曰：仗司之失，非汝之罪，今若付法，当死者便数人。因赦去之。①

《唐律疏议·卫禁》规定："若持仗及至御在所者，斩。迷误者，上请。"② 卫士带刀至皇帝所在地，按律当斩；护卫人员保护不当，同罪当斩。辟，同避。太宗没有使用仪仗至未央宫，才导致带刀卫士没有及时退避，因此赦免了卫士及相关保卫人员。这种赦免权也只掌握在皇帝手里，故律文中又云"迷误者，上请"。

另一件是高宗时期的案件。《唐会要·行幸》记载：

> 显庆二年（657）闰正月十四日，幸洛阳，敕每事俭约，道路不许修理。是日微雨，至灞桥，御马蹶。御史中丞许圉师，劾进马官监门将军斛斯政则，罪合死刑，请付法。上曰：马有蹶失，不可责人。特原之。③

御马有失，同"御幸舟船，误不牢固"。按《唐律疏议·职制》"御幸舟船有误"条，可处绞刑。故御史中丞许圉师弹劾进马官监门将军斛斯政则"罪合死刑"，符合唐律的规定。

---

① 《唐会要》卷27《行幸》，第515页。
② 《唐律疏议》卷7《卫禁·阑入宫殿门及上阁》，第151页。
③ 《唐会要》卷27《行幸》，第515页。

另外法律对皇帝近亲属的保护也十分严密，视其为皇权的延伸。《唐律疏议》"称乘舆车驾及制敕"条曰："诸称'乘舆'、'车驾'及'御'者，太皇太后、皇太后、皇后并同。称'制''敕'者，太皇太后、皇太后、皇后、皇太子'令'减一等，若于东宫犯、失及宫卫有违，应坐者亦同减例。"[①] 太皇太后、皇太后、皇后、皇太子等皇帝近亲属享有与皇帝类似的保护级别，犯者处以相同刑罚或减一等。

三、公罪轻罚原则及其法理

公罪轻罚指犯公罪者可以得到相对私罪轻的处罚，是唐代法律中的一个重要的原则。乔伟认为，唐律之区分公罪与私罪，是为了分别不同情况予以判处刑罚。其基本原则是私罪者从重，公罪者减轻。[②] 钱大群认为"唐朝在公私罪处置的总原则是公罪轻、私罪重"，表现在公罪比故犯刑轻，公罪可适用自首免罪制度，在迁官、去官条件下流以下之公罪免予处罚，在官当值上优待犯公罪者，行政考课计算不同等五个方面。[③] 前人研究虽已注意到唐律中的公罪轻罚原则，并列举了几个方面，但是仅举唐律的规定，失之于简单，没有司法运作的实例。另外，更未考虑唐代中后期的变革问题。

---

① 《唐律疏议》卷6《名例·称乘舆车驾及制敕》，第135页。
② 乔伟：《唐律概说》，第114页。
③ 钱大群：《唐律研究》，第153—154页。

本节结合唐代律令中的规定和司法实践中的案例，细化公罪轻罚原则的主要内容，并试图分析公罪轻罚原则的法理。

（一）公罪轻罚原则的主要内容

公罪轻罚原则在唐律、唐令及相关的诏敕中均有所体现，主要是在监禁、量刑、官当、减刑、考课等方面。乔伟、钱大群诸位先生的研究讨论了官当和考课等方面，但不完整。具体的内容有：

1. 量刑上公罪往往比私罪轻二到三等。唐律条文中往往有"未觉者，减三等科罪""不知情，减三等""故纵者，各与同罪"之语，即是公罪量刑轻于私罪之意。例如，《唐律疏议》"断罪应斩而绞"条规定："诸断罪应绞而斩，应斩而绞，徒一年；自尽亦如之。失者，减二等。"[①]

2. 公罪可以与议、请、减等条累减。《唐律疏议》"人兼有议请减"条规定："诸一人兼有议、请、减，各应得减者，唯得以一高者减之，不得累减。……若从坐减、自首减、故失减、公坐相承减，又以议、请、减之类，得累减。【疏】议曰……公坐相承减者，谓同职犯公坐，假由判官断罪失出，法减五等，放而还获，又减一等；通判之官减七等，长官减八等，主典减九等。若有议、请、减之类，各又

---

① 《唐律疏议》卷30《断狱·断罪应斩而绞》，第573页。

更减一等,是名'得累减'。"①

3. 公罪官当值上多于私罪。《唐律疏议》"官当"条规定:"诸犯私罪,以官当徒者,五品以上,一官当徒二年;九品以上,一官当徒一年。若犯公罪者,各加一年当。"②

4. 犯公罪者在一定情况下可以不用监禁,不用至公堂接受讯问。贞观七年(633)十二月诏曰:"三品以上犯公罪流、私罪徒,送问日不须追身。"③追身,即押送至审判处。所谓"送问日不须追身",指审判时不用追至公堂。另外,《宋刑统》载唐代刑部格和刑部式有免除官员监禁,及推问家属送所问之事至家问话的规定:

> 【准】刑部格敕:官人有被告者,不须即收禁,待知的实,然后依常法
>
> 【准】刑部式:诸文武职事散官三品以上,及母、妻并妇人身有五品以上邑号,犯公坐徒以上,及私罪杖以下,推勘之司送问目就问。④

---

① 《唐律疏议》卷2《名例·人兼有议请减》,第39页。
② 《唐律疏议》卷2《名例·官当》,第44页。
③ 〔唐〕杜佑撰,王文锦、王永兴、刘俊文等点校:《通典》卷165《刑法三》,北京:中华书局,1988年,第4243页。
④ 薛梅卿点校:《宋刑统》卷29《杂律》,北京:法律出版社,1999年,第530页。

5. 在一定条件下公罪可以免除处罚。公罪免除处罚有以下几种情形:

(1) 自觉举。犯者自己发现处理公事中的错误并自首,可免除处罚,同时负连带责任的官吏亦可免罚。《唐律疏议》"公事失错自觉举"条规定:"诸公事失错,自觉举者,原其罪;应连坐者,一人自觉举,余人亦原之。其断罪失错,已行决者,不用此律。其官文书稽程,应连坐者,一人自觉举,余人亦原之,主典不免;若主典自举,并减二等。"① 一般公罪自觉举可以免罪,但是司法官吏断罪失错、官文书稽程的主典(吏职)不得免罪。

武则天掌政期间,还有对犯公罪处流刑、犯私罪处徒刑,若自首可赦免的规定。《通典》记载:"长寿二年,有敕:'公坐流、私坐徒以上,会赦应免死罪者,皆限赦后百日内自首,如其不首,依法科罪者。"② 此条在张鷟《朝野佥载》中也有记载:

> 唐凤阁侍郎李昭德威权在己,宣出一敕云:"自今以后,公坐徒,私坐流,经恩百日不首,依法科罪。"昭德先受孙万荣贿财,奏与三品。后万荣据营州反,货

---

① 《唐律疏议》卷5《名例·公事失错自觉举》,第115页。
② 《通典》卷169《刑法七》,第4381页。

求事败，频经恩赦，以百日不首，准赃断绞。①

原敕文应是"公坐流、私坐徒"，李昭德宣敕有误。李昭德受贿，所犯为私罪，虽经过恩赦，但没有在百日之内自首，按赃罪处以绞刑。

（2）处徒刑以下刑罚的公罪。唐代徒刑以下刑罚为杖、笞。就是说，若因公罪处杖或笞，便直接免除刑罚。

（3）未造成损害后果。未造成损害后果的公罪一般可以免除处罚，例如，《唐律疏议》"上书奏事误"条规定："诸上书若奏事而误，杖六十；口误，减二等。口误不失事者，勿论。"②

（4）不知情。例如，《唐律疏议》"诈冒官司"条规定："诸诈冒官司以有所求为，而主司承诈，知而听行与同罪，至死者减一等；不知者，不坐。"③

（5）采取补过措施，消除危害结果。例如，《唐律疏议》"主守不觉失囚"条规定："诸主守不觉失囚者，减囚罪二等；若囚拒捍而走者，又减二等。皆听一百日追捕。限内能自捕得及他人捕得，若囚已死及自首，除其罪；即限外捕

---

① 〔唐〕张鷟撰，赵守俨校点：《朝野佥载·补辑》，北京：中华书局，1979年，第156页。又见李昭德：《宣敕》，陈尚君辑校：《全唐文补编》卷19，北京：中华书局，2005年，第239页。
② 《唐律疏议》卷10《职制·上书奏事误》，第201页。
③ 《唐律疏议》卷25《诈伪·诈冒官司》，第475页。

得,及囚已死若自首者,各又追减一等。监当之官,各减主守三等。故纵者,不给捕限,即以其罪罪之。"①又如,唐令有要求判事失误应举牒改的规定,池田温《唐令拾遗补》所复原的《公式令》第一十条云:"官人判事,案成后,自觉不尽者,举牒追改。"②

(6)去官免罪。《唐律疏议》"无官犯罪"条规定:"诸无官犯罪,有官事发,流罪以下以赎论。卑官犯罪,迁官事发;在官犯罪,去官事发;或事发去官:犯公罪流以下各勿论,余罪论如律。"③此条在会昌五年(845)有所修改,规定公罪有情状难恕的,仍须追究。"(会昌)五年正月三日制节文:据律已去任者,公罪流以下勿论。公罪之条,情有轻重,苟涉欺诈,岂得勿论?自后公罪有情状难恕,并不在勿论之限。"④此敕文是对律义的修正,其理由是公罪范围广,情有轻重,故不能一概勿论,而是要根据犯罪的后果来决定。

6. 在行政考课上对犯公罪者的考核标准优于犯私罪者。

唐代考课记录官员犯罪的负殿在案,考课时以为考核依据,并影响官员的升迁、俸禄等。仁井田陞《唐令拾遗》所复原的唐代《考课令》第二条云:

---

① 《唐律疏議》卷28《捕亡·主守不觉失囚》,第538—539页。
② 《唐令拾遺補》,第741页。
③ 《唐律疏議》卷2《名例·无官犯罪》,第42页。
④ 《唐会要》卷39《议刑轻重》,第715页。

> 诸官人景迹功过，应附考者，皆须实录，其前任犯私罪，断在今任者，同见任法。即改任，应计前任日为考者，功过并附，其状不得过两纸。州县长官，须言户口田地者，不得过三纸。注考正之最。①

官吏犯公罪和私罪怎样计算考课呢？《唐令拾遗》所复原的唐代《考课令》第三十八条云：

> 诸官人犯罪负殿者，私坐计赎铜一斤为一负，公罪二斤为一负，各十负为一殿。校考之日，负殿皆悉附状，当上上考者，虽有殿不降（此谓非私罪）；自上中已下，率一殿降一等。即公坐殿失应降，若当年劳剧，有异于常者，听减一殿。②

官吏犯公罪和私罪的刑罚分别以赎铜的多少计算，登记负、殿到考课的附纸中。若考为上上等，又未犯私罪，则不降等；若在上中以下，则记录有一殿则降一等。

假设甲为县尉，犯不觉失囚之罪，因为死刑（绞），是为公罪。按《唐律疏议》"主守不觉失囚"条"诸主守不觉

---

① 《唐令拾遗》，第243页。
② 《唐令拾遗》，第255页。负殿，是中国古代官员考课中的概念，孙奭为《唐律疏议》作注曰："据令：'私坐一斤为一负，公罪二斤为一负。各十负为一殿。'又《汉书音义》：'下功曰殿。'"（第603页）

失因者，减囚罪二等"的规定，则应处以流二千五百里的刑罚，折合赎铜九十斤。按公罪二斤为一负，十负为一殿，则记录为四殿五负，应减四等。当年考得为中上，减四等则为下中。若甲犯故纵失囚之罪，则同为死罪，是为私罪，折合赎铜一百二十斤。按私坐一斤为一负，十负为一殿，则记录为十二殿，应减十二等。即使当年考为上上，也只能书为下下考。

官员的考课与其俸禄、升降职直接相关，考低者还可能被免职。《唐令拾遗》所复原的《考课令》第三十九条曰："诸食禄之官，考在中上已上，每进一等，加禄一季；中中者守本禄；中下已下，每退一等，夺禄一季。若私罪下中已下，公罪下下，并解见任，夺当年禄，追告身。周年听依本品叙。"① 当然，也有特殊的情况，就是恰逢恩赦，一定程度上可以免除殿负。故唐代《考课令》又有规定："蒙别敕放免，或经恩降，公私负殿并不在负限，若犯免官以上及赃贿入己，恩前狱成，仍附景迹。"②

（二）公罪轻罚的法理依据

学术界虽提出了公罪轻刑的原则，但对该原则的法理依据尚缺少探讨。除《唐律疏议》中的法律解释外，相关诏

---

① 《唐令拾遗》，第256页。告身，唐代《公式令》第十一条为"制授告身式"，对告身的格式规定详细，篇幅甚大，故不引。胡三省简而言之，在《资治通鉴》卷二百中注曰："唐制：凡受官者皆给以符，谓之告身。"

② 《唐令拾遗补》，第595页。

令、判文和案例，以及唐人文集中的相关论述也应纳入研究视野。

首先，唐代区分官庶，给予官员法律上的优待，目的在于维护封建社会纲常和国家机构的权威性，这是公罪轻刑的基础。唐代立法将儒家"明尊卑、别贵贱"的思想在法律条文中具体化，是汉代以来儒学与国家运作不断融合发展的结果。汉代大儒贾谊反思秦朝早亡的原因之一就是官民一任于法，没有遵从上古（先秦时期）"礼不下庶人，刑不上大夫"的礼法制度，其理由在于百姓多而统治者少，如上下一致则失去了鼓励、优待官员的效果。他在奏疏中说："群下至众，而主上至少也，所托财器职业者粹于群下也。俱亡耻，俱苟妄，则主上最病。故古者礼不及庶人，刑不至大夫，所以厉宠臣之节也。"① 所谓"厉宠臣之节"就是鼓励臣子向皇帝效忠，维护其统治地位。贾谊把法律上官民一致提升到"主上最病"的高度，可见其维护官员法律特权的理论意识十分强烈。唐代的法律继承了儒家这种给予官员法律特权的思想。刘俊文认为礼的核心是"别尊卑，异贵贱"，"全部唐律正是礼所规定的封建宗法等级的思想和制度的法律表现"。② 公罪的犯罪主体均为官吏，用公罪轻刑来维护官吏群体的尊严和地位，在一定程度上有利于国家机构的运作。

---

① 《汉书》卷48《贾谊传》，第2257页。
② 刘俊文：《唐律与礼的关系试析》，《北京大学学报（哲学社会科学版）》1983年第5期。

第一章　唐代中期司法运作体系的发展与成熟

唐太宗就十分注意对官员地位的维护。贞观七年十二月诏:"三品以上犯公罪流、私罪徒,送问日不须追身。"① 三品官犯比较轻微的罪不用追身,即不用囚禁到监狱,也不用参加现场审判。《资治通鉴》记载:"(贞观二年三月)大理少卿胡演进每月囚帐……既而引囚,至岐州刺史郑善果,上谓胡演曰:'善果虽复有罪,官品不卑,岂可使与诸囚为伍。自今三品以上犯罪,不须引过,听于朝堂俟进止。'"② 唐太宗在贞观五年(631)还处理过一件大理丞张蕴古因断案失误而被处死的案件,《贞观政要》记载了该案的前后经过:

> 贞观五年,张蕴古为大理丞。相州人李好德素有风疾,言涉妖妄,诏令鞫其狱。蕴古言:"好德癫病有征,法不当坐。"太宗许将宽宥,蕴古密报其旨,仍引与博戏。持书侍御史权万纪劾奏之,太宗大怒,令斩于东市。既而悔之,谓房玄龄曰:"公等食人之禄,须忧人之忧,事无巨细,咸当留意,今不问则不言,见事都不谏诤,何所辅弼?如蕴古身为法官,与囚博戏,漏泄朕言,此亦罪状甚重,若据常律亦未至极刑。朕当时盛怒,即令处置,公等竟无一言,所司又不覆奏,遂即决

---

① 《通典》卷 165《刑法三》,第 4243 页。
② 〔宋〕司马光编著,〔元〕胡三省音注,"标点资治通鉴小组"校点:《资治通鉴》卷 192《唐纪八》,北京:中华书局,1956 年,第 6048 页。

之,岂是道理。"因诏曰:"凡有死刑,虽令即决,皆须五覆奏。"五覆奏,自蕴古始也。又曰:"守文定罪,或恐有冤,自今以后,门下省覆。有据法令合死而情可矜者,宜录奏闻。"①

张蕴古被杀,是因断罪不当还是泄露圣旨?若为断罪不当,按失出人科罪,应减五等科罪。因为按断罪不当罪处罚较轻,太宗盛怒之下认为是泄露圣旨,故处以极刑。但事后太宗又后悔,认为张蕴古罪不至死,批评其他官员不进行劝谏,并要求对死刑五覆奏。该案使唐代死刑的复核制度更加严格。

官员对本阶层法律特权的自觉维护,也是犯罪官员得以优待的原因。《资治通鉴》记载了开元十年(722)宰相张说与唐玄宗、张嘉贞的一段对话:

> 前广州都督裴伷先下狱,上与宰相议其罪。张嘉贞请杖之,张说曰:"臣闻刑不上大夫,为其近于君,且所以养廉耻也。故士可杀不可辱。臣向巡北边,闻杖姜皎于朝堂。皎官登三品,亦有微功,有罪应死则死,应流则流,奈何轻加笞辱,以皂隶待之!姜皎事往,不可复追,伷先据状当流,岂可复蹈前失!"上深然之。嘉

---

① 《贞观政要》卷8《刑法第三十一》,第240页。

第一章 唐代中期司法运作体系的发展与成熟

贞不悦,退谓说曰:"何论事之深也!"说曰:"宰相,时来则为之。若国之大臣皆可笞辱,但恐行及吾辈。吾此言非为佃先,乃为天下士君子也。"嘉贞无以应。①

张说对玄宗说官员不能以"皂隶待之",这是儒家"刑不上大夫"思想的体现。张说对张嘉贞的说辞是"若国之大臣皆可笞辱,但恐行及吾辈",这种说法是对官员阶层法律特权的一种维护,其目的很明确,是担心自己也受到刑罚的侮辱。

清代律学家薛允升对于唐代官员的法律特权,是这样总结和评论的:"唐律,职官犯罪,既有议、请、减、荫之章,又有除、免、当、赎之别。杖罪以下,俱以赎论。徒罪以上,俱以官当。惟犯加役等五流之类,除名、配流如法。其余均准收赎,并不实配,而又有六载后及三年期年听叙之法。其优礼臣下,可谓无微不至矣。"②薛氏之论述固有对清代对待官吏犯罪十分严苛的否定,却也较为全面地总结了唐代优待官员的各种法律规定,认为唐代法律制度对官员是"优礼"的。

其次,公罪是过失犯罪,不具有犯罪的故意,是得到轻罚的依据。唐以前已区分犯罪的故意与过失,晋代律学家张

---

① 《资治通鉴》卷212《唐纪二十八》,第6754页。
② 〔清〕薛允升撰,怀效锋、李鸣点校:《唐明律合编》,北京:法律出版社,1999年,第24页。

斐对刑律中的概念进行了解释，这是中古时期立法所认可的理论依据，其文曰：

> 其知而犯之谓之故，意以为然谓之失，违忠欺上谓之谩，背信藏巧谓之诈，亏礼废节谓之不敬，两讼相趣谓之斗，两和相害谓之戏，无变斩击谓之贼，不意误犯谓之过失，逆节绝理谓之不道，陵上僭贵谓之恶逆，将害未发谓之戕，唱首先言谓之造意，二人对议谓之谋，制众建计谓之率，不和谓之强，改恶谓之略，三人谓之群，取非其物谓之盗，货财之利谓之赃：凡二十者，律义之较名也。①

张斐这段对法律概念的定义是中古时期律学高度发展的标志，其影响一直延续到唐代。所谓"知而犯之谓之故，意以为然谓之失"，即知道犯罪后果而犯称为故意，以为不会引起或可以避免引起犯罪后果，称为过失。唐代立法也采用了区别对待"故"与"失"的概念，并将之运用到对官吏的处罚中。大量的唐律条文中有"失，减三等"之类的内容。

在司法实践中，法官也特别注意以"故"和"失"作为断决案件的依据。唐代判文中反映了当时人的法律意识和法律理念，张鷟和白居易是唐代中期的著名法律思想家，其判

---

① 《晋书》卷30《刑法志》，第928页。

文被时人视为经典判文，体现了当时的主流法律思想。① 张
鷟时期的试判多是采用州县实际案例，隐去姓名后改为题目；
白居易时期的试判多为虚拟案例，但也保存了部分实际案例
的特点。他们所拟的两则判文就反映了这种公罪因误而须
轻罚的思想。张鷟《龙筋凤髓判》记载了一则因奏事口误的
案件：

> 通事舍人崔遑奏事口误，御史弹付法，大理断答
> 三十，征铜四斤。遑款奏事虽误不失事意，不伏征铜。
>
> 罚金既罹于疏网，辨璧无舍于明珠。过误被弹，止
> 当答罪，不失事意，自合无辜，虽触凝霜，理宜清雪。②

张鷟判奏事口误的案例主张"过误被弹，止当答罪，不失事

---

① 唐判素为学者所关注。吴承学《唐代判文文体及源流研究》（《文学遗产》1999 年第 6 期）认为唐代判试出题经历了三个阶段，开始是从地方的一些真实案件中挑选出来作为考题，"始取州县案牍疑议，试其断割，而观其能否"；后来参加考试的人越来越多，地方案件难以考倒考生，就从经书古籍中选用事情，假设案例来让考生判断，"乃采经籍古义，假设甲乙，令其判断"；再后来经书古籍也难以难倒一般士人，就只好"征僻书曲学、隐伏之义问之，惟惧人之能知出"。贾俊侠、张艳云的《龙筋凤髓判探析》（《西安文理学院学报（社会科学版）》2005 年第 8 期）一文认为，《龙筋凤髓判》为第一阶段的判词，其中的案例是从地方案件中辑出，具有现实性。

② 〔唐〕张鷟撰，田涛、郭成伟校注：《龙筋凤髓判》卷 1，北京：中国政法大学出版社，1996 年，第 3 页。

意,自合无辜",即说明过误是减轻处罚的依据。另外白居易有一道关于公事失误追改的判文:

> 得景为县官判事,案成后,自觉有失,请举牒追改。刺史不许,欲科罪。景云:令式有文。
>
> 判曰:政尚从宽,过宜在宥。苟昨非之自悟,则夕改而可嘉。景乃采僚,参诸簿领。当推案务剧,讵免毫厘之差?属搴帷政苛,不容笔削之改。误而不隐,悔亦可追。县无罔上之奸,州有刻下之虐。先迷后觉,判事虽不三思;苟有必知,牒举明无二过。揆人情而可恕,征国令而有文。将欲痛绳,恐非直笔。①

白居易认为把因过失犯公罪的人处以重罚是"刻下之虐",用词颇重,对因过误而犯的公罪主张轻罚乃至免罚。其依据是"揆人情而可恕,征国令而有文",即无论从情理的角度还是法令规定的角度,均可免于处罚。白居易在管理官吏方面主张"理大罪,赦小过"②,因此对公罪主张轻罚。

最后,犯公罪者若是危害后果较轻、能追改也是得以轻

---

① 〔唐〕白居易著,谢思炜校注:《白居易文集校注》卷29《判》,北京:中华书局,2011年,第1683页。
② 《白居易文集校注》卷28《策林四·使人畏爱悦服》,第1558页。该条云:"臣闻圣人在上,使天下畏而爱之,悦而服之者,由乎理大罪赦小过也。"

罚的缘由。官吏犯公罪的行为如可追改,没有造成严重后果的可免于处罚;如不能追改、危害后果严重,则在处罚上相对私罪轻二至三等,但不能免除处罚。《唐律疏议》"公事失错自觉举"条是一项原则性的规定,充分体现出公罪处罚以是否造成后果和是否追改为导向的思想:

> 诸公事失错,自觉举者,原其罪;应连坐者,一人自觉举,余人亦原之。其断罪失错,已行决者,不用此律。其官文书稽程,应连坐者,一人自觉举,余人亦原之,主典不免;若主典自举,并减二等。①

该条在"公事失错,自觉举,原其罪"之后,特别指出两种不免罪的情况:一是断罪失错,二是文书稽程。该条"【疏】议曰:断罪失错已行决者,谓死及笞、杖已行决讫,流罪至配所役了,徒罪役讫,此等并为'已行'。官司虽自觉举,不在免例,各依失入法科之,故云'不用此律'。假有人枉被断徒二年,已役一年,官司然始自觉举者,一年未役者,自从举免;已役一年者,从失入减三等,科杖八十之类";"问曰:公坐相连,节级得罪,一人觉举,余亦原之。稽案既是公罪,勾官亦合连坐,勾、检之官举讫,余官何故得罪?答曰:公坐失错,事可追改,一人觉举,余亦原之。

---

① 《唐律疏议》卷5《名例·公事失错自觉举》,第114—115页。

至于行事稽留，不同失错之例，勾官纠出，故不免科"。①《唐律疏议》"公事失错自觉举"条的规定说明唐律规定一般公罪因为自觉举后事情可以追改，没有危害后果，故免除刑罚，但断罪失误，刑罚已经执行，所以不能够免罪；另有行事稽留，事情不可以追改，亦不能免罪，但因其为非故意犯罪，仍以过失犯罪而减轻处罚之条。

《唐律疏议》"上书奏事误"条曰："诸上书若奏事而误，杖六十；口误，减二等。口误不失事者，勿论。上尚书省而误，笞四十。余文书误，笞三十。误，谓脱剩文字及错失者。即误有害者，各加三等。有害，谓当言勿原而言原之，当言千匹而言十匹之类。若误可行，非上书、奏事者，勿论。"② 奏事"口误不失事者"，可以"勿论"；"若误可行，非上书、奏事者"，也可以"勿论"，可见没有造成失事后果的公罪，是可以免除处罚的。但是，造成失事后果的公罪，犯罪者则要受到处罚了。例如，文书稽缓是一种常见的公罪，因其不可挽回，犯罪者不能够免除处罚。白居易有一道判词，说明了文书稽缓不能免除处罚的理由：

> 得甲为所由，稽缓制书。法直断合徒一年。诉云：违未经十日。

---

① 《唐律疏议》卷5《名例·公事失错自觉举》，第114—115页。
② 《唐律疏议》卷10《职制·上书奏事误》，第201—202页。

第一章 唐代中期司法运作体系的发展与成熟

> 判曰：王命急宣，行无停晷；制书稽缓，罪有常刑。将欲正其科绳，必先揆以时日。甲懈位败度，慢令速尤。蓄怠弃之心，既亏臣节；壅骏奔之命，自抵国章。然审时勾稽，考程定罪。法直以役当期月，所由以违未浃辰。将计年以断徒，恐乖阅实；请据日而加等，庶叶决平。①

文书稽缓，影响了国家机构的正常运转，有危害后果，"王命急宣，行无停晷"，故一般不免除处罚，而是"考程定罪"。白居易认可不能免除处罚，此外也提到应根据稽缓的时间定罪，认为断徒一年过重。按《唐律》"稽缓制书官文书"条的规定，"诸稽缓制书者，一日笞五十，一日加一等，十日徒一年"②，稽缓时间没有达到十日，徒一年显然过重，故白居易认为应"请据日而加等"，不能一概而论断以徒刑。

在司法实践中，诸如断罪失误不能回改的情况，法官要被处罚，这样的例子有很多。例如，太宗时期大理寺少卿孙伏伽这样的高官也因断罪失误被免官，《旧唐书·孙伏伽传》载："（贞观）五年，坐奏囚误失免官。"又有长安令杨纂因断案失误被免官的案例："贞观初，为长安令，赐爵长安县男。有告女子袁妖逆者，纂按之，情不得。袁败，太宗

---

① 《白居易文集校注》卷30《判》，第1781页；又见〔清〕董诰等编：《全唐文》卷673，北京：中华书局，1983年，第6873页。
② 《唐律疏议》卷10《职制·稽缓制书官文书》，第196—197页。

恶其不忠，将杀之，中书令温彦博以过误当宥，乃免。"① 杨纂推按袁氏妖逆的案件，没有推断出实情。唐太宗认为杨纂不忠，以唐律"故出人罪"量刑，则以囚犯之罪来定法官之罪，应处以死刑。幸有中书令温彦博主张杨纂是断案失误，是为公罪，所以处以免官；但因断罪失误，没有免罚。

第三节　唐代官吏犯公罪、私罪对其仕途的影响

关于官吏犯公罪和私罪对其仕途的影响，唐代法律有公罪轻刑的原则，在行政考课上对犯公罪者的考核标准优于犯私罪者。司法实际运作中，有三个方面的考量：一是议贵和官当的部分，直接决定了官吏是降职（包括削爵、免散官等）、免职、罚俸，还是处以刑罚；二是考课方面，公罪和私罪记录在官吏的档案中，影响官吏能否升迁、升迁的年限等；三是起复与否和起复的时间问题，犯公罪和私罪均有可能被免职，但犯公罪者起复快，甚至不受时间限制。

一、公、私罪与官员考课

唐代对官吏的考课有一套严格的制度规定，总的原则是在行政考课上对犯公罪者的考核标准优于犯私罪者。唐令中有关于公罪与私罪考课方面的内容。《唐令拾遗》所复原的

---

① 《新唐书》卷106《杨纂传》，第4046页。

第一章 唐代中期司法运作体系的发展与成熟

《考课令》第三十八条规定：

> 诸官人犯罪负殿者，私坐计赎铜一斤为一负，公罪二斤为一负，各十负为一殿。校考之日，负殿皆悉附状，当上上考者，虽有殿不降（此谓非私罪）；自上中已下，率一殿降一等。即公坐殿失应降，若当年劳剧，有异于常者，听减一殿。①

钱大群引用此条《考课令》认为："唐代官吏有罪处赎刑后，赎铜之数要计入考核档案，作降贬之根据，公罪之赎铜在计算是可折半论。"② 钱氏指出了负殿的产生源于官吏犯罪后的赎铜数额，同时该数额会被记录在官吏的档案之中，这一观点十分正确。但他忽略了官吏所犯公罪、私罪还与俸禄等项有关，我们可进一步补充。

《唐令拾遗》所复原的《考课令》第三十九条规定：

> 诸食禄之官，考在中上已上，每进一等，加禄一季；中中者守本禄；中下已下，每退一等，夺禄一季。若私罪下中已下，公罪下下，并解见任，夺当年禄，追告身。③

---

① 《唐令拾遗》，第 255 页。
② 钱大群：《唐律研究》，第 154 页。
③ 《唐令拾遗》，第 256 页。

唐代官员考课分为九等，分别为上上、上中、上下、中上、中中、中下、下上、下中、下下。对犯了私罪的官吏，考课在下中以下，即下中和下下，均夺当年俸禄，追回告身，即追回任官的文件，等于免去官职。对犯有公罪的官吏，只有考为最下等，即下下，才夺俸和免官。

因为对官员的考课不仅要记录行政能力和政绩，还要考察是否犯有公、私罪，以及由此计算出来的负殿情况，故负责铨选的吏部官员应具备较强的记忆力和计算能力。《旧唐书·李敬玄传》记载了李敬玄因熟记官吏负殿情况而被称赞之事。"敬玄因仁祎之法，典选累年，铨综有序。自永徽以后，选人转多，当其任者，罕闻称职，及敬玄掌选，天下称其能。预选者岁有万余人，每于街衢见之，莫不知其姓名。其被放有诉者，即口陈其书判失错及身负殿累，略无差殊。时人咸服其强记，莫之敢欺。"[①] 参加预选的官吏有上万人，李敬玄都能记住姓名；而且他还记住了放免的官吏（谪官或免官）所书判文的错误和任职期间犯公、私罪的负殿情况，足见李敬玄的记忆力和计算能力远超出一般人。

此外，在诏敕中加恩文武百官，犯私罪者往往会受影响，而公罪则不计算在内。唐高宗《改元宏道大赦诏》云：

> 见任内外官，五品以上经四考，及守五品经三考，

---

① 《旧唐书》卷81《李敬玄传》，第2754页。

六品以下计满三考。政有清勤状无私犯者,各加一阶。①

可见在官吏的升迁上犯公罪比私罪影响更小,往往可以不计入在内。《通典》也记载:"初武太后天册万岁中制,文武官加阶应入五品者,并须入仕历十六考以上,无私犯,进阶之时见居六品官及七品以上清官者。其应入二品者,取入仕三十二考以上,并无私犯,进阶之时见居四品官者。"②

吏职或杂色入流者犯公、私罪在考课中怎样体现呢?唐高宗时期的刘祥道做了论述。刘祥道于显庆二年(657)担任黄门侍郎,知吏部选事。他建议:

> 铨综之术犹有所阙,乃上疏陈其得失。其一曰:
> 今之选司取士,伤多且滥:每年入流,数过一千四百,伤多也;杂色入流,不加铨简,是伤滥也。……其杂色应入流人,望令曹司试判讫,简为四等奏闻。第一等付吏部,第二等付兵部,次付主爵,次付司勋。其行署等私犯公坐情状可责者,虽经赦降,亦量配三司;不经赦降者,放还本贯。冀入流不滥,官无冗杂,且令胥徒之辈,渐知劝勉。③

---

① 唐高宗:《改元宏道大赦诏》,《全唐文》卷13,第162页。
② 《通典》卷40《职官二十二》,第1106页。
③ 《旧唐书》卷81《刘祥道传》,第2751页。

刘祥道认为吏部选司从吏员中选取官员和入流官员过多过滥,缺少试判的考试,也没有对在职期间所犯的公罪和私罪进行区别考察,主张经赦降后杂色入流官员应该入三司进行再考察。

唐令明确规定犯公罪与犯私罪在计算官员考课的负殿情况有所区别,并直接影响官吏的俸禄。同时,犯私罪考中下、犯公罪考下下则被免官。在皇帝颁布加恩文武官的诏敕中,没有犯私罪的官员可进阶,犯公罪往往也不受影响。

二、官吏犯公罪、私罪的连坐问题

唐代对官吏触犯公罪的行为追究连带责任即实行四等连坐制度,四等分别为:主典、判官、通判官、长官。主典为吏职,判官、通判官、长官为官职。判事中没有四等的,按三等、二等科罪。《唐律疏议》"同职犯公坐"条云:

> 诸同职犯公坐者,长官为一等,通判官为一等,判官为一等,主典为一等,各以所由为首。若通判官以上异判有失者,止坐异判以上之官。①

该条疏议举大理寺法官的断罪为例:"假如大理寺断事有违,即大卿是长官,少卿及正是通判官,丞是判官,府史是主

---

① 《唐律疏议》卷5《名例·同职犯公坐》,第110页。

典，是为四等。各以所由为首者，若主典检请有失，即主典为首，丞为第二从，少卿、二正为第三从，大卿为第四从，即主簿、录事亦为第四从；若由丞判断有失，以丞为首，少卿、二正为第二从，大卿为第三从，典为第四从，主簿、录事当同第四从。"① 疏议又举关、戍为例："为关、戍之类，无通判官，关丞即至关令，并主典，唯有三等。假有典检请有失，丞为第二从，令为第三从，录事同为第三从。下州、县市令唯与典二人，此等止准见（按：同现）官二等之罪。"② 要注意的是，不同等级官吏判事有不同的，只对做出错误判决的官吏追究责任。

地方官吏中不一定有四等官，但也是有连坐之条，即上下级节级连坐。张鹭《朝野佥载》记载了一件因决杖失当囚犯死亡的冥判故事，反映了县级机构官员在司法实践中因公罪连坐的事例。该书载：

> 天宝中，万年主簿韩朝宗尝追一人，来迟，决五下。将过县令，令又决十下。其人患天行病而卒。后于冥司下状言，朝宗遂被追至。入乌头门极大，至中门前，一双桐树，门边一阁垂帘幕，窥见故御史洪子舆坐。子舆曰："韩大何为得此来？"朝宗云："被追来，不知何事。"子舆令早过大使。入屏墙，见故刑部尚书

---

① 《唐律疏议》卷5《名例·同职犯公坐》，第110页。
② 《唐律疏议》卷5《名例·同职犯公坐》，第111页。

李乂。朝宗参见，云："何为决杀人？"朝宗诉云："不是朝宗打杀，县令重决，由患天行病自卒，非朝宗过。"又问："县令决汝，何牵他主簿！朝宗无事。然亦县丞，悉见例皆受行杖。"亦决二十放还。朝宗至晚始苏，脊上青肿，疼痛不复可言，一月已后始可。①

韩朝宗为万年县主簿，按《狱官令》的规定，"诸有犯罪者，皆从所发州县推而断之。在京诸司，则徒以上送大理，杖以下当司断之"②，县令和主簿均有断杖刑之权。但是县令和主簿重复决杖，数未过一百，恰巧因犯患病而亡。按《唐律疏议》"拷囚不得过三度"条的规定，"若依法拷决，而邂逅致死者，勿论；仍令长官等勘验，违者杖六十"③，问题集中在县令和主簿重复决杖是否依法上。这个冥判故事里，冥司断定县令没有依法使用决杖，应是公坐；而主簿则要承担连坐责任，被处以杖二十。被判处连坐的依据在《唐律疏议》"同职犯公坐"条中也可找到。这个冥判故事中的县令、主簿执行决杖不当，导致犯人死亡，则须处以刑罚。唐代法律对公罪的这种连坐，钱大群归纳为"在追究具体执行公务者

---

① 〔唐〕张鷟撰，恒鹤校点：《朝野佥载》卷6，上海古籍出版社编，丁如明、李宗为、李学颖等校点：《唐五代笔记小说大观》，上海：上海古籍出版社，2012年，第60页。
② 《唐令拾遗》，第689页。
③ 《唐律疏议》卷29《断狱·拷囚不得过三度》，第553页。

失职犯罪的同时，必定追究有直接监督责任官吏的罪责"，"同一衙门各级官吏有公务错失之犯罪，既追究各级有罪官吏的罪责，又分清责任，区别对待"。①

私罪因涉及私情，一般不连坐同职。即使是有私曲，同职官员没有发觉，也仅以失论。在唐前期的律文中，并没有私罪连坐之条，仅"职制"律"贡举非其人"条略有涉及，即被举荐人犯罪的，连坐举荐人，"诸贡举非其人及应贡举而不贡举者，一人徒一年，二人加一等，罪止徒三年"②。《通典·选举六》更加明确地记载了"犯罪兼坐举主"的规定，其文曰："所举官吏在任日，有行为乖谬，不如举状及犯罪至徒以上者，请兼坐举主，一人夺禄一年，二人夺赐，三人夺阶及爵，四人解见任职事官，五人贬官，六人除名。"③这种连坐主要是行政上的，处以罚俸，夺赐阶及爵，以及贬、免官。李翱就曾因举人失当而被贬官。《新唐书·李翱传》记载："（李翱）入为谏议大夫，知制诰，改中书舍人。柏耆使沧州，翱盛言其才。耆得罪，由是左迁少府少监。"④柏耆由李翱举荐，柏耆犯罪，中书舍人李翱被其连累，被贬为少府少监。

---

① 钱大群：《唐律与唐代法律体系研究》，南京：南京大学出版社，1996年，第70—73页。
② 《唐律疏议》卷9《职制·贡举非其人》，第183页。
③ 《通典》卷18《选举六》，第453页。
④ 《新唐书》卷177《李翱传》，第5282页。

唐玄宗时，为加大对官吏犯赃私罪的处罚，颁布了赃罪连坐直属上司的敕令。《唐会要》记载：

> （天宝）九载（750）十二月二十九日敕：责情状专知官，有二十减十下。自今以后，判司县令一人犯，夺太守一季禄；丞簿尉一人有犯，与县令中下考；三人以上，既量事贬黜。①

天宝九年所颁布的连坐敕令，主要对官直属上司行政考核方面的惩罚，包括夺俸禄、给中下考和贬黜的处罚。到至德年间，则颁布了更为严苛的连坐之法，对上司也要处以刑罚。《唐会要》记载：

> ［至德元年（756）］建丑月二十一日，京兆尹魏少游奏：令长职在亲民，丞簿尉有犯，无不委悉。比来各相蒙蔽，悉徇人情，百姓艰辛，职由于此。今以后丞簿尉有犯赃私，连坐县令，其罪减所犯官二等。冀递相管辖，不得为非。敕旨依，天下诸州准此。②

县丞、主簿、县尉是一县仅次于县令的官员，若该三类官员

---

① 《唐会要》卷41《杂记》，第746—747页。
② 《唐会要》卷41《杂记》，第747页。

犯赃私之罪，县令要减二等科罪。魏少游奏疏请连坐县令的理由，是县令对下属县丞、主簿、县尉的行为是清楚的，可避免包庇赃私行为。私罪连坐长官是唐代中后期对唐律的一个重要修订。

唐初已确立了官吏犯公罪的四等连坐制度，对处理公事失误的官吏进行追究，而处理同一件公务做出正确判决的则不连坐。犯私罪在唐初并不连坐，唐玄宗天宝年间为加强对官吏的监察，开始连坐直属州县长官，这很可能与中央为加强对地方的控制有关。

结　论

唐代公罪和私罪制度是唐代司法运作体系中十分重要的内容，具体包括对公罪和私罪概念的明确定义、公罪轻刑原则、公罪和私罪的连坐等，其发展和成熟是唐代中期司法运作体系日渐稳固的标志。在太宗、高宗和玄宗三朝，该制度在司法运作领域执行得比较好，司法实践中比较明确地区分公罪和私罪，宽宥公罪、严惩私罪成为管理官吏职务行为的主流思想。唐太宗于贞观十六年（642）对大理卿孙伏伽说："朕常问法官刑罚轻重，每称法宽于往代。仍恐主狱之司，利在杀人，危人自达，以钓声价，今之所忧，正在此耳！深宜禁止，务在宽平。"① 一方面，唐太宗以公、私罪来约束官吏，防止司法官吏在断案中以苛刻为能，自然吸取了隋朝刑罚过于严苛导致其灭亡的教训。另一方面，公罪是因公务行为，没有私、曲而犯罪，犯罪者容易被谅解，这是鼓励官吏积极履行职责，不因惧怕犯罪而消极处理公务。《旧唐书·李尚隐传》的记载说明了唐玄宗对犯公罪者的态度："（开元）十三年（725）夏，妖贼刘定高夜犯通洛门，尚隐（按：时为御史中丞）坐不能察所部，左迁桂州都督。临行，帝使谓之曰：'知卿公忠，然国法须尔。'因赐杂彩百匹以慰之。"② 皇帝对犯公罪者还赐予财物，遣使抚慰，说明对其宽容和信任，不以其犯公罪而废弃不用。不久李尚隐迁广州都督，充五府经略使。

唐代法律所确立的公罪和私罪制度影响深远，一直为以后各朝沿用，并有所发展。《宋刑统》基本上沿用了唐律的有关规定。明代法律对官和吏犯公罪有区别对待的条款，《大明律》"文武官犯公罪"条云："内外官大小军民衙门官吏，犯公罪该笞者，官收赎铜钱；吏候季终类决，各还职役俱不必附过。"③ 此点与唐代不同，但二者均规定犯公罪者可得到较轻的处罚。清代法律对公、私罪的设置更加广泛，并专门设有《吏部则例》规范官员的职务行为。清乾隆年间

---

① 《贞观政要》卷8《刑法第三十一》，第250页。
② 《旧唐书》卷185下《李尚隐传》，第4823页。
③ 《唐明律合编》，第26页。

第一章 唐代中期司法运作体系的发展与成熟

曾先后担任过县令、按察使幕僚的汪祖辉说:"语有之:州县官如琉璃屏,触手便碎,诚哉是言也。一部吏部处分则例,自罚俸以至革职,各有专条。然如失察、如迟延,皆为公罪。虽奉职无状,大率犹可起用。若以计避之,则事出有心,身败名裂矣。故遇有公罪案件,断断不宜回护幸免,自贻后愆。"[①] 汪祖辉深知清代官场规则,他的言论说明清代官吏日常处理公务时很容易触犯公罪,但是因为公罪处罚相对较轻,而且犯公罪者免官后一般也可以重新得到任用,故不应该隐蔽其罪,否则变成怀有私心,则身败名裂,仕途受到严重影响。

---

① 〔清〕汪辉祖纂:《学治臆说》卷下《公过不可避》,《丛书集成初编》本,北京:中华书局,1985年。

第二章　唐代公、私罪与司法运作实践
——以"禁囚不如法"罪为例

唐代司法官吏在司法运作中犯罪，有犯公罪与犯私罪之分。《唐律疏议》中的"捕亡""断狱"等律文对司法官吏的犯罪行为及相应的处罚有逐一列举，目前已有研究者对其内容进行归纳和解读。刘俊文《唐律疏议笺解》对"断狱"律等逐条进行笺解，重点在于追溯条文的历史渊源和解读律文本身。戴炎辉《唐律各论》按现代刑法的罪名和处罚对律条逐一分析。钱大群将关于司法官吏的相关罪行分为司法管辖制度、捕捉与囚禁犯人、审理、实施刑讯、执行判决六大类。张晋藩把中国古代司法渎职分为断罪不如法、出入人罪、受贿枉法、请托枉法、挟仇枉法、滥用酷刑、淹禁稽迟等情况。①彭炳金《唐代官吏职务犯罪研究》通过对唐律的梳理，将司法领域的犯罪分为追捕中的职务犯罪、案件受理方面的职务犯罪、审讯中的职务犯罪、断罪、刑罚执行中的

---

① 张晋藩：《综论中国古代司法渎职问题》，《现代法学》2012 年第 1 期。

渎职罪、监禁与监狱管理六大类。① 还有与之相关的专题研究则集中在"拷囚""出入人罪"等罪名的分析上。② 尽管对唐代司法官吏犯罪问题的研究成果颇多，但仍存在如下几个问题需要我们继续深入讨论：一是怎样从对《唐律疏议》所规定罪名和处罚的简单梳理深化到司法实践层面的研究，分析司法运作中罪名成立的具体情形；二是对司法官吏的犯罪行为很少区分公罪和私罪，有必要对司法运作中公、私罪案件进行深入分析，以加深我们对狱政中公、私罪的认识。

本章将以"禁囚不如法"为例，综合运用唐律、唐令、诏敕、奏章、判文等基本材料，并结合两《唐书》纪传、唐代笔记小说等记载的案例，分析这一具体罪名的成立要件和处罚标准等问题，探讨司法官吏在狱政运作中的具体活动。

第一节 唐代"禁囚"概念新论

唐代司法制度中的禁囚，又称系囚。《唐律疏议·断狱》第一条即是关于禁囚的规定。唐五代时期，禁囚有其特定意义，一般是指已关押未判决的人员，并不是如同现代监狱中已判处有期或无期徒刑的犯人，略似现代看守所关押的

---

① 彭炳金：《唐代官吏职务犯罪研究》，第79—86页。
② 参见陶昆、赵科晨：《唐律"拷囚"制度评析》，《法制与经济》2007年第4期；巩富文：《唐代法官出入人罪的责任制度探析》，《政治与法律》1993年第1期。

犯罪嫌疑人。尽管告人、证人也常需关押，待案情确定后才可释放，但不同于禁囚。此点常为研究者所忽视，以至于将唐代的禁囚管理等同于现代的监狱管理。①也有一些学者注意到禁囚与现代监狱犯人的区别，认为"古代监狱则具有多种功能。首先，是拘押未决犯的场所，另外，还有审判和刑罚执行的功能"②。这种观点虽有一定的进步，但不全面，也没有注意到唐代监狱与审判场所不一的情况。唐代的监狱管理由狱吏进行，审判常由专门的吏职或官员主持，二者不是同一官吏。王利民的《中国古代监狱管理初探》认为，"古代囚禁有两种情况，一是对有关诉讼参与人的囚禁，二是对未执行的已决犯人的囚禁，其中以前一种情况为主"③。王氏的观点有相当的合理性，但对"诉讼参与人"的概念未做清晰区分。诉讼参与人从民事的角度包括原告、被告，从刑事的角度包括犯罪嫌疑人、证人。而且，唐代法律对民事和刑

---

① 万安中《我国狱政思想及其发展特征初探》（《学术研究》2002年第5期）认为："狱政思想作为监狱管理的指导原则，是监狱立法和监狱管理制度制定和实施的理论依据，它随监狱的产生而逐步形成和完善的。"崔永东《试析中国古代狱政文化的基本精神》（《北方法学》2010年第6期）认为："中国古代狱政文化是一个包括监狱管理、罪犯改造、监狱行刑、监管法规、监狱设施及监管理念等在内的文化系统。"

② 邵治国：《唐代监狱制度述要》，《河北师范大学学报（哲学社会科学版）》2004年第6期。

③ 王利民：《中国古代监狱管理初探》，《人文杂志》2000年第4期。

事的区分也不像现代法律这般清晰。

唐代禁囚应以未判决的犯人为主。我们通过一些最具有典型意义的资料来说明。

1. 武德七年（624）四月唐高祖《武德年中平辅公祐及新定律令大赦诏》云：

> 又律令初定，始命颁行，惟新之典，义存洗涤，可大赦天下。自武德七年四月一日昧爽已前，大辟罪已下，已发露未发露，系囚见徒，悉从原免。其十恶劫贼，官人枉法受赇，主守自盗，及常赦所不免，并流配已上道者，并不在赦例。亡命山泽，挟藏军器，百日不首，复罪如初。①

以上诏令中将系囚与见徒并列，说明两者的性质不一样。见，同现；见徒，即正在执行徒刑的犯人。唐代赦文中以"系囚见徒"并列相称的例子还有很多，大略有如下几类。

一类是新皇即位的赦文。例如，《太宗即位赦》曰："可大赦天下，自武德九年八月九日昧爽已前，罪无轻重，已发觉，未发觉，系囚见徒，悉从原免。"②《代宗即位赦》曰：

---

① 李渊：《武德年中平辅公祐及新定律令大赦诏》，《全唐文补编》卷1，第3页。
② 宋敏求编：《唐大诏令集》卷2《帝王·即位赦上》，北京：中华书局，2008年，第6页。

"系囚见徒,常赦所不免者,罪无轻重,咸赦除之。"①《顺宗即位赦》曰:"囚系见徒,常赦所不原者,咸赦除之。"②

另一类是改元大赦的制敕。例如,《改元开元元年大赦天下制》曰:"系囚见徒,咸赦除之。"③《改元天宝赦》曰:"系囚见徒,常赦所不原者,咸赦除之。"④《改元太和赦》曰:"见系囚徒,常赦所不免者,并赦除之。"⑤

还有部分上尊号赦文、南郊赦文、册立太子赦文等,其中亦有相同的语句,不一一列举。大多数赦文使用"系囚见徒"并称,说明唐代司法制度对禁囚和徒刑两种不同的犯人是有明显区分的。

2.《旧唐书·张文瓘传》记载:

> (张文瓘)咸亨三年(672)……俄迁大理卿,依旧知政事。……文瓘尝有疾,系囚相与斋祷,愿其视事。当时咸称其执法平恕,以比戴胄。上元二年(675),拜侍中,兼太子宾客。大理诸囚闻文瓘改官,一时恸哭,其感人心如此。⑥

---

① 《唐大诏令集》卷2《帝王·即位赦上》,第9页。
② 《唐大诏令集》卷2《帝王·即位赦上》,第9页。
③ 《唐大诏令集》卷4《帝王·改元中》,第21页。
④ 《唐大诏令集》卷4《帝王·改元中》,第21页。
⑤ 《唐大诏令集》卷5《帝王·改元下》,第29页。
⑥ 《旧唐书》卷85《张文瓘传》,第2815页。

大理寺系因为未决之囚徒,故希望有断案平恕的官员来执掌大理寺,以免遭受冤屈,或在量刑中获从轻处罚。唐代前期,大理寺是京城最主要的关押囚犯之处,是中央机构中唯一设有监狱的司法机关。《唐六典·尚书刑部》云:"凡京都大理寺、京兆·河南府、长安·万年·河南·洛阳县咸置狱。其余台、省、寺、监、卫、府皆不置狱。"① "在京诸司,则徒以上送大理,杖以下当司断之;若金吾纠获,亦送大理。"② 《唐六典·大理寺》又云:"狱丞掌率狱吏,知囚徒。"③ 正因为大理寺是京师主要关押未决囚犯的地方,专设狱丞统帅狱吏看押囚犯,大理卿、少卿、大理丞、大理正、司直等则为司法官员,负责审理囚犯和判决案件。大理卿在大理寺中具有最高的判决权,对其他司法官的判决结果可以改判。张文瓘因断案平恕,故大理寺监狱所系囚犯均希望他留任在大理卿职位上,以期得到公平或较轻的判决。

3.《唐会要·君上慎刑》载有文宗开成四年(839)的一条敕令:

> 开成四年五月敕:京城百司,及府县禁囚,动经岁月,推鞫未毕。其有绝小事者,经数个月不速穷诘,延至暑时。盖由官吏因循,致兹留狱,炎蒸在候,冤滞难

---

① 《唐六典》卷6《尚书刑部》,第188页。
② 《唐六典》卷6《尚书刑部》,第189页。
③ 《唐六典》卷18《大理寺》,第504页。

堪，宜付御史台。委裴元裕选强明御史三两人，各本司分阅文按，据理疏决闻奏。如官吏稽慢，亦具名衔闻奏。①

文按，应为文案。京城百司和府县的禁囚，因为没有判决才滞留在监狱中。敕文要求御史台选几名御史对文案进行梳理判决，再上奏。由此可见，禁囚多为未判决的囚犯。

4. 五代后晋高祖石敬瑭天福三年（938）正月《旋决刑狱敕》云：

三京诸道州府刑狱，近日访问，依前禁系人多不旋决，诸道宜令所在各委长吏专切推穷，不得滞淹。②

紧系人，同禁系人，紧同"禁"，在该敕令中指关押在三京、诸道州府监狱的囚犯。多不旋决，意味着关押时间较长，没有做出判决。故狱中的囚犯为未决之犯人，敕令诸道由长吏（一般为判官）专门去推按，使囚犯不在监狱滞留。

以上所举唐至五代的诏敕、大赦令等，以及传记中对禁囚的记录，均指未判决之犯人。除此之外，唐代监狱里还有另外一类囚犯是等待执行死刑的犯人，但人数比例不高。唐

---

① 《唐会要》卷40《君上慎恤》，第719—720页。
② 〔宋〕王钦若等编：《册府元龟》卷151《帝王部·慎罚》，北京：中华书局，1960年，第1830页。

代执行死刑,其一是执行时间有限制,一般死刑不得在立春后秋分前执行,祭祀日、节气日、断屠月、禁杀日等时间亦不得执行。《旧唐书·刑法志》载:"太宗又制在京见禁囚,刑部每月一奏,从立春至秋分,不得奏决死刑。其大祭祀及致斋、朔望、上下弦、二十四气、雨未晴、夜未明、断屠日月及假日,并不得奏决死刑。"① 《全唐文》记录了一篇薛元超向高宗请求春天停杀高敦礼的表文,曰:"伏见近日奏,扬州人高敦礼诈宣敕乘驿马采药,其日奉进去不得至秋即决,敦礼犯状,实当万死,但以罪非恶逆,据法合至秋分。"② 由此可见,太宗这则限制执行死刑时间的制敕后来成为普遍遵守的法令,推测可能为刑部格。

唐令中也有对执行刑罚方面的时间限制规定,《唐令拾遗》复原的《祠令》第三十八条云:"诸大祀,散斋四日,致斋三日;中祀,散斋三日,致斋二日;小祀,散斋二日,致斋一日。散斋之日,斋官昼理事如故,夜宿于家正寝。惟不得吊丧问疾,不判署刑杀文书,不决罚罪人,不作乐,不预秽恶之事。"③ 何谓大祀、中祀、小祀?唐令中亦有明文规定:"国有大祀、中祀、小祀。昊天上帝、五方上帝、皇地祇、神州、宗庙,皆为大祀;日月、星辰、社稷、先代帝王、嶽镇、海渎、帝社、先蚕、孔宣父、齐太公、诸太子庙

---

① 《旧唐书》卷50《刑法志》,第2138页。
② 薛元超:《请停春杀高敦礼表》,《全唐文》卷159,第1625页。
③ 《唐令拾遗》,第114页。

并为中祀；司中、司命、风师、雨师、灵星、山林、川泽等并为小祀。州县社稷、释奠及诸神祠，亦准小祀例。"① 如此众多的祭祀日，加上节气日等，可执行死刑的时间受到较多限制。

其二是死刑执行程序严格。死刑执行程序方面，唐初即已规定州县、大理寺判决的死刑均申省（中书门下和刑部）复审。太宗时期因张蕴古案件确定了"死刑覆奏"的制度，并有临决称冤重审等制度。死刑犯即使被判刑后待在监狱的时间也不短，短则数月，长有数年的。死刑犯在监狱中只占一小部分，为此，我们略举几条反映死刑犯禁系在监狱情况的资料来说明：

> （贞观）六年（632）十二月十日，亲录囚徒，放死罪三百九十人归于家，令明年秋来就刑。其后应期毕至，诏悉原之。②

唐初京城仅大理寺和京兆府，长安、万年二县设监狱，御史台狱为贞观末所设，神策狱等为代宗时设。前引《唐六典·尚书刑部》称，"凡京都大理寺、京兆·河南府、长安·万年·河南·洛阳咸置狱。其余台、省、寺、监、卫、府皆

---

① 《唐令拾遗》，第60页。
② 《唐会要》卷40《君上慎恤》，第718页。

不置狱"①。太宗录囚,多为监禁在大理寺的囚犯。高宗对大理寺的系囚情况也比较关注,《旧唐书·刑法志》载:"高宗即位,遵贞观故事,务在恤刑。尝问大理卿唐临在狱系囚之数,临对曰:'见囚五十余人,惟二人合死。'帝以囚数全少,怡然形于颜色。"②大理寺监狱囚犯总数为五十二人,其中二人为死刑犯。因囚犯人数少,故高宗"怡然形于颜色"。上述几则材料是从皇帝录囚的角度看大理寺系囚的数量及其组成情况。《唐会要》有一则记录是关于德宗贞元年间京城百司和畿内各狱犯人情况的:

> (贞元)十三年(797)四月敕:农事方兴,时雨犹少,言念囚系,虑有滞冤。京城百司及畿内,有禁囚李士政等六人,合处极法,宜从宽典,各决四十,配流诸州。其余禁系者,委御史台与诸司计会。敕到后五日内,疏理讫闻奏。③

贞元年间京城长安的监狱有大理寺狱、御史台狱、京兆府狱、长安县狱、万年县狱,以及北司所设神策狱等。其中处极刑的死囚犯李士政等六人因天旱少雨而被减为流刑,其余关押的犯人则由御史台和诸司梳理。总计京城各监狱囚犯,

---

① 《唐六典》卷6《尚书刑部》,第188页。
② 《旧唐书》卷50《刑法志》,第2140页。
③ 《唐会要》卷40《君上慎恤》,第719页。

死刑犯仅六人,所占比例并不高。

从唐初至五代,狱中的"禁囚""系囚"一般指未决之囚犯,类似现代法律概念中的犯罪嫌疑人,而非犯罪人员;还有一类是等待执行死刑的囚犯,仅占较小的比例。这对我们了解司法官吏的职务行为、加深对狱政的认识无疑是有很大帮助的,即:唐代的司法官吏主要负责对囚犯的关押、审理、判决,在执行刑罚方面,负责执行笞刑、杖刑和死刑,徒刑和流刑由其他部门执行。徒刑、流刑主要是将犯人送去将作监、少府监等,参与诸如造陵、修城、修理官舍、治水等工程和杂役,以及送边州监督执行。唐代《狱官令》对徒刑、流刑执行的规定如下:

> 诸犯徒应配居作者,在京送将作监,妇人送少府监缝作,在外州者,供当处官役。当处无官作者,听留当州修理城隍、仓库及公廨杂使。犯流应住居作者亦准此,妇人亦留当州缝作及配舂。①

徒刑犯人在京的,男送将作监,主要工作是修理官舍等;女送少府监,主要工作是浆洗缝补等。在外州的徒刑犯人,男主要是修城、仓库和公务杂使;女缝补,舂米麦等。流刑犯人送至州后,工作亦如此。故徒刑、流刑犯人是不用关押在

———

① 《唐令拾遗》,第706页。

监狱的，不属于禁囚。《新唐书·刑法志》亦载："居作者著钳若校，京师隶将作，女子隶少府缝作。旬给假一日，腊、寒食二日，毋出役院。病者释钳校、给假，疾差陪役。谋反者男女奴婢没为官奴婢，隶司农，七十者免之。凡役，男子入于蔬圃，女子入于厨膳。"①《新唐书》的记载补充了谋反者家里的男女奴婢没为官奴婢，并隶属司农的情况。

综上所述，唐五代法律制度中的"禁囚"多指未判决的犯人，也有少数等待执行死刑的犯人，而非服刑的徒刑和流刑犯，与现代囚犯的概念有别。

第二节 唐代"禁囚不如法"方面的罪名与司法实践

一、"应禁不禁"罪与"不应禁而禁"罪

唐代法律对犯罪嫌疑人是否能关押有十分繁杂的规定，司法官吏需要根据犯罪嫌疑人的身份地位、所犯罪行大小等，对照律、令、格、式的规定才能决定，若不当则可能触犯刑律，受到处罚。总的罪名及处罚依据记载于《唐律疏议》"囚应禁不禁"条当中。规定如下：

> 诸囚应禁而不禁，应枷、锁、杻而不枷、锁、杻

---

① 《新唐书》卷56《刑法志》，第1411页。

及脱去者,杖罪笞三十,徒罪以上递加一等;回易所著者,各减一等。即囚自脱去及回易所著者,罪亦如之。若不应禁而禁及不应枷、锁、杻而枷、锁、杻者,杖六十。①

这条包含不作为罪和作为罪,均为公罪,犯罪主体为具有关押权的司法官,如大理寺和御史台官员、地方长官等,以及管理监狱的官吏。按唐初四等官的设置,管理监狱的吏职是为第一等。唐代管理监狱的吏职有狱吏等,其罪名和处罚如下:

应禁不禁罪与不应禁而禁罪两种罪的犯罪主体均为管理监狱的官吏。处罚按囚犯所犯罪行大小决定,如囚犯为判处杖罪者,处以笞三十;囚犯为判处徒刑及以上者,递加一等,即处以笞四十。

犯人是否囚禁,唐代法律以犯人身份、所犯罪行大小(判决结果为笞、杖、徒、流、死),以及是否为"十恶"之罪等作为断定标准。从犯人身份来看,官员及其家属一般犯罪或为被告并不立刻关押,或者只有经由皇帝批准后才能关押。《宋刑统》载有唐宣宗时期的一条敕令:"唐大中六年(852)六月二十四日敕:御史台奏,应推勘诸色刑狱,关连朝官,合取文状。自今以后,如尚书省四品以上官、诸司三

---

① 《唐律疏议》卷29《断狱·囚应禁不禁》,第545—546页。

品以上官,并宜先奏取进止。如取诸色官状,即申中书门下取裁。"① 按此敕规定,囚犯以其身份高低而具有一定的特权:首先是具有官员身份的人被告后不立刻关押,而是确定有犯罪行为后才根据罪行大小、官职高低来决定是否关押;其次《宋刑统》同条"应囚禁枷锁杻"还录有唐代的刑部式,其内容为,"【准】刑部式:诸文武职事散官三品以上,及母、妻并妇人身有五品以上邑号,犯公坐徒以上,及私罪杖以下,推勘之司送问目就问"②,在审判时,也不是招来公堂审问,而是由"推勘之司送问目就问",即列出须问的问题至家问讯,自然也不可能使用刑讯;最后,"尚书省四品以上官、诸司三品以上官"涉及刑狱的,先奏请皇帝决定是否关押,如取其他官员文状,亦须由中书门下裁决,这条是针对朝官的规定。具体有:

1. 官品较高的官员。贞观七年(633)十二月十二日诏:"三品已上,犯公罪流,私罪徒,送问皆不追身。"③ 追身,即追拿人,送问皆不追身,意为由审判官员派人送问题讯问,不用参加公堂审讯,自然也不会囚禁了。《唐令拾遗》复原的《狱官令》云:"诸职事官五品以上、散官二品以上,犯罪合禁,在京者皆先奏;若犯死罪及在外者,先禁后奏。其职事官及散官参品以上有罪,敕令禁推者,所推之

---

① 《宋刑统》卷29《杂律》,第531页。
② 《宋刑统》卷29《杂律》,第530页。
③ 《唐会要》卷40《君上恤刑》,第718页。

司皆复奏,然后禁推。"①《宋刑统》所录的一条唐代刑部格也规定,官员成为被告不必立刻收禁:"【准】刑部格敕:官人有被告者,不须即收禁,待知的实,然后依常法。"②

《唐会要》还记载了贞观时期的一则案例:

> (贞观三年)二月十七日,大理引囚过次。到岐州刺史郑善果,上谓胡演曰:"郑善果等官位不卑,纵令犯罪,不可与诸囚同列。自今三品已上犯罪,不须将身过朝堂听进止。"③

《旧唐书》载郑善果在武德年间历礼部、刑部二尚书,"贞观元年(627),出为岐州刺史,复以公事免。三年,起为江州刺史,卒"④。太宗见郑善果与其他囚犯一起在朝堂前过次,认为具有较高官位的囚犯不应与其他囚犯同列,并令三品以上官员犯罪,不须身过朝堂。

唐太宗时期还有一桩大将军薛万均被告的案件,反映了司法运作中高级官员受到优待,不必和普通囚犯一样对质的情况。王方庆《魏郑公谏录》之"谏内出高昌妇女与薛万均对事"条云:

---

① 《唐令拾遗》,第718页。
② 《宋刑统》卷29《杂律》,第530页。
③ 《唐会要》卷40《君上恤刑》,第717页。
④ 《旧唐书》卷62《郑善果传》,第2379页。

> 或告大将军薛万均平高昌,日与高昌妇女有私,敕大理卿孙伏伽推鞫,万均不服,内出高昌妇女对问。公谏曰:"万均兄弟,诚款早著;奸私之事,虚实难明。若罪状显然,录付伏伽自了;若事无指的,万均必是有辞,遣大将军与破亡妇女对辨奸秽,辞既不伏,听者必疑。臣闻君使臣以礼,臣事君以忠。实则所得者轻,虚则所失者重,故秦穆公饮盗马之酒,楚庄王赦绝缨之客,且楚庄秦穆,并夷狄之诸侯,列名五伯,垂芳千祀。况陛下以万乘之主,道高尧舜,作之不法,何以示远?"太宗纳其言而罢焉。①

大将军薛万均被告与高昌的妇女有私情,唐太宗让大理寺卿孙伏伽审理此案,薛万均不服罪。此时薛万均应该没有被关押,而是在外接受问话。大理寺准备"内出"高昌妇女与薛万均对质,即告人高昌妇女应该是被关押在大理寺监狱的。魏徵反对这种高级官员与普通百姓对质的讯问方式,认为这是一种失君臣之礼的行为,并以"秦穆公饮盗马之酒,楚庄王赦绝缨之客"的故事劝谏太宗。太宗接受意见而罢此案。

这两桩案件反映出唐初官僚阶层在维护自身法律特权方面的自觉,认为应当给予高层官员以区别于普通囚犯的特权,即在非犯谋反等大罪时不与其他囚犯同列,被告不像普

---

① 〔唐〕王方庆:《魏郑公谏录》卷2,《丛书集成》本。

通人一样被关押到监狱，也不在审讯现场进行对质。《旧唐书·张说传》记录张说被讯问是在尚书省进行的，而非大理寺或御史台，"（宇文）融乃与御史大夫崔隐甫、中丞李林甫奏弹说引术士夜解及受赃等状，敕宰臣源乾曜、刑部尚书韦抗、大理少卿胡珪、御史大夫崔隐甫就尚书省鞫问"①。常衮所撰《御史大夫王公（王铁）墓志铭》记录了玄宗大宝年间御史大夫王铁被犯人供述牵连到一宗谋反案件中，王铁请自囚到监狱中的情况。墓志铭云："旧制，大臣不对理陈冤。"②由此可见，唐代前期已经形成了大臣不去审判现场对质的司法惯例。

2. 三品以上官员的母、妻，妇人有五品以上邑号者。这既是对官员家属的优待，也是对有品级女性的维护。《宋刑统》记载了唐代的一条刑部式，内容为：

> 【准】刑部式：诸文武职事散官三品以上，及母、妻并妇人身有五品以上邑号，犯公坐徒以上，及私罪杖以下，推勘之司送问目就问。③

按："犯公坐徒以上"，应为"犯公坐徒以下"。妇人有官品邑号的，则有议、请、减、赎、当、免等方面的优待，具体

---

① 《旧唐书》卷97《张说传》，第3055页。
② 常衮：《御史大夫王公墓志铭》，《全唐文》卷420，第4291页。
③ 《宋刑统》卷29《杂律》，第530页。

内容参见《唐律疏议》"妇人有官品邑号"条。上引材料则主要是对关押方面的规定。

三品以上官员的母、妻,妇人有五品以上邑号者具体有哪些?《旧唐书·职官二》"司封郎中"条对官员女性家人的封号和品级有明确的记载,曰:"凡外命妇之制……一品及国公母妻,为国夫人。三品已上母妻,为郡夫人。四品母妻,为郡君。五品若勋官三品有封,母妻为县君。散官并同职事。勋官四品有封,母妻为乡君。其母邑号,皆加太字,各视其夫、子之品。若两有官爵者,从其高。若内命妇,一品之母,为正四品郡君;二品之母,为从四品郡君;三品四品之母,并为正五品县君。凡妇人,不因夫及子而别加邑号,夫人云某品夫人,郡君为某品郡君,县君、乡君亦然。凡庶子,有五品已上官,皆封嫡母。无嫡母,封所生母。凡二王后夫人,职事五品已上,散官三品已上,王及国公母妻,朝参各视其夫及子之礼。"①

尽管品秩较高的官员及其家属犯非谋反等大罪则不关押,但还是要接受司法官吏的询问,对所问事宜进行答款。《旧唐书·源休传》记载了源休因离婚而被其妻族上诉的案件。因源休是五品以上高级官员,不用至公堂接受讯问。其文曰:

> 源休……迁给事中、御史中丞、左庶子。其妻,即

---

① 《旧唐书》卷43《职官二·吏部》,第1821页。

吏部侍郎王翊女也。因小忿而离，妻族上诉，下御史台验理，休迟留不答款状，除名，配流溱州。①

源休休妻后，其妻子的家族上诉到皇帝处，该案交由御史台来审理。当时源休的本官为门下给事中，正五品；摄官为御史中丞，正五品上；兼官为太子左庶子，正四品上。品级在五品以上，便是高级官员，故一般诉讼案件不需要去公堂接受讯问，有答款即可。《唐律疏议》"五品以上妾有犯"条曰："【疏】议曰：五品以上之官，是为'通贵'。"②因此唐代法律规定五品以上官即为高官，具有一定的法律特权。源休是五品以上高级官员，不用至公堂接受讯问，只接受断案的司法官派员过来问话并答款。但源休迟留不答款，结果被除名配流。

3. 诸应议、请、减者，犯公罪流刑以下，私罪徒刑以下，在有保人的情况下可不关押到监狱。仁井田陞《唐令拾遗》复原的《狱官令》第三十条云：

> 诸应议、请、减者，犯流以上，若除、免、官当者，并锁禁。公坐流、私罪徒（并谓非官当者），责保参对。其九品以上及无官应赎者，犯徒以上，若除、

---

① 《旧唐书》卷 127《源休传》，第 3574 页。
② 《唐律疏议》卷 2《名例·五品以上妾有犯》，第 39 页。

> 免、官当者枷禁。公罪徒并散禁,不脱巾带。款定,皆听在外参对。①

责保参对,即有保人的情况下,答对问款即可,不用进入监狱。

太宗贞观年间,蜀王妃的父亲杨誉被刑部都官郎中薛仁方关押,薛仁方就因此犯了不应禁而禁罪。《贞观政要》记载:

> 贞观七年,蜀王妃父杨誉,在省竞婢,都官郎中薛仁方留身勘问,未及予夺。其子为千牛,于殿庭陈诉,云:"五品以上非反逆不合留身,以是国亲,故生节目,不肯决断,淹留岁月。"太宗闻之,怒曰:"知是我亲戚,故作如此艰难。"即令杖仁方一百,解所任官。魏徵进曰:"城狐社鼠皆微物,为其有所凭恃,故除之不易。况世家贵戚,旧号难理,汉、晋以来,不能禁御,武德之中,以多骄纵,陛下登极,方始萧条。仁方既是职司,能为国家守法,岂可枉加刑罚,以成外戚之私乎!此源一开,万端争起,后必悔之,将无所及。自古能禁断此事,惟陛下一人。备豫不虞,为国常道。岂可以水未横流,便欲自毁堤防?臣窃思度,未见其可。"太宗曰:

---
① 《唐令拾遗》,第 716—717 页。

"诚如公言,向者不思。然仁方辄禁不言,颇是专权,虽不合重罪,宜少加惩肃。"乃令杖二十而赦之。①

按照唐律的规定,"若不应禁而禁及不应枷、锁、杻而枷、锁、杻者,杖六十"②。薛仁方因禁杨誉,又未上请,应处以杖六十的刑罚。太宗一开始决定杖一百并解官,处罚过重;经由魏徵劝谏后改为杖二十,则是比唐律所规定的刑罚减轻了。

4. 老人、幼童,废疾、笃疾者。《唐律疏议》"老小及疾有犯"条云:

> 诸年七十以上、十五以下及废疾,犯流罪以下,收赎。犯加役流、反逆缘坐流、会赦犹流者,不用此律;至配所,免居作。八十以上、十岁以下及笃疾,犯反、逆、杀人应死者,上请;盗及伤人者,亦收赎。有官爵者,各从官当、除、免法。余皆勿论。九十以上,七岁以下,虽有死罪,不加刑;缘坐应配没者不用此律。即有人教令,坐其教令者。若有赃应备,受赃者备之。③

老人和小孩因年龄而得减罪或免罪,分为三等:第一等为老

---

① 《贞观政要》卷2《纳谏第五》,第71—72页。
② 《唐律疏议》卷29《断狱·囚应禁不禁》,第546页。
③ 《唐律疏议》卷4《名例·老小及疾有犯》,第80—84页。

人七十至七十九岁、小孩十一至十五岁,第二等为老人八十至八十九岁、小孩七至九岁,第三等为老人九十岁以上,小孩七岁以下。具体减罪方法,刘俊文在《唐律疏议笺解》中已做详细介绍①,故不赘述。除老人、小孩外,废疾者也在一定程度上可以减罪。那么,何谓"废疾"?何谓"笃疾"?

唐代法律对残疾人有残疾、废疾、笃疾之区分,共称为"三疾",并有具体的定义。《唐律疏议》"老小及疾有犯"条解释道:"【疏】议曰:周礼'三赦'之法:一曰幼弱,二曰老耄,三曰蠢愚。今十岁合于'幼弱',八十是为'老耄',笃疾'蠢愚'之类,并合'三赦'之法。"②按该条规定,笃疾指智力有问题之人。又《唐律疏议》"殴人折跌支体瞎目"条解释道:"【疏】议曰:即损二事以上者,谓殴人一目瞎及折一支之类;'及因旧患令至笃疾',假有旧瞎一目为残疾,更瞎一目成笃疾,或先折一脚为废疾,更折一脚为笃疾。"③从这条规定可见,瞎一目、折一脚为废疾,瞎两目、折双脚为笃疾,与前引"老小及疾有犯"条有不同。最为准确全面的定义是唐令的规定。《唐令拾遗》复原的《户令》第九条载开元二十五年令曰:"诸一目盲、两耳聋、手无二指、足无三指、手足无大拇指、秃疮无发、久漏下重、大瘿瘇,如此之类,皆为残疾。痴痖、侏儒、腰脊折、一肢废,

---

① 刘俊文:《唐律疏议笺解》,第 302—311 页。
② 《唐律疏议》卷 4《名例·老小及疾有犯》,第 82 页。
③ 《唐律疏议》卷 21《斗讼·殴人折跌支体瞎目》,第 387 页。

如此之类,皆为废疾。恶疾、癫狂、两肢废、两目盲,如此之类,皆为笃疾。"① 残疾、废疾、笃疾合称为"三疾",这是中国古代法律所规定的在执行断案定罪、征发赋役、抚恤救济等公务时所参考的标准。② 唐代法律以成文法典的形式对此做出十分明确的规定,按伤残程度分残疾人为残疾、废疾、笃疾,这三者犯罪,在刑罚上有所减轻,除部分罪名和反逆缘坐外,可以赎刑,不用接受刑罚。

二、使用械具不当罪

唐代禁系方式大略有散禁和械禁两种,械禁又包括锁禁、枷禁数种。《唐律疏议》、《唐六典》、两《唐书·刑法志》均有记载,沈家本等学者对唐代刑狱制度已备考,似无再探之必要。然而唐代司法实践中对囚犯的禁系,是否如正史典籍中所载,或者如一些学者所言,是"仁道"精神与

---

① 《唐令拾遗》,第136页。
② 参见盛会莲:《论唐五代的三疾救恤》,《中国经济史研究》2007年第3期。该文分别从田制、赋役制度、刑法及给侍、帝王赏赐等方面,探讨了唐五代时期政府对三疾人员的救恤政策和措施。又参见王春花、刘再聪:《试论〈唐律疏议〉中对"疾残"人的政策》,《江南大学学报(人文社会科学版)》2007年第4期。该文据《唐律疏议》和敦煌吐鲁番出土文书的相关规定,认为唐朝对"疾残"程度有非常详密的规定,对"疾残"者有非常细致的关怀和照顾。

"教化"构成中国古代狱政文化的基本精神呢?① 我们还要参考唐人文集、笔记小说、敦煌文书中的材料,对唐代禁囚的实际情况进行再讨论。

先简要介绍一下唐代囚犯禁系的方式。散禁,又称松系,也写作"讼系""颂系"。从犯罪行为来看,散禁主要适用于杖刑、笞刑和犯公罪处徒刑者,即罪行较轻者;从犯人身份来看,散禁主要适用于年八十以上老年人、十岁以下小孩、废疾者、怀孕者、侏儒等。《唐六典·尚书刑部》云:"杖、笞与公坐徒及年八十、十岁、废疾、怀孕、侏儒之类,皆讼系以待断。"② 械禁根据囚犯罪行的大小分为锁禁和枷禁,唐代法律有对禁囚械具样式、大小尺寸,以及不同械具怎样使用的规定。《旧唐书·刑法志》载太宗时期"系囚之具,有枷、杻、钳、锁,皆有长短广狭之制,量罪轻重,节级用之"③。枷为锁颈的刑具,杻为拷脚的刑具,锁为拷手的刑具,带有链条。尽管贞观十一年(637)已有定制,但械具的大小尺寸信息则详载于开元时期的唐令。仁井田陞《唐令拾遗》所复原的开元二十五年《狱官令》记载:

> 诸枷长五尺以上、六尺以下,颊长二尺五寸以上、

---

① 崔永东:《试析中国古代狱政文化的基本精神》,《北方法学》2010 年第 6 期。
② 《唐六典》卷 6《尚书刑部》,第 188 页。
③ 《旧唐书》卷 50《刑法志》,第 2139 页。

六寸以下，共阔一尺四寸以上、六寸以下，径三寸以上、四寸以下。杻长一尺六寸以上、二尺以下，广三寸，厚一寸。钳重八两以上、一斤以下，长一尺以上，一尺五寸以下。锁长八尺以上、一尺二尺以下。①

唐代关押囚犯使用枷、杻等械具为常见现象，根据犯人性别、是否有官员身份，以及犯罪行为的大小等不同因素，使用不同的械具。《新唐书·刑法志》记载了根据囚犯罪行轻重使用不同的械具："杻校钳锁皆有长短广狭之制，量囚轻重用之。"②《旧唐书·职官二》则记载了具体的使用规范："凡死罪，枷而杻。妇人及流徒，枷而不杻。官品及勋散之阶第七已上，锁而不枷。"③除正史所载外，《太平广记》收录的冥界审判故事中即有很多囚犯使用械具的例子，间接反映了底层关押囚犯的实际情况，略举例如下。

《太平广记》"李丘一"条记载：

> 唐李丘一好鹰狗畋猎。万岁通天元年，任扬州高邮丞。忽一旦暴死，见两人来追，一人自云姓段。时同被

---

① 《唐令拾遗》，第729—730页。
② 《新唐书》卷56《刑法志》，第1411页。
③ 《旧唐书》卷43《职官二·兵部》，第1838页。

> 追者百余人,男皆著枷,女即反缚。①

男囚犯戴枷,女囚犯不戴枷,而是反缚。这则故事反映出唐代对男女囚犯使用械具有区别。

《太平广记》"李山龙"条记载囚犯数千人皆械系的情况:

> 唐李山龙,冯翊人,左监门校尉。武德中,暴亡而心不冷,家人未忍殡殓,至七日而苏。自说云,当死时,见被收录,至一官署,甚广大,庭前有数千囚人,枷锁杻械,皆北面立。②

《太平广记》中还有一则故事记录了关押在长安县监狱的死刑犯戴枷的情况:

> 唐长安县死囚,入狱后四十余日,诵金刚经不辍口。临决脱枷,枷头放光,长数十丈,照耀一县。县令奏闻,玄宗遂释其罪。③

---

① 〔宋〕李昉等编:《太平广记》卷103《报应二·李丘一》,北京:中华书局,1961年,第699页。
② 《太平广记》卷109《报应八·李山龙》,第744页
③ 《太平广记》卷104《报应三·长安县系囚》,第702页。

死刑犯在监狱，必须使用枷、杻等械具，以防逃脱。此则故事可印证《旧唐书》所称"凡死罪，枷而杻"的记载。

囚犯是否上械具，以及上何种械具，依据犯人身份和所犯罪行大小来决定。犯人不上械具的情况有以下几种：

1. 老、幼、废疾、怀孕、侏儒犯人。《唐令拾遗》复原的《狱官令》第二十八条云："诸禁囚，死罪枷杻，妇人及流罪以下去杻，其杖罪散禁。年八十及十岁，并废疾、怀孕、侏儒之类，虽犯死罪，亦散禁。"① 该令规定八十岁以上老人、十岁以下小孩等特定人群的囚禁方式为散禁，不上械具。

2. 官员犯非谋反大罪。官员犯普通轻罪被系禁不上械具，或不上枷，犯谋反等大罪则上。但在司法实践中，官员也有因小事被系上械具的。特别是武则天统治时期，使用非法律规定的械具逼迫被系官员自供谋反，牵引他人的情况屡见不鲜。

《唐令拾遗》复原的《狱官令》第三十条云：

> 诸应议、请、减者，犯流以上，若除、免、官当者，并锁禁。公坐流、私罪徒（并谓非官当者），责保参对。其九品以上及无官应赎者，犯徒以上，若除、免、官当者枷禁。公罪徒并散禁，不脱巾带。款定，皆

---

① 《唐令拾遗》，第 715 页。

听在外参对。①

锁是比较轻的械具,为带链的锁具。对囚犯而言,锁禁比枷禁轻松。散禁,即不上械具。该条反映出唐代法律对官员在禁系方式上的优待,特别是对犯公罪官员的优待。

唐以后,这种对官员的优待仍被继承,甚至扩展到有秀才、举人等身份的人员身上。例如,宋代有举人被囚可受优待的规定,《续资治通鉴长编》记载了宋仁宗景祐元年(1034)的一则诏令,曰:"乙酉诏:举人被囚而狱吏苛酷非疾致死者,提点刑狱官按察之,募告者赏钱十万,公人迁一资,同犯而能自告者除其罪,给赏如之。"②该诏令规定举人被囚禁时,若因狱吏的虐待而死亡,要追究狱吏的责任;并要求提点刑狱官进行督察,鼓励犯人和官吏告发。

3. 病重的囚犯。唐代《狱官令》规定:"诸狱囚有疾病,主司陈牒,长官亲验知实,给医药救疗,病重者,脱去枷、锁、杻,仍听家内一人入禁看侍。"③囚犯病重,经过长官验证后脱去械具,并允许家人一人进入监狱服侍。司法官吏如果不脱去病重囚犯的械具,还会受到处罚。《唐律疏

---

① 《唐令拾遗》,第716—717页。

② 〔宋〕李焘撰,上海师范学院古籍整理研究室、上海师范大学古籍整理研究室点校:《续资治通鉴长编》卷114《仁宗景祐元年》,北京:中华书局,1979年,第2677页。

③ 《唐令拾遗》,第724页。

议》"不给囚衣食医药"条云:"诸囚应请给衣食医药而不请给,及应听家人入视而不听,应脱去枷、锁、杻而不脱去者,杖六十,以故致死者徒一年。"① 司法官吏不允许病重囚犯家人进入监狱服侍的,以及不脱械具的,按律要被处以杖六十;若囚犯死亡,则加重处罚到徒刑一年。

对囚犯使用械具最基本的目的是防止囚犯逃脱和伤害他人,而非作为一种讯囚或刑罚的手段,故唐令对械具的大小尺寸均有限定。但是酷吏常制造超过唐令规定的械具,用来实施法外加重处罚囚犯的酷刑。史书记载中屡见不鲜,《旧唐书》记载:"(来俊臣)每鞫囚,无问轻重,多以醋灌鼻,禁地牢中,或盛之瓮中,以火圜绕炙之,并绝其粮饷,至有抽衣絮以噉之者。又令寝处粪秽,备诸苦毒。……又以索元礼等作大枷,凡有十号:一曰定百脉,二曰喘不得,三曰突地吼,四曰著即承,五曰失魂胆,六曰实同反,七曰反是实,八曰死猪愁,九曰求即死,十曰求破家。复有铁笼头连其枷者,轮转于地,斯须闷绝矣。"② 张鷟《朝野佥载》"弓嗣业"条记载:"唐洛州司马弓嗣业、洛阳令张嗣明造大枷长六尺,阔四尺、厚五寸倚前,人莫之犯。后嗣明及嗣业资遣逆贼徐真北投突厥,事败,业等自著此枷,百姓快之也。"③

---

① 《唐律疏议》卷29《断狱·不给囚衣食医药》,第549页。
② 《旧唐书》卷186上《来俊臣传》,第4838页。
③ 〔唐〕张鷟撰,赵守俨校点:《朝野佥载·补辑》,第156页;又见《太平广记》卷121《报应二十·弓嗣业》,第852页。

第二章 唐代公、私罪与司法运作实践

这些严酷的禁系手段违反了唐代法律对禁系犯人械具方面的规定，也不为时人所认可，故来俊臣、弓嗣业等人被称为酷吏。

非法脱去枷、锁、杻之类的械具是一种作为犯罪，在司法实践中根据是否有私、曲情况而分为公罪和私罪。唐令规定病重的囚犯才能够脱去枷、锁、杻，一般应上械具的囚犯若无正当理由给其脱枷则是犯罪。《文苑英华》载有两道唐代关于脱枷的判文，这些是试判中常见的案例，以考察对判者对司法事务的处理能力：

其一为《脱枷取绢判》，曰：

> 祁阳县尉董则任大理狱吏，与囚脱枷，取绢两匹。断除名。
>
> 【对】刑政所存，为国之本，有伦有要，弘慎斯归；就重就轻，哀矜无失。董则事缘赃贿，断彼除名。黩货于无器之时，定罪于有官之日。问既承引，断亦甘心，两缣虽则难容，双启终须审究。脱枷状非枉法，准绢不至徒年，除名虽据本条，断罪宜无覆定。永州申上不详，前任之文，刑部重寻，妙得无官之例，除名之坐，未可依前罪不合徒，何容滥罚。①

---

① 〔宋〕李昉等编：《文苑英华》卷522《判·脱枷取绢判》，北京：中华书局影印本，1966年，第2675—2676页；又见阙名：《对脱枷取绢判》，《全唐文》卷979，第10135页。

董则担任大理寺狱吏时，收取绢两匹，脱去囚犯的枷，因此被断除名。对判认为董则涉及受贿之罪，应该受到处罚；但是因为两匹绢数额不大，脱枷也不是枉法之罪，故判处除名是恰当的，没有滥罚。按《唐律疏议》"囚应禁不禁"条规定，脱去杖罪囚犯的械具笞三十，若囚犯为徒以上罪，加一等，即笞四十。董则受绢，有私曲，是犯了私罪，故加重处罚为除名。

其二为《解桎梏判》，曰：

> 得甲送徒，道解桎梏，恣所过御史纠诉，云，克期俱至无违者。
>
> 【对】法在安人，刑忌留狱。苟信不继，则噬肤而莫惩；如得其情，则缓死而无逸。惟彼甲者，奉诏送徒。解其桎梏，遵大易之利用；申其甲庚系小子，而且格承命为信义，则乖于守官，推诚于物，仁或昭其恤下。与其刑兹无赦，利武人之贞，曷若感而遂通，资文明以悦？且虞廷作法，人不敢欺，钟离纵徒，克期而至。有叶良吏，无渎简彝，欲依骢马之纠，恐越鹈鸠之法。①

---

① 《文苑英华》卷 522《判·解桎梏判》，第 2673 页；又见阙名：《判·解桎梏判》，《全唐文》卷 979，第 10137 页。

该判起由为甲运送被判为徒刑的犯人,为了在限期内送到,路上解开了桎梏。所过之处的御史因此而弹劾甲。对判认为解开桎梏是为了加快赶路,减少犯人痛苦,以便遵从诏令按时将犯人送到,可称良吏,不应受到弹劾。

三、失囚罪

失囚之罪有公罪和私罪之分,"不觉失囚"为公罪,"故纵"为私罪。犯罪主体为管理监狱的县尉、狱丞、狱吏等司法官吏。《唐律疏议》"主守不觉失囚"条规定:

> 诸主守不觉失囚者,减囚罪二等;若囚拒捍而走者,又减二等。皆听一百日追捕。限内能自捕得及他人捕得,若囚已死及自首,除其罪;即限外捕得,及囚已死若自首者,各又追减一等。监当之官,各减主守三等。故纵者,不给捕限,即以其罪罪之;未断决间,能自捕得及他人捕得,若囚已死及自首,各减一等。谓此篇内,监临主司应坐,当条不立捕访限及不觉故纵者,并准此法。[①]

不觉失囚为公罪,按照囚犯所犯罪行的刑罚减二等;如果因为囚犯暴力抗拒而走脱,再减二等;而且在百日内追捕到,可以免除看守官吏的罪。给予官吏补过机会消除有害结果,

---

① 《唐律疏议》卷28《捕亡·主守不觉失囚》,第538—539页。

是公罪轻罚的重要内容。监当官员,又减三等论,说明同职犯公罪应按等级连坐。

《新唐书·窦参传》记录了一个失囚的案例:"(窦参)以荫累万年尉。同舍当夕值者,闻亲疾惶遽,参为代之。会失囚,京兆按直(按:同值)簿劾其人,参曰:'彼以不及谒而往,参当坐。'乃贬江夏尉,人皆义之。"①窦参为同僚值守,又主动承担失囚的罪责,是犯了公罪,虽被贬官,但"人皆义之"。而"故纵"为私罪,处罚较重。《传奇》"薛昭"条记载:"薛昭者,唐元和末为平陆尉,以气义自负,常慕郭代公、李北海之为人。因夜直宿,囚有为母复仇杀人者,与金而逸之。故县闻于廉使,廉使奏之,坐谪为民于海东。"②薛昭为平陆县尉,故意纵为母复仇的杀人犯,处罚比不觉失囚重,贬为民流放。对于故意放走囚犯的私罪,按上引《唐律疏议》"主守不觉失囚"条的规定,直接按照囚犯所犯罪行论罪,且不给追捕期限。即使在捕得囚犯,或囚犯死亡、自首这样消除了有害结果的情况下,也仅减一等科罪。

失囚之罪扩而言之,还有几种情况有相似的规定:一是管理处于服役期间的流刑、徒刑犯人,二是管理参加劳役者、工匠、杂户等,三是管理官户、官奴婢。在这几种情况下,丢失被管理者,管理者也要受处罚。

---

① 《新唐书》卷145《窦参传》,第4730页。
② 〔唐〕裴铏撰,穆公校点:《传奇》,《唐五代笔记小说大观》,第1107页。

管理处于服役期间的流刑、徒刑犯人的规定见于《唐律疏议》"流徒囚役限内亡"条:

> 诸流徒囚,役限而亡者,一日笞四十,三日加一等;过杖一百,五日加一等。主守不觉失囚,减囚罪三等;即不满半年徒者,一人笞三十,三人加一等,罪止杖一百。监当官司,又减三等。故纵者,各与同罪。①

不觉失囚是公罪,故减三等科罪,并根据人数有累加刑:三人加一等;故纵是私罪,与囚同罪。该条处罚类似于捕亡律"主守不觉失囚"条,以逃亡时间和人数作为累加刑,并分公罪和私罪。

管理参加劳役者、工匠、杂户等的规定见于《唐律疏议》"丁夫、杂匠亡"条:"诸丁夫、杂匠在役及工、乐、杂户亡者,一日笞三十,十日加一等,罪止徒三年。主司不觉亡者,一人笞二十,五人加一等,罪止杖一百;故纵者,各与同罪。"②丁夫、杂匠等因为是临时参加劳役的,官吏对他们的管理也没有管理囚犯和服刑者那样严格,故犯罪的处罚也相对较轻。

管理官户、奴婢等的规定见于《唐律疏议》"官户奴婢

---

① 《唐律疏议》卷28《捕亡·流徒囚役限内亡》,第533页。
② 《唐律疏议》卷28《捕亡·丁夫杂匠亡》,第534页。

亡"条:"诸官户、官奴婢亡者,一日杖六十,三日加一等。部曲、私奴婢亦同。主司不觉亡者,一口笞三十,五口加一等,罪止杖一百。故纵官户亡者,与同罪;奴婢,准盗论。即诱导官私奴婢亡者,准盗论,仍令备偿。"① 比较可见,官户、奴婢逃亡,对主司的处罚要重于前两种,并且法律条文中用"口"来计算人数,且有"准盗论"之语。唐初的法律把官私奴婢视为财产,法律地位类似于牛马,不享有人格权,可参见李季平等人的研究②,此处不赘述。

失囚之罪对于司法官吏而言是常见的罪名,以至于判文中也有以此为案例的。《文苑英华》收录了唐代白居易所撰写的一篇"失囚判",具有典型意义,其文曰:

> 得甲为狱吏,囚走。限内他人获之,甲请免罪。
>
> 【对】圜土不严,罪人其遁。亡而由己,诚曰慢官。获则因人,其何补过。相彼维甲,所谓攸司。不念恪居,徽于羑里,旋闻失守,逸乃楚囚。虽非故纵,所因曾是慢常而致。徒称勿佚,未可塞违。得于他人,自是

---

① 《唐律疏议》卷28《捕亡·官户奴婢亡》,第536页。
② 参见李季平:《唐代奴婢制度》,上海:上海人民出版社,1986年;李天石:《唐代的官奴婢制度及其变化》,《兰州学刊》1988年第3期;李伯重:《〈唐律疏议〉中所见的社会等级》,《云南社会科学》1988年第5期;陈宁英:《唐代律令中的奴婢略论》,《广西民院学报(哲学社会科学版)》1997年第4期。

疏网无漏。失其所职,岂可出柙不科。无贪假手之功,固念(集作合)甘心于责(集作罚)。①

该判文针对狱吏失囚案例而作,主要观点为失囚虽不是故纵,但也是其管理不严所致,有失职的成分,也要接受处罚,要求狱吏不要贪假手之功,心甘情愿接受处罚。但是按《唐律疏议》"主守不觉失囚"条"限内能自捕得及他人捕得,若囚已死及自首,除其罪"的规定②,狱吏是可以免罪的。这个判文反映在司法实践中,对失囚之罪是否能免,判文作者更看重犯者是否采取了积极补救措施。

结 论

《唐律疏议》"因禁不禁"条所设诸条罪名,是为了规范关押囚犯方面的管理制度,防止司法官吏滥用权力,反映出唐代在囚犯管理方面立法的成熟。另外,唐代法律还补充了令、格、式以及诏敕方面的规定,形成了一套包括囚禁标准、上械具标准、衣食医药供给等内容的管理制度。

但我们知道,成文法律的规定和具体的司法运作可能会存在一定的差距。在司法实践中,禁囚往往成为狱吏欺凌、

---

① 《文苑英华》卷522《判·失囚判》,第2676—2677页;又见《白居易文集校注》卷30《判》,第1759—1760页。
② 《唐律疏议》卷28《捕亡·主守不觉失囚》,第538页。

敲诈勒索的对象。所谓"功无一柱扶、深知狱吏贵"①,"一朝对狱吏,荣辱安可论"②,描述的就是禁囚的悲惨状况。为减少监狱内的囚犯,唐代统治者常常亲自进行录囚(或曰虑囚),经历重大事件还常下诏释放囚犯。在当时社会的评价中,监狱最好的状态是"狱空",能达此者多被视作官吏的良政。故历代史评者对迅速处理案件、不滞留囚犯的官员评价较高。《新唐书》将益昌县令何易于收入循吏名录中,其理由之一就是监狱无囚,"凡斗民在廷,易于丁宁指晓枉直,杖楚遣之,不以付吏,狱三年无囚"③。何易于对前来诉讼的百姓现场断案,该处以笞杖的立刻执行后释放,不用关押,减少百姓被狱吏欺凌敲诈的机会,故史书给予了极高评价。

---

① 〔唐〕李商隐著,叶葱奇疏注:《哭虔州杨侍郎》,《李商隐诗集疏注》,北京:人民文学出版社,1998年,第709页。
② 〔唐〕吴筠:《览古十四首》,〔清〕彭定求等辑:《全唐诗》卷853,北京:中华书局,1960年,第9645页。
③ 《新唐书》卷197《何易于传》,第5634页。

第三章 唐代司法官员与吏员考论

　　唐代司法官吏是国家司法权的执行者,也是司法活动中公罪和私罪的犯罪主体。唐代法律和正史典籍称呼司法官的有"法官""狱官""断官""判官"等,称呼司法吏的有"狱吏""刀笔吏""狱卒""典吏"等,其含义颇有模糊之处,需进行甄别。张广达先生认为"唐代官员与吏员之间存在着明显区别"[①],开创了区分唐代官与吏的研究。随着研究的深入,学界注意到唐代中后期官吏身份与职能变革的问题。李锦绣认为唐代后期"官行吏职","胥吏有官的身份,享受官的待遇",这种双向的变革模糊了曾经严格的官吏界限。[②] 该观点反映了唐代后期的社会变革对官制的影响。其他关于唐代胥吏的研究,张琰琰已做全面的总结,故不赘述。[③] 法制史学者的相关研究最早见于沈家本的《历代

---

　　① 张广达:《论唐代的吏》,《北京大学学报(哲学社会科学版)》1989年第2期。

　　② 李锦绣:《关于唐后期官与吏界限的几点思考》,纪宗安、汤开建主编:《暨南史学》第4辑,广州:暨南大学出版社,2005年。

　　③ 张琰琰:《近三十余年唐代胥吏问题研究述论》,《中国史研究动态》2016年第1期。

刑法考》。沈氏在"历代刑官考"中罗列了唐代司法机构的法官。目前诸多关于唐代法律制度的研究成果多集中于司法程序和司法机关，较少对具体的司法官吏进行研究，对其多做概括性的介绍。例如，陈鹏生主编的《中国法制通史·第四卷·隋唐》涉及司法官吏的内容仅限于对大理寺、刑部、御史台诸官以及地方刺史、县令司法职能的简单介绍。[①] 然而总体来说，学界目前对司法官员与吏员的研究尚存在定义模糊、官职不清的情况。另外，利用敦煌文书和笔记小说中冥判故事进行的法制史研究给我们提供了新的视角，同时，探讨唐代司法官员和吏员的概念和职能也有了新史料。

利用冥判故事研究唐代法制史的方法在上个世纪50年代就已发轫，但学界直到近十年才大量使用该方法研究唐代的法制史。仁井田陞在以大英博物馆所藏敦煌文书《佛说十王经》为材料对唐代的笞杖、枷杻、牢狱形制做了考证。[②] 黄征、楚永桥等学者以敦煌变文《燕子赋》为材料讨论唐代诉讼程序等问题。[③] 然而总体来说，上世纪法制史学界对敦煌文书和笔记小说中冥判故事关注还远远不够，所出成果

[①] 张晋藩总主编，陈鹏生主编：《中国法制通史·第四卷·隋唐》，第615—629页。

[②] 仁井田陞：《補訂中國法制史研究》，東京：東京大學出版會，1981年，第597—614页。

[③] 参见黄征：《〈燕子赋〉研究》，《敦煌研究》2003年第1期；楚永桥：《〈燕子赋〉与唐代司法制度》，《文学遗产》2002年第4期。

不多。近年来，以冥判故事为材料研究唐代法制史的成果逐渐增多，多篇学位论文和著作使用了相关的材料。陈登武的著作以《佛说十王经》为主要材料考察冥判故事中的官僚结构和地狱惩罚观念，颇有参考价值。① 这些研究成果启发我们使用这些在以往的法制史研究中关注不多的材料，从"底层""民间"的角度考察唐代司法运作相关问题。尽管唐代法律和正史典籍对司法官员与吏员的定义亦有模糊之处，但我们可以借用《太平广记》、敦煌文书材料中的冥判故事，厘清二者在具体司法运作中的名称、职权区分等问题，并进一步探讨二者的相互关系。

第一节　唐代司法官员的名称和职能考

唐代司法官和吏的具体含义，学界一直没有进行很好的考辨。究其原因，首先是唐代法律对司法官使用了多种称呼，《唐律疏议》、唐令等成文法典写作"狱官""鞫狱官""法官""判官"等。其次在正史传记和唐人文集中，多把司法官吏写作"狱吏""法吏""酷吏"者，并不做区分。沈家本称司法官员为"刑官"，他在《历代刑法考》中，将刑部的尚书、郎中，大理寺的大理卿、正、丞、狱丞及令史，地方长官的牧尹、刺史、县令以及推官、司法参军、司法佐均列

---

① 陈登武：《从人间世到幽冥界——唐代的法制、社会与国家》。

入刑官范围内。① 邵治国认为，唐代监狱系统的人员配置包括官员和狱吏。官员主要是指各级监狱管理机关的长官，他们对所属监狱有统辖权和管理权，以行使统辖权为主，同时又兼具行政和司法等其他职权。而具体的监狱日常事务则由狱吏负责，狱吏包括狱丞、典狱、司狱、提牢和禁卒等。他把大理寺的狱丞、狱史、亭长、掌固、问事，以及诸州府、县的法曹参军事、典狱、司法佐等官吏均视为"狱吏"，②认为这是管理监狱日常事务的官吏统称。该观点把"狱"等同于监狱，缩小了司法官的范围；另外，把法曹参军事这些有品级的司法官划入了狱吏的范围，没有厘清官与吏之间的区别。综合而言，学术界对唐代司法官员和吏员或不做定义，忽略官与吏的区别；或简单以是否有品级来区分，不考虑流内官与流外官之分；或解释为管理监狱的官吏，缩小其内涵。正因为如此，我们有必要对司法官进行新的考证与定义。

一、唐代司法官员称谓考

关于唐代司法官的名称，在成文法律和典籍中出现了"狱官""断官""判官""法官"等，但不同语境中含义有所不同，需做考证。我们首先从成文法律中的规定开始考

---

① 〔清〕沈家本撰，邓经元、骈宇骞点校：《历代刑法考》，第1987—1991页。

② 邵治国：《唐代监狱制度述要》，《河北大学学报（哲学社会科学版）》2004年第6期。

察。唐代成文法以律、令、格、式为基本形式,《唐六典》称:"凡文法之名有四:一曰律,二曰令,三曰格,四曰式。"① 唐律在《唐律疏议》中有完整保存;唐令经仁井田陞、池田温复原的《唐令拾遗》《唐令拾遗补》,以及根据明抄本《天圣令》复原的新唐令,已经有比较完整的体系;唐格和唐式散佚,经韩国磐、刘俊文、黄正建等学者辑录考证,仍有少数条文散见于敦煌文书、《宋刑统》、《册府元龟》等史料中。对司法官的各种称呼分考如下,以做区分:

(一)唐代成文法律中的"狱官"与"鞠狱官"

《唐律疏议》关于狱官的条文有如下几条:

1.《唐律疏议》"告小事虚"条曰:

> 诸告小事虚,而狱官因其告,检得重事及事等者,若类其事,则除其罪;离其事,则依本诬论。②

以上所谓"检得重事及事等者",意为检察到更加严重的犯罪行为或刑罚相等的犯罪行为。唐代对案件的审理程序是先对案件进行讯问,梳理出案情,再进行判决。《旧唐书》载大理寺设有"问事一百四十八人",即可称为狱官。此处的狱官指从事推问案情的官吏,可能为官,也可能为吏,不一

---

① 《唐六典》卷6《尚书刑部》,第180页。
② 《唐律疏议》卷23《斗讼·告小事虚》,第430页。

定具有断决权。

2. 《唐律疏议》"囚不得告举他事"条曰:

> 诸被囚禁,不得告举他事。其为狱官酷己者,听之。①

此处的狱官指管理监狱的司法人员,直接管理监狱的应该是吏。中国古代管理监狱的吏员虽无品级,但直接掌管囚犯的生活和人身安全,囚犯常常闻之色变。例如,《汉书·周勃传》记载西汉文帝年间,周勃被告谋反入狱,在狱中饱受狱吏的侵辱,后"以千金与狱吏",才得以释放。周勃出狱感慨曰:"吾尝将百万军,安知狱吏之贵也!"② 又如,汉武帝时司马迁因"李陵之祸"被系入狱,他在《报任安书》中描写狱中的状况:"交手足,受木索,暴肌肤,受榜棰,幽于圜墙之中,当此之时,见狱吏则头枪地,视徒隶则心惕息。何者?积威约之势也。"③ 唐初中央仅设大理寺狱,故《唐六典》《通典》等记录唐前期官制的典籍对管理大理寺狱的官吏记载比较清晰,有狱丞四人,为从九品下,另设有狱史六人,还有狱吏等。然而,大理寺所设狱丞、狱史、狱吏中,仅狱丞为从九品下,为品级中最低等,且狱丞多为流外官担

---

① 《唐律疏议》卷24《斗讼·因不得告举他事》,第440页。
② 《汉书》卷40《周勃传》,第2056页。
③ 《汉书》卷62《司马迁传》,第2732—2733页。

任。狱史主要负责抄写囚犯簿,狱吏负责监狱的安全、囚犯的衣食、医药供给等,均是没有品级的吏职。

3.《唐律疏议》"鞫狱官停囚待对牒至不遣"条曰:

> 诸鞫狱官,停囚待对问者,虽职不相管,皆听直牒追摄。虽下司,亦听。牒至不即遣者,笞五十;三日以上,杖一百。【疏】议曰:"鞫狱官",谓推鞫主司。①

该条疏议专门对鞫狱官做了定义,推鞫主司即主管推鞫的人员。何为"推鞫"呢?推和鞫同义,意为追溯、查明案件的真相。唐代《狱官令》"诸鞫狱官换推"条云:"诸鞫狱官与被鞫人有五服内亲,及大功以上婚姻之家并,受业师,经为本部都督、刺史、县令,及有仇嫌者,皆须听换推,经为府佐、国官于府主亦同。"②根据《唐律疏议》和唐令的相关条文,鞫狱官和狱官的概念不同。鞫狱官更多指负责问讯囚犯的官员,含义同前文"斗讼"律"告小事虚"条中的狱官,而不是判决的官员。鞫狱官不一定有品级,而可能是大理寺、地方州县所设的"问事"一类的典吏,不具有司法上的断决权。这点在冥判故事中又可得到印证,下文再详论。

---

① 《唐律疏议》卷29《断狱·鞫狱官停囚待对牒至不遣》,第555页。
② 《唐令拾遗》,第720页。该条也见于《唐六典》卷6《尚书刑部》,"凡鞫狱官与被鞫人有亲属、仇嫌者,皆听更之"(第191页)。

唐代设立的这种推鞫主司的制度，到宋代逐渐发展成"鞫谳分司"的司法审判制度。宋代有推司和法司之分，也称鞫司和谳司。宋太宗太平兴国四年（979）"改司寇参军为司理参军，以司寇院为司理院"的州制度改革①，被学者认为是宋代"鞫谳分司"的开始。贾文龙认为，至宋神宗元丰三年（1080）进行官制改革时，大理寺重新成为最高审判机构，并确立了"鞫谳分司"原则，分为左断刑、右治狱两个系统。②南宋初期周林在《推司不得与法司议事札子》中说，"狱司推鞫，法司检断，各有司存，所以防奸也"③，狱司即推司也，专门负责对案件的审理；而法司则根据案情进行断决。对于宋代"鞫谳分司"的含义，徐道邻给出的解释是："刑事案件之裁判，审问案情的是一个人，决定刑罚的又是一个人。"④薛梅卿认为鞫谳分司是宋代最具特色的司法制度之一，"鞫（审）谳（判）分司制度。就是'审'和'判'分开，审问

① 《续资治通鉴长编》卷20《太宗太平兴国四年》，第466页。
② 参见贾文龙：《宋朝鞫谳分司制度的历史浮沉》，姜锡东主编：《宋史研究论丛》第16辑，保定：河北大学出版社，2015年，第6—8页。
③ 〔明〕黄淮、〔明〕杨士奇等编著：《历代名臣奏议》卷217《慎刑》，台北：台湾学生书局，1985年，第2867页上。
④ 徐道邻：《中国法制史论集》，台北：台湾志文出版社，1975年，第114页。

案情和检法断刑的官员互相牵制"①。从机构职权的划分来看，鞫谳分司类似于现代公安、检察系统侦查权、检察权与法院系统审判权不同职能的区分。当然，唐代设立的推鞫主司制度还没有像宋代那样达到审与判分开、互相牵制的制度发展高度，而是主要让吏职先行推问案情，减少司法官的工作量，如果碰到大案、疑案，司法官也可以亲自对犯人进行推问。

唐代成文法律中"狱官""鞫狱官"的含义，有时指管理监狱者，有时指推问案情者，有时指做出判决者，没有确定的含义，概念并不相同，既可指官，也可指吏，故不能等同于司法官。

（二）唐代成文法律中的"断官"

唐代"格"这种法律形式是综合敕令编制而成的条文，用来根据实际情况规定和调整国家机构的工作方式，有留司格和散颁格两种。留司格为各部门执行的规范，即《新唐书·刑法志》所言"格者，百官有司之所常行之事也"②；散颁格为各部门均适用的规范，多录自颁布的诏敕，即《唐六典》所谓"格以禁违正邪"③。唐格中有称呼司法官为"断官"

---

① 薛梅卿、赵晓耕主编：《两宋法制通论》，北京：法律出版社，2002年，第12页。
② 关于唐格的性质，诸多学者已进行讨论，大略有两种观点，一种认为唐格和唐律一样均是刑法，另一种认为格为行政法。参见钱大群《律、令、格、式与唐律的性质》，《法学研究》1995年第5期。
③ 《唐六典》卷6《尚书刑部》，第185页。

者。敦煌文书《神龙散颁刑部格残卷》第20至24行有如下记载：

> 一法司断九品以上官罪，皆录所犯状进内。其外推断罪定，于后雪免者，皆得罪及合雪所由并元断官同奏。事若在外，以状申省司，亦具出入之状奏闻。若前人失错，纵去官经赦，亦宜奏。若推断公坐者，不在奏限。应雪景迹状，皆于本使勘检，如灼然合雪，具状牒考、选司。若使司已停，即于刑部、大理陈牒，问取使人合雪之状，然后为雪。仍牒中书省，并录状进内讫，然后注。①

该条格文是对犯罪官员雪冤程序的规定，要求对主持重新审理案件的覆囚使，或刑部、大理寺断后申报中书省和上奏皇帝。我们注意到，神龙散颁格的条文对以前所断案的官员称"元断官"，并要求在复审案件时元断官要一起上奏。元断官，元同原，是指原来对案件进行断决的官员。断官，即对案件做出断决的官员。

（三）正史典籍中的"狱官"

两《唐书》传记中最早出现"狱官"记载的是徐有功本

---

① 该文书由编号为 P.3078 和 S.4673 的两篇合缀而成，见刘俊文：《敦煌吐鲁番法制文书考释》，第247—248页。

传。《旧唐书·徐有功传》称他断案平恕，其文曰："故前后为狱官，以谏奏枉诛者，三经断死，而执志不渝，酷吏由是少衰，时人比汉之于、张焉。或曰：'若狱官皆然，刑措何远'。"① 此处狱官指徐有功担任过的大理寺丞（司刑丞）、大理寺少卿（司刑少卿）等职，是从事断案的官员。酷吏则指来俊臣、索元礼、周兴等人，其职务为御史等，也从事案件的审理，因使用刑罚枉滥、严酷而被称为酷吏。正史中有循吏、酷吏两类官员的传记。循吏多指擅长理财、行政管理、断狱的官员。所谓"精于吏术"，也包括熟悉律法、善于断案。《旧唐书·裴谞传》有"谞以法吏舞文，多挟宿怨，因献《狱官箴》以讽"的记载②，同文中即有"法吏"和"狱官"两种用词，且指代相同。

从以上唐代成文法律和正史典籍中对"狱官"一词的使用来看，"狱官"一词并没有统一的含义，或指从事司法审判活动的官员，或指管理监狱的吏员，既包含有品级的流内官，也可用于流外官。

（四）正史典籍中的"法官"

唐代正史典籍中的"法官"一词专指从事司法工作中具有决断权、有品级的官员，是最接近司法官员的词语。《唐会要》记载了一则敕文，内容是对大理寺选任法官的规定，

---

① 《旧唐书》卷85《徐有功传》，第2819—2820页。
② 《旧唐书》卷126《裴谞传》，第3568页。

其文如下:

> (会昌)二年(842)十月,中书门下奏:大理寺法官,伏见卫觊称。刑法者,国家之所贵重,而私议之所轻贱。狱吏者,百姓之所悬命,而选任之所卑下。王政之弊,未必不由此也。臣等商量,望委中书门下,精择法官,选任不得在文学官之后,如有缺员,兼委大理卿自举所知。举不得人,显加殿罚。向后御史台取御史,数至三人以上,即须取法官一人。所冀刑法之官,皆知劝励。敕旨,从之。①

该条中书门下的奏疏重点在于强调法官对国家的重要性,关系百姓之性命,应"精择法官",从御史台选取的御史中取为大理寺法官。但我们注意的是这则史料中有"法官""狱吏""刑法之官"三种称呼,所指代的均是大理寺的断狱之官。唐代中后期大理寺狱官"私议之所轻贱",导致"选任之所卑下"的情况,与唐代中后期中央司法审判权分散到御史台、北司等机构,大理寺地位下降的政治背景分不开。在此情况下,大理寺狱官出现不满额的情况,以至于中书门下奏请在取御史时附加录取为大理寺狱官。这里的"法官"专指大理寺专门从事断案的官员。

---

① 《唐会要》卷66《大理寺》,第1150页。

《旧唐书·殷侑传》记载了刑部不同意大理寺对崔元武贪污案的判决,殷侑上奏的情况,奏中称大理官员为"法官",其文曰:

> 其年[大和九年(835)],濮州录事参军崔元武,于五县人吏率敛及县官料钱,以私马抬估纳官,计绢一百二十匹。大理寺断三犯俱发,以重者论。只以中私马为重,止令削三任官。而刑部覆奏,令决杖配流。狱未决。侑奏曰:"法官不习法律,三犯不同,即坐其所重。元武所犯,皆枉法取受,准律,枉法十五匹已上绞。律疏云:即以赃致罪,频犯者并累科。据元武所犯,令当入处绞刑。"疏奏,元武依刑部奏,决六十,流贺州。乃授侑刑部尚书。①

殷侑所说的"法官"也专指大理寺断案的官员。相同的记载还有不少例子,列举如下:

《贞观政要》记载:"贞观十六年(642),太宗谓大理卿孙伏伽曰:'……朕常问法官刑罚轻重,每称法网宽于往代。"②唐太宗对大理卿孙伏伽所言,应指大理寺的官员。

《旧唐书·玄宗下》记载:"开元二十五年(737)春正

---

① 《旧唐书》卷165《殷侑传》,第4322页。
② 《贞观政要》卷8《刑法第三十一》,第250页。

月壬午,制:'……自今有犯死刑,除十恶罪,宜令中书门下与法官详所犯轻重,具状奏闻。……'"① 这条是对中书门下省与大理寺合作审理普通死刑案件的规定,由中书门下派员与大理寺法官对死刑犯进行详议。

《旧唐书·武宗纪》记载:"六月丙子,敕:'汉、魏已来,朝廷大政,必下公卿详议,博求理道,以尽群情。所以政必有经,人皆向道。……如是刑狱,亦先令法官详议,然后申刑部参覆。……'"② 刑狱由法官详议,即指由大理寺官员详议,再申报刑部,这是唐代司法程序的重要内容。

《旧唐书·职官三》"大理寺"条讲到大理卿和少卿的职责有:"凡吏曹补署法官,则与刑部尚书、侍郎议其人可否,然后注拟。"③ 这是关于大理卿和少卿将吏职升为法官的规定。法官,即指大理寺的官员。

从上引事例可见,正史典籍中的多条记载,包括唐代制敕、时人言论,均称大理寺官员为"法官"。

唐人把大理寺断案的官员称为"法官"。如果尚书刑部的官员也参与断案、覆案,则称"刑法官"。《旧唐书·郭承嘏传》记载:"帝深嘉之,迁刑部侍郎。时因朔望,以刑法官得对,文宗从容顾问,恩礼甚厚。"④ 郭承嘏为

---

① 《旧唐书》卷9《玄宗下》,第207页。
② 《旧唐书》卷18上《武宗纪》,第604页。
③ 《旧唐书》卷44《职官三·大理寺》,第1884页。
④ 《旧唐书》卷165《郭承嘏传》,第4320页。

刑部侍郎,被称为"刑法官"。《册府元龟》记载:"(开成)二年(837)八月丙午望日,帝御延英,对刑法官刑部员外郎纥于泉、王含,大理少卿李武、韦纾及大理正丞等。自此朔望即对刑法官以详轻重。"[1]这里的"刑法官"应指大理寺法官和刑部员外郎等刑部官员两种。五代时期,后晋李涛为刑部郎中,也被称为"刑法官",其文见于《旧五代史·张彦泽传》,曰:"彦泽既赴阙,刑法官李涛等上章请礼其罪,高祖下制,止令削夺一阶一爵而已,时论以为失刑。"[2]由此可见,自唐至五代,刑部断案的官员均称为"刑法官"。

从以上对"狱官""鞫狱官""断官""法官"等诸种称呼的考证来看,"法官"是最接近司法官的称呼,但它仅包含大理寺官员,不全面;"狱官""鞫狱官"常用于代指从事司法职务的官吏,没有区分官与吏两种身份地位不同的人员;"断官"一词使用不普遍,仅在神龙年间的一则敕文中出现,成为散颁格。从对唐代法律条文和正史典籍的考证中,我们很难找到一个与司法官对等的概念,只能以列举的方式对唐代具有司法权的官员进行考察。那么,怎样了解司法官与吏的不同之处,下文我们以司法职能为主,参考有无品级、来源出身等因素,对唐代司法官吏进行区分。

---

[1] 《册府元龟》卷58《帝王部·勤政》,第652页。
[2] 《旧五代史》卷98《张彦泽传》,第1306页。

二、唐代司法体系中官员与吏员的职能区分

前文我们从唐代成文法律和正史典籍中的记载考证司法官吏的称呼，有"鞫狱官""法官""刑法之官""断官"等称谓，也有称"狱吏""酷吏"者，在不同语境中使用，难以有清晰的定义。从职能上对官和吏进行区分，可能是我们定义两者的一个突破口。楼劲在讨论"官吏之别"时认为，二者"一是在职事性质上，'官'有行政决定权，在各机构中从事纲领性的重要工作；'吏'基本上没有行政决定权，只是协助官员处理具体文案或承担各种杂务"[①]，该观点十分有见地。那么，唐代司法官和司法吏的区别是否如此呢？唐代司法案件的审判程序基本上分为控告与强制措施、审判、执行三个部分[②]；进一步细化，可以分为起诉、受理、传唤、押禁、审理、讯问、判决、结案[③]。刘俊文则把申覆也包括在案件审理中，把唐代司法程序分为受诉（留禁）、拘捕、监禁、审判、申覆五个部分。[④] 考察司法官员和吏员在审理案件中分别承担的工作，可对其做职能上的区分。具体从以下

---

① 楼劲：《"官吏之别"及"官吏关系"的若干历史问题》，《社会》2016年第1期。

② 参见张晋藩总主编，陈鹏生主编：《中国法制通史·第四卷·隋唐》，第632—670页。

③ 参见楚永桥：《〈燕子赋〉与唐代司法制度》，《文学遗产》2002年第4期。

④ 刘俊文：《唐代法制研究》，第164页。

法律规定和司法实践中进行考证。

《唐律疏议·名例》"同职犯公坐"条是关于唐代官员行使职权而触犯公罪时进行责任追究的制度,即大家熟知的四等官制——"长官为一等,通判官为一等,判官为一等,主典为一等",也有称为三官一吏制的。该条律文的疏议以大理寺断案为例进行解释:

> 假如大理寺断事有违,即大卿是长官,少卿及正是通判官,丞是判官,府史是主典,是为四等。各以所由为首者,若主典检请有失,即主典为首,丞为第二从,少卿、二正为第三从,大卿为第四从,即主簿、录事亦为第四从;若由丞判断有失,以丞为首,少卿、二正为第二从,大卿为第三从,典为第四从,主簿、录事当同第四从。①

学界对该条材料引用较多,常用于对唐代前期四等官制的研究。赖瑞和据此材料认为,唐代前期判官不是固定官职名,而与其是否断事有关,官员可因判事而被称为判官。②该条亦可成为区分唐代官与吏的重要材料。李锦绣、顾成瑞等学者即引用此条材料认为,判官、通判官、长官依次判案、押

---

① 《唐律疏议》卷5《名例·同职犯公坐》,第110页。
② 赖瑞和:《唐代中层文官》,北京:中华书局,2011年,第377—378页。

字称为"三官通押",主典的职掌在于检请文案和起草文书,称为"行案"①,由此将主典认定为吏职。但是学者往往注意到了主典在起草文书方面的作用,却忽略疏议中以大理寺为例所举"若主典检请有失,即主典为首"的情况。那么,何谓"检请"呢?王永兴以大谷文书《周长安三年三月敦煌县录事董文彻牒》(大谷.2836)举例做了解释:"请为做出处理意见的文案,检意为检出于本案有关的资料,并连接在一起。"②王永兴认为,"请"为判决意见,"检"为准备资料。此观点对州县普通公务判事程序可谓中的,但司法运作更为复杂,还要结合唐代的司法程序进行讨论。

按上引"同职犯公坐"条疏议所言,大理寺主典之权在于检请。所谓"检"不仅是检出有关资料,还有检察案件缘由、弄清案件情况之意。司法运作中的"检"应包括取得囚犯口供、证人证词、现场勘察记录等证据,以及录出适用的法律条文以供司法官参考;所谓"请",即提出处理意见,请求批准或修改。所以大理寺的主典,即所谓吏职,不仅有起草断决文书的职权,还有推问囚犯、了解案情的职权。下句"若由丞判断有失",则说明作为判官的大理丞职权在于

---

① 参见李锦绣:《典在唐前期财务行政中的作用》,汪晖等主编:《学人》第3辑,南京:江苏文艺出版社,1992年;顾成瑞:《唐代典吏考》,《齐鲁学刊》2016年第1期。
② 王永兴:《王永兴说隋唐》,上海:上海科学技术文献出版社,2009年,第231页。

"断",即做出判决。这种"断"是在主典检察案情、起草好断决文书的基础上进行的。但是判官并不是最高的长官,其判决结果还需要经过大理正或大理少卿的通判,以及大理卿的押印。唐代地方的断案也是类此。张鷟《朝野佥载》记载了一则都督府断案的判决情况:

> 王熊为泽州都督,府法曹断掠粮贼,惟各杖一百。通判,熊曰:"总掠几人?"法曹曰"掠七人。"熊曰:"掠七人,合杖七百。法曹曲断,府司科罪。"时人哂之。①

这个对掠粮贼的审理案件中,都督府的法曹参军为判官;通判应为长史、别驾或司马之类的副职,均没有出现名字。都督王熊为长官,具有对判官、通判官所做判决的修改权,然而王熊并不通律法,以致其判决意见偏离法律,闹出了笑话。该记载只有对狱官行为的记载,应该省略了主典(吏)讯问囚犯、提出处罚意见的环节,加上才符合《唐律疏议》所说的四等判事的制度。

主典(吏)检察案情、提出处罚意见,而由官员做出判决的方式是唐代大理寺及地方府州县断案的基本程序。《旧唐书·张文瓘传》记载张文瓘在咸亨三年(672)担任大理

---

① 张鷟:《朝野佥载》卷2,《唐五代笔记小说大观》,第31页。

卿,"至官旬日,决遣疑事四百余条,无不允当。自是人有抵罪者,皆无怨言"①。张文瓘在十日内断案四百余件,平均每天四十余件,自然是根据案卷来判决才有这样的速度,不可能对每个案件都亲自讯问犯人和证人、拟定判决文书,而是在主典、大理丞等人先有断案意见的基础上,对案件做出最后的审判决定。《旧唐书·狄仁杰传》记载,"(狄仁杰)仪凤中为大理丞,周岁断滞狱一万七千人,无冤诉者"②,一万七千人之数,虽可能是由于一案中禁系多人,但也反映案件数量庞大。处理如此多的案件,自然不可能对其前因后果一一亲自调查,也不可能亲自对囚犯逐一推问,而主要根据主典所写案卷来断决。

正史典籍对地位相对低下的吏职记录极少,正面记载吏职参加案件调查的具体案例更是罕见,只有从侧面爬梳相关史料的记载。《新唐书·狄仁杰传》记载了狄仁杰儿时认真读书的故事,内有关于吏职调查杀人案件的情况:"(狄仁杰)为儿时,门人有被害者,吏就诘,众争辩对,仁杰诵书不置,吏让之,答曰:'黄卷中方与圣贤对,何暇偶俗吏语耶?'"③在对此宗杀人案件的处理过程中,先由吏到现场盘问相关证人,调查案件情况。

由吏提出处理意见,官员做出决定的判事程序,在其他

---

① 《旧唐书》卷85《张文瓘传》,第2815页。
② 《旧唐书》卷89《狄仁杰传》,第2886页。
③ 《新唐书》卷115《狄仁杰传》,第4207页。

非司法类机构中也存在。《新唐书·张嘉贞传》就记载张嘉贞为兵部员外郎,"时功状盈几,郎吏不能决,嘉贞为详处,不阅旬,廷无稽牒"[1]。因郎吏不具有决定权,故要等张嘉贞处分。

《宋刑统》保存了一段唐德宗建中年间(780—783)刑部审覆大理寺及诸州府案件程序的敕文,对吏职"法直"的职能做了明确的规定,使我们对案件复审中官员与吏员的不同职能有了比较清晰的认识。其文如下:

> 刑部法直应覆大理及诸州府狱案。据狱官令,长官以外皆为佐职,法直官是佐职以下官。但合据所覆犯由,录出科条,至于引条判断,合在曹官,法直仍开,擅有兴夺,因循自久,殊乖典礼。自今以后,不得更然。其诸司及外州府并宜准此。[2]

陈尚君《全唐文补遗》为该敕文所拟题目为"关刑部法直敕",并考颁布时间为建中二年(781)十一月十三日。该敕文既然被收录于《宋刑统》,应为长期有效的格,可能为刑部留司格。敕文重申狱官令对刑部法直官职能的规定,即根据案件的缘由,列出可能适用的法律条文;而使用法律条文

---

[1] 《新唐书》卷127《张嘉贞传》,第4441页。
[2] 《宋刑统》卷30《断狱》,第551页。又见唐德宗:《关刑部法直敕》,《全唐义补编》卷50,第602页。

做出决断的权力在曹官手上。这条史料揭示了唐代刑部司法运作的两个重要的问题：其一是在刑部这个具有司法权的部门设立了"法直"；其二是法直职权在于录出法律科条，决断权则在曹官手上。刑部设立法直是利用熟悉法律的专业人才之举，唐初中书、门下、大理寺同样设有法直，中唐以后御史台因参与司法审判案件增多也开始设法直。关于法直的员额设置、职能等问题，将在本章第三节展开论述。敕文指出法直官是佐职以下官，其职权是根据案情检录相应的法律条文，不得对案件进行判断。《唐会要》也记载了刑部法直为诸司检索法律条文的职能，其文曰："贞观二年七月二十三日，刑部侍郎韩洄奏：刑部掌律令、定刑名，按覆大理及诸州应奏之事，并无为诸司寻检格式之文。比年诸司，每有兴夺，悉出检头，下吏得生奸，法直因之轻重。又文明敕当司格令，并书于厅事之壁。此则百司皆合自有程式，不唯刑部，独有典章。讹弊日深，事须改正。敕旨：宜委诸曹司，各以本司杂钱，置所要律令格式。其中要节，仍准旧例，录在官厅壁。左右丞勾当事毕日奏闻，其所诸司于刑部检事，待本司写格令等了日停。"① 按："贞观"当作"贞元"，据《旧唐书·德宗上》记载，贞元二年（786）正月丁未，"以礼部侍郎鲍防为京兆尹，京兆尹韩洄为刑部侍郎"②。刑

---

① 《唐会要》卷39《定格令》，第706页。
② 《旧唐书》卷12《德宗上》，第352页。

部在德宗时期还承担了为中央机关检索法律条文的职能，而承担这个职能的主要是"下吏"和"法直"。从前后文来看，"下吏得生奸，法直因之轻重"，反映吏职在协助诸司检索法律条文中有作奸情况。由此可见，法直是一种提供司法协助，而没有决断权的事务性吏职。

问事也是大理寺和州县普遍设置的一种吏职，其职能为执行刑罚，也没有决断权。《唐六典》载大理寺设问事一百二十人，《旧唐书·职官三》载大理寺设"问事一百四十八人，掌决罪人"[①]。问事即主要的拷讯囚犯、执行刑罚之吏。黄正建复原的唐代《杂令》第二十七条对大理寺问事的上番（值班）是这样规定的："大理问事……并分为四番。"[②] 大理寺问事的上番制度，说明问事可能是一种类似于力役的吏职。唐代吏职又有"番外官"之称。

唐代冥判故事中的案件审理方式也类似于此，即吏职的工作是检察案情、提供适用的法律条文，决断则由被称为"王"之类的官员做出，这明显是受到现实司法运作体系的影响。《太平广记》"李虚"条记载："主者引虚见王，王曰：'索李明府善恶簿来。'即有人持一通案至，大合抱，有二青衣童子亦隧文案。王命启牍唱罪，阶吏读曰：'专好割羊脚。'吏曰：'合杖一百，仍割其身肉百斤。'王曰：'可

---

① 《旧唐书》卷44《职官三·大理寺》，第1884页。
② 天一阁博物馆、中国社科院历史研究所天圣令整理课题组校证：《天一阁藏明钞本天圣令校证（附唐令复原研究）》，第751页。

令割其肉。'"①王所代表的司法官准备对李虚进行审理，先是让吏拿取文案，又由站在台阶上的吏宣读李虚的罪行——"专好割羊脚"，另外一吏根据罪行做出处罚意见——"合杖一百，仍割其身肉百斤"。"王"则根据吏对案情的介绍和处理意见做出判决——"可令割其肉"。诸如此类的冥判故事还有很多，通常出现代表司法官的"王""判官"和代表司法吏的"主典""胥吏"等，由他们共同完成案件的审判。

尽管很多案件的受理、追捕犯人、拷讯等前期辅助工作是由吏职完成的，但并不是说司法官员不能参与，在遇到疑案、重大案件的情况下，官员往往也亲自讯问犯人、证人，主持案件的调查等。张九龄在担任宰相之前，曾以中书舍人的身份参与司法审判工作，因明辨案情，审讯犯人时即口述案卷而被称为"张公口案"。其事载于《开元天宝遗事》，"张九龄累历刑狱之司，无所不察。每有公事赴本司行勘，胥吏辈未敢讯劾，先取则于九龄。因于前面分曲直，口撰案卷，囚无轻重，咸乐其罪。时人谓之张公口案"②。唐代中书舍人要参与司法工作，与门下给事中和御史组成"三司"，对冤案、疑案等进行审理，故称张九龄"累历刑狱之司"。张九龄亲自听取囚犯辩词，口述断案而由吏职记录，应是断案准确，"囚无轻重，咸乐其罪"，故受到"张公口案"的

---

① 《太平广记》卷104《报应三·李虚》，第703页。
② 〔五代〕王仁裕撰，丁如明校点：《开元天宝遗事》，《唐五代笔记小说大观》，第1734页。

赞誉。这件事情反映了张九龄具有良好的判断能力，熟悉法律条文的运用，可谓符合唐代对官员考课中"其九曰推鞫得情，处断平允，为法官之最"的标准。①

三、唐代司法官员的官职名考

唐代专称大理寺官员为"法官"，但在司法实践中，御史台、尚书刑部等机构均有司法权，可审理司法案件，故刑部官员有"刑法官"之称，御史有"宪官"之称，均是司法官员。清代沈家本认为唐代中央的刑官为刑部的尚书、郎中，大理寺的大理卿、正、丞、狱丞。② 前人对唐代中央司法机关的考证，多限于大理寺和刑部，因御史台的主要职能是弹劾，多不被认为是司法机构，另外还忽视了中书门下对司法事务的参与，并拥有仅次于皇帝亲断的司法决定权。御史和中书舍人、门下给事中亦可看作兼职的司法官，在唐代的司法运作中发挥了十分重要的作用。鉴于唐代司法运作机制的特殊性，我们以《唐六典》所载的官职名称、司法职能、品级为主，参考两《唐书·职官志》、《通典》等书，梳理唐代中央司法官的官职如下：

---

① 《旧唐书》卷43《职官二·尚书都省》，第1823页。
② 〔清〕沈家本撰，邓经元、骈宇骞点校：《历代刑法考》，第1987—1991页。

唐代中央司法官职表

所属部门	官职名称	品级	主要司法职能及资料出处
中书省	中书舍人	正五品上	凡察天下冤滞，与给事中及御史三司鞫其事。（《唐六典·中书省》）
门下省	门下给事中	正五品上	凡天下冤滞未申，及官吏刻害者，必听其讼，与御史及中书舍人，同计其事宜而申理之。（《唐六典·门下省》）
尚书省刑部	刑部尚书	正三品	尚书、侍郎之职，掌天下刑法及徒隶、勾覆、关禁之政令。（《唐六典·尚书刑部》）
尚书省刑部	刑部侍郎	正四品下	同"刑部尚书"条。
尚书省刑部	刑部郎中	从五品上	郎中、员外郎掌贰尚书、侍郎。（《唐六典·尚书刑部》）
尚书省刑部	刑部员外郎	从六品上	同"刑部郎中"条。
御史台	御史大夫	从三品	凡天下之人有称冤而无告者，与三司诘之。若有制使覆囚徒，则与刑部尚书参择之。（《唐六典·御史台》）
御史台	御史中丞	正五品上	同"御史大夫"条。
御史台	侍御史	从六品下	掌纠举百僚，推鞫狱讼……凡有制敕付台推者，则按其实状以奏；若寻常之狱，推讫，断于大理。（《唐六典·御史台》）又分直朝堂，与给事中之中书舍人同受表，理冤讼，迭知一日，谓之"三司受事"。（《通典·职官六》）

续表

所属部门	官职名称	品级	主要司法职能及资料出处
御史台	监察御史	正八品上	自监察御史以上,每日一人于本司当门直……若缘辞讼事须推勘者,大夫便委门直御史以推之。(《唐六典·御史台》)
大理寺	大理卿	从三品	掌邦国折狱详刑之事。(《唐六典·大理寺》)
大理寺	大理少卿	从四品上	少卿为之(大理卿)贰。(《唐六典·大理寺》)
大理寺	大理正	从五品下	大理正掌参议刑狱、详正科条之事。凡六丞断罪有不当者,则以法正之。(《唐六典·大理寺》)
大理寺	大理丞	从六品上	丞掌分判寺事。(《旧唐书·职官志》)
大理寺	大理司直	从六品上	掌承制出使推覆,若寺有疑狱,则参议之。(《通典·大理寺》)
大理寺	大理评事	从八品下	掌出使推劾。(《旧唐书·职官志》)
东宫官	太子率更令	从四品上	率更令之职,掌宗族次序、礼乐、刑罚及漏刻之政令。……凡诸坊、寺、府之有犯者,令其主司定罪,庶人杖已下决之,官吏杖已下皆送于大理(《唐六典·太子率更寺》)。掌皇族次序及刑法事(《通典·东宫官》)。
东宫官	太子率更丞	从七品上	大唐因隋,掌判礼乐刑罚之事(《通典·东宫官》)。掌贰令事。宫臣有犯理于率更者,躬问蔽罪而上于詹事。(《新唐书·百官志》)

续表

所属部门	官职名称	品级	主要司法职能及资料出处
东宫官	主簿	正九品下	主簿一人,掌印局。凡宗族不序,礼仪不节,音律不谐,漏刻不审,刑名不法,皆举而正之。决囚,则与丞同莅。(《新唐书·百官志》)
亲王府	法曹参军事	正七品上	法曹掌推按欺隐,决罚刑狱等事。(《唐六典·亲王国》)

通过上表的统计,我们可以把大理寺、刑部和御史台的官员称为专职的司法官,其司法职权前人研究已多,不赘述。但我们也要注意唐代中书舍人、门下给事中、东宫太子率更令、亲王府法曹参军事等官员也具有一定的司法职能,可称之为兼职司法官。

(一)中书舍人和门下给事中是容易被忽略的兼职司法官。沈家本考唐代刑官时即未将二者列入其中。唐代中书省和门下省对重大案件不仅有监督权,还有参与审判的权力,是唐代司法制度中"三司"的重要组成部分,中书舍人和门下给事中则代表两省参与审判。中书舍人和门下给事中的司法权问题,部分学者早有指出。张国刚《唐代官制》认为,门下给事中有部分司法权,"上述给事中的种种职事说明,它具有集谏官、宪官、法官的某些特征于一身的特点"①。王宏治认为:"给事中、中书舍人与御史组成的三司,不再单纯是司法的监督机关,而且还是一级诉讼机构。"②刘后滨更是主张:"在唐朝初期,律令式上规定的司法三司是以侍御史、给事中和中书舍人组成的受事的三司,主要是受表理冤讼。"③刘后滨还认为中书舍人的执掌之一就是"受理天下冤滞"④。故中书舍人和门下给事中可列入兼职司法官员中。《唐六典》云,"凡天下冤滞未申及官吏刻害者,必听其讼,与御史及中书舍人同计其事宜而申理之",注曰,"每日令御史一人共给事中、中书舍人受辞讼。若告言官人事害政者及抑屈者,奏闻;自外依常法"。⑤门下给事中和御史、中书舍人组成三司,受词讼,专门对冤狱、涉及官吏刻害的案件进行审理。要注意的是这种工作并不是临时的,而是法律所明确规定、长期存在并且"每日"均有的。

中书门下审覆案件,参与重要案件审判的工作自唐太

---

① 张国刚:《唐代官制》,西安:三秦出版社,1987年,第36—37页。
② 王宏治:《唐代司法中的"三司"》,《北京大学学报(哲学社会科学版)》1988年第4期。
③ 刘后滨:《唐代司法"三司"考析》,《北京大学学报(哲学社会科学版)》1991年第2期。
④ 刘后滨:《隋与唐前期的中书省》,吴宗国主编:《盛唐制度研究》,上海:上海辞书出版社,2003年,第152页。
⑤ 《唐六典》卷8《门下省》,第245页。

宗贞观年间已经开始。《贞观政要》记载了唐太宗要求中书门下高级官员参加死刑案件审议的言论，其文曰："古者断狱，必讯于三槐、九棘之官，今三公、九卿，即其职也。自今以后，大辟罪，皆令中书、门下四品已上官及尚书九卿议之。如此，庶免冤滥。"① 唐高宗时期要求御史中丞与门下给事中、中书舍人在门下省受理诉讼，"见在京诉讼人，宜令朝散大夫守御史中丞崔谧、朝散大夫守给事中刘景先、朝请郎守中书舍人裴敬彝等，于南衙门下外省共理冤屈，所有诉讼，随状为其勘当。有理者速即奏闻，无理者示语发遣"②。唐玄宗开元年间，死刑的审覆由尚书刑部转移到中书门下。《唐六典》记载："凡决死刑皆于中书门下详覆。旧制皆于刑部详覆，然后奏决。开元二十五年，敕以为庶狱既简，且无死刑，自今已后，有犯死刑，除十恶死罪、造伪头首、劫杀、谋杀外，宜令中书门下与法官等详所犯轻重，具状闻奏。"③《旧唐书·职官三》"大理寺"条记载："凡犯至流死，皆详而质之，以申刑部；仍于中书、门下详覆。"④ 开元年间中书门下取得审覆死刑犯的司法权，其主要的兼职司法官为中书舍人和门下给事中。玄宗还颁布过一道要求中书门下对京城监狱进行虑囚的敕令，"孟夏麦秋，尚决小罪，况天时渐热，深愍系囚。宜令中书门下巡城

---

① 《贞观政要》卷8《刑法第三十一》，第239页。
② 《唐大诏令集》卷82《申理冤屈制》，第472页。
③ 《唐六典》卷6《尚书刑部》，第188页。
④ 《旧唐书》卷44《职官三·大理寺》，第1884页。

内囚徒，量事处置。畿甸徒囚，赤县县令疏理断决，勿滞禁人"①。《新唐书·玄宗纪》记载了玄宗开元年间中书门下多次虑囚的事情，列举如下：

开元七年（719）五月，"日有食之……中书门下虑囚"②。

开元八年（720）九月，"甲戌，中书门下虑囚"③。

开元二十年（732）十月，"丙辰，中书门下虑巡幸所过囚"④。

唐穆宗时期，也有要求中书舍人参与司法案件审判的规定，"长庆初，上以刑法为重，每有断大狱，又令中书舍人一员参酌而出之，百司呼为参酌院"⑤。

在司法实践中，中书舍人与门下给事中参与的重大案件才记载在史书中，他们日常参与司法审判的情况则较少记载。十分重大的案件还要求宰相等人参与审判。《资治通鉴》记载了唐太宗贞观十七年（643）发生的太子李承乾谋反案，其文曰，"敕长孙无忌、房玄龄、萧瑀、李世勣与大理、中书、门下参鞫之"，胡三省注曰，"唐制：凡国之大狱，三司详决。三司，谓给事中、中书舍人与御史参鞫也。

---

① 唐玄宗：《巡理滞狱诏》，《全唐文》卷29，第331页。
② 《新唐书》卷5《玄宗纪》，第127页。
③ 《新唐书》卷5《玄宗纪》，第128页。
④ 《新唐书》卷5《玄宗纪》，第136页。
⑤ 〔唐〕李肇撰，曹中孚校点：《唐国史补》卷下，《唐五代笔记小说大观》，第188页。

今令三省与大理参鞫,重其事"。① 这是目前所见文献记载唐代"三司"最早的时间。前引张九龄担任过中书舍人,因常参与司法审判案件而被称"累历刑狱之司"②。按两《唐书·张九龄传》所载,张九龄并未在大理寺、刑部、御史台等司法机关任职,故"累历刑狱之司"应是指他作为中书舍人参与案件审理、审覆的事情。

(二)沈家本将大理寺狱丞列入刑官,应予以去除。《唐六典》记载狱丞为从九品下,《旧唐书》记载狱丞的主要职能是"掌率狱吏,检校囚徒,及枷杖之事"③,可见,狱丞一般不参与司法审判,而是负责监狱管理和督促刑罚执行。《通典》考证:"隋有狱掾八人。大唐曰丞,有四人。"④掾是吏的一种称呼,只是在唐时把狱掾改为狱丞,实际上仍是吏的一种,虽有品级,但通常属于流外官。《唐会要》记载了减狱丞四员为两员的奏议:"(元和)五年二月,大理寺奏:当寺狱丞四员。准六典,合分直守狱。承前虽俸料寡薄,当寺自有诸色钱物优赏,免至虚贫。十年以来,曹司贫迫,无肯任者,遂令狱务至重,检校绝官。今伏请省两员,置两员,取所省员料钱,并以优给见置者,庶令吏曹可注,职事

---

① 《资治通鉴》卷197《唐纪十三》,第6193页。
② 〔五代〕王仁裕撰,丁如明校点:《开元天宝遗事》,《唐五代笔记小说大观》,第1734页。
③ 《旧唐书》卷44《职官三》,第1884页。
④ 《通典》卷25《职官七》,第712页。

得人。敕旨：依奏。"① 由此可见，狱丞是吏员，所得俸禄寡薄，需要用大理寺的钱物补助。唐代中后期大理寺因地位下降，料钱减少，故对狱丞的补助也减少，以致没有愿意担任此职务的人。

（三）大理司直和大理评事应纳入司法官员之列。唐代大理司直为从六品上，大理评事为从八品下，掌"出使推覆"②，具有司法上的断决权。大理评事在贞观年间才置，《通典》记载，"大唐贞观二十二年（648），褚遂良议重法官，复奏置评事十员，掌出使推覆，后加二人，为十二员"③。大理评事品秩不高，为从八品上，但职权极大。《旧唐书·职官三》"侍御史"条云："若三司所按而非其长官，则与刑部郎中员外、大理司直评事往讯之。"④ 武则天时期，酷吏多为侍御史和大理评事，专门推劾大狱。《旧唐书·来俊臣传》记载："二年，擢拜左台御史中丞。朝廷累息，无交言者，道路以目。与侍御史侯思止、王弘义、郭霸、李仁敬，司刑评事康暐、卫遂忠等，同恶相济。招集无赖数百人，令其告事，共为罗织，千里响应。"⑤《旧唐书·刑法志》记载："长寿年有上封事言岭表流人有阴谋逆者，乃遣司刑评事万国俊

---

① 《唐会要》卷66《大理寺》，第1149页。
② 《旧唐书》卷44《职官三·大理寺》，第1884页。
③ 《通典》卷25《职官七》，第713页。
④ 《旧唐书》卷44《职官三·侍御史》，第1862页。
⑤ 《旧唐书》卷186上《来俊臣传》，第4837页。

摄监察御史就案之，若得反状，斩决。"①大理评事在武则天时期改称司刑评事，之后以低品而掌握审案大权，可以断定囚犯及其家族之生死，违反法律中覆奏的程序。对这种情况，陈子昂称"遂使奸臣之党，快意相仇，睚眦之嫌，即称有密。一人被告，百人满狱，使者推捕，冠盖如市"②。为此，刑部侍郎李嗣真上疏进行劝谏，其文曰：

> 古者狱成，公卿参听，王必三宥，然后行刑。比日狱官单车奉使……或临时专决，不复闻奏。……倘有冤滥，何由可知！况以九品之官专命推覆，操杀生之柄，窃人主之威，按覆既不在秋官，省审复不由门下，国之利器，轻以假人，恐为社稷之祸。③

这里的"九品之官"应指掌管出使推狱的大理评事和监察御史。武周时期大兴告密之风，对外出使推劾案件大大增多，大理评事和监察御史是出使的主要力量。大理评事出使推劾的职能在德宗时期仍然保留。《旧唐书·赵涓传》记载了信州刺史姚骥劾奏员外司马卢南史坐赃和买铅烧黄丹的事件，德宗准备派遣监察御史郑楚相、刑部员外郎裴澥、大理评事陈正仪充三司使，同往按鞫。裴澥上奏认为仅派出一人推劾

---

① 《旧唐书》卷50《刑法志》，第2143页。
② 《旧唐书》卷50《刑法志》，第2146页。
③ 《资治通鉴》卷204《唐纪二十》，第6471页。

即可,并举开元和大历年间派出大理评事和监察御史推按的两个案例,其文曰:"伏以陛下自登宝位,及天宝、大历以来,未曾降三司使至江南;今忽录此小事,令三司使往,非唯损耗州县,亦恐远处闻之,各怀忧惧。臣闻开元中张九龄为五岭按察使,有录事参军告龄非法,朝廷止令大理评事往按。大历中,鄂岳观察使吴仲孺与转运使判官刘长卿纷竞,仲孺奏长卿犯赃二十万贯,时止差监察御史苗伾就推。今姚骥所奏事状无多,臣堪任此行,即请独往,恐不须三司并行为使。"① 裴澥认为派出三司使审理犯赃一类的小案件不妥当,建议自己独往即可。由此可见,从太宗贞观年间至德宗贞元年间,大理评事一直可代表朝廷出使到州县推按刑狱。

大理司直和大理评事在唐代中后期还成为节度观察使府书记、推官、巡官,度支盐铁使巡官、知监官一类的试官和兼官。这也在一定程度上赋予了这些官员监察司法、参与案件审理的职能,将在下文对此展开讨论。

(四)太子东宫与亲王府的司法职权。在唐代,东宫专门设有太子率更寺,拥有掌管部分皇族和京师的部分司法权。汉代以来太子率更寺一直有设,但其职能有变化。《通典》记载太子率更令"大唐因之,加掌皇族次序及刑法事"②。唐代的东宫太子率更寺增加了掌皇族刑罚事务的职能。

---

① 《旧唐书》卷137《赵涓传》,第3761—3762页。
② 《通典》卷30《职官十二》,第833页。

《唐六典·太子率更寺》规定:"凡诸坊、寺、府之有犯者,令其主司定罪,庶人杖已下决之,官吏杖已下皆送于大理。若皇太子未立及未即东宫,其宫、坊、寺、府之犯罪者,皆断于大理。丞掌判礼乐、刑狱之事。凡官臣有犯理于率更者,皆亲问之,乃断其罪,而上于詹事。主簿掌印及勾检稽失。凡宗族不序,礼仪不节,音律不谐,漏刻不审,刑名不法,皆举而正之。若所司决囚,与其丞同监之"①太子率更令、丞和主簿主管太子率更寺的刑狱之事,可以处理庶人判杖以下刑罚的犯罪行为,还承担了对宗族的司法管理职责。

唐代亲王府也置有"法曹参军事一人,正七品上"②,掌管其封地内的司法事务,而公主邑则没有。《全唐文》记载了武则天时期袁楚客对太平公主等人的批评:"又闻古之封子弟建侯伯者,将以藩屏王室,安固邦基,垂永代之业,为磐石之宗也。又闻女有内则,男有外傅,男女有别,刚柔分矣。内外斯隔,阴阳著矣。岂可滥哉?然而幕府者,丈夫之职,非妇人之事。今诸公主并开建府僚,崇置法官,秩若亲王,以女处男职,所谓长阴而抑阳也。而望阴阳不忒,风雨无爽,其可得乎?窃谓非致远之计,乖久长之策。"③袁楚客对公主开府"崇置法官"的批评,是认为公主越制,和亲王府一样。这也间接说明亲王府是拥有司法权的,可设置处理

---

① 《唐六典》卷27《太子率更寺》,第701页。
② 《唐六典》卷29《亲王府》,第731页。
③ 袁楚客:《规魏元忠书》,《全唐文》卷176,第1794页。

司法事务的官员职位。

（五）北司在代宗后设北军狱、神策狱、内侍狱等，也有关押犯人、审判囚犯的职权，贾宪保等学者已做过研究。[①]但正史典籍均视其为非法之设，且未见专职官吏审理案件的记载，故未将相关官员列入司法官之中。

唐代地方司法官表

所属级别	官职名称	品级	主要司法职能及资料出处
都督府	都督	大都督府都督从二品；中，正三品；下，从三品	京兆、河南、太原牧及都督、刺史掌清肃邦畿……录囚徒……不率法令者，纠而刑之。（《唐六典》卷30）
	长史、别驾、司马	从三品至从五品	尹、少尹、别驾、长史、司马掌贰府、州之事，以纪纲众物，通判列曹。（《唐六典》卷30）
	法曹参军事	正七品下	法曹、司法参军掌律令格式，鞫狱定刑，督捕盗贼，纠奸非之事。（《唐六典》卷30）法曹司法参军事，掌鞫狱丽法、督盗贼、知赃贿没入。（《新唐书·百官志》）

---

① 贾宪保：《唐代北司的司法机构》，《人文杂志》1985年第6期。

续表

所属级别	官职名称	品级	主要司法职能及资料出处
京兆、河南、太原三府	牧	从二品	同"都督"条。
	尹	从三品	同"长史、别驾、司马"条。
	少尹	从四品下	同"长史、别驾、司马"条。
	法曹参军事	正七品下	同都督府"法曹参军事"条。
道	节度观察使	——	国家设观察使,即古州牧部使之职。……刑狱之冤滥,政治之得失,皆得以观察而行之。(颜真卿:《送福建观察使高宽仁序》,《全唐文》卷337) 观察使以丰稔为上考,省刑为中考,办税为下考。(《新唐书·百官志》)
	判官	——	天下州府有疑者,判官集议。(《五代会要》卷16)
	推官	——	
州	刺史	上州刺史从三品;中,正四品上;下,正四品下	同"都督"条。
	司法参军事	上州从七品下,中,正八品下,下,从八品下。	同都督府"法曹参军事"条。

续表

所属级别	官职名称	品级	主要司法职能及资料出处
县	县令	正五品上至从七品上	京畿及天下诸县令之职……审察冤屈，躬亲狱讼。（《唐六典》卷30） 县令掌导风化，察冤滞，听狱讼。（《新唐书·百官志》）
	县丞	从七品上至正九品上	县丞为之（县令）贰。（《唐六典》卷30）
	县尉	从八品下至从九品下	县尉亲理庶务，分判众曹。（《唐六典》卷30）

唐代地方的司法官，通常认为有州的司法参军事和县尉，州县长官应为兼职司法官。另外，唐代中后期，道成为一级地方机构，其长官节度观察使和属官，如判官、推官等也具有了司法权。

把节度观察使、判官、推官列入司法官，是考虑唐代中后期的道制改革和司法机构变革问题的结果。唐代中后期，节度观察使从朝廷对地方的监察官员演变为道一级的地方最高行政长官。在唐代司法制度中地方行政长官兼任法官的背景下，节度观察使的职权范围同州县长官一样，也在财政、人事任免等权力之外拥有司法权，并主要通过判官和推官来行使这种职权，故节度观察使、判官、推官均可入狱官之列。五代以后，地方道州府的判官成为主要的狱官，还形成了判官集体讨论断案的惯例。后唐明宗长兴四年（933）颁布了一则敕令，云："法寺议狱，宜且于寺卿厅内；法官赏罚，宜依所奏。天下州府有疑者，判官集议。寻常案款，则准法施行。"① 判官对疑案的审覆同大理寺之例，也集中讨论决定，可见道、州判官和大理寺法官一样有对州府案件的审覆之权。《五代会要》收录了李光鼎的《时务奏》（后唐明宗时期），其文曰："凡诸道推刑狱，请令于本判官厅前，当面责勘，据通判疑状，判官与本司官典同对练，候勘鞫了日，都将印缝分付本典结案。"② 判官对疑案的勘责、集议都是在行使狱官的职权，并在固定地点召集上报案件卷宗的官和典（即主管文书的吏）质证。

第二节　唐代司法体系中的吏员考

司法吏员是从事辅助性司法工作的吏职，最为常见的称呼是"狱吏"。"狱吏"一词在汉代就屡屡出现，一些学者对汉代司法中的"狱吏"做出了定义。赵光怀认为："所谓狱吏，有广义狭义之分。狭义之狱吏，专指主管监狱的小吏，

---

① 〔宋〕王溥：《五代会要》卷16《大理寺》，上海：上海古籍出版社，1978年，第272页；又见李嗣源：《法寺议狱敕》，《全唐文补编》卷96，第1186页。
② 《五代会要》卷10《刑法杂录》，第162页。又见李光鼎：《时务奏》，《全唐文补编》卷97，第1196页。

如狱吏、狱史之类。广义的狱吏，泛指一切断狱执法之吏，所谓刀笔吏之类是也。"①"刀笔吏"一词最早见于《史记·周昌传》，指从事文书的吏职，其文曰："是后戚姬子如意为赵王，年十岁，高祖忧即万岁之后不全也。赵尧年少，为符玺御史。赵人方与公谓御史大夫周昌曰：'君之史赵尧，年虽少，然奇才也，君必异之，是且代君之位。'周昌笑曰：'尧年少，刀笔吏耳，何能至是乎！'"《正义》注解曰："古用简牍，书有错谬，以刀削之，故号曰'刀笔吏'"。②从周昌的言论中可见，汉人对刀笔吏是鄙视的。至唐代，对狱吏的这种鄙视仍然存在。《旧唐书·裴寂传》记载了唐高祖李渊与裴寂的一次对话，事件的背景是裴寂因被人告谋反，经讯问没有发现谋反迹象后，"（高祖）又尝从容谓寂曰：'我李氏昔在陇西，富有龟玉，降及祖祢，姻娅帝室。及举义兵，四海云集，才涉数月，升为天子。至如前代皇王，多起微贱，劬劳行阵，下不聊生。公复世胄名家，历职清显，岂若萧何、曹参起自刀笔吏也！唯我与公，千载之后，无愧前修矣'"③。"萧何、曹参起自刀笔吏也"指萧何与曹参曾为小吏。李渊自诩与裴寂均为门第高显的望族，对所谓起自低层亭长的刘邦、刀笔吏的萧何与曹参带有藐视之意，对自己的出身

---

① 赵光怀：《狱吏与汉代司法系统》，《河南师范大学学报（哲学社会科学版）》2005年第4期。

② 《史记》卷96《周昌传》，第2678页。

③ 《旧唐书》卷57《裴寂传》，第2288页。

是"无愧"的。

《唐律疏议》、唐令等成文法条中不见"狱吏"之名,而称"主典""典吏""杂任"等名。《唐律疏议》"称监临主守"条云:"称'主守'者,躬亲保典为主守。虽职非统典,临时监主亦是。【疏】议曰:'主守',谓行案典吏,专主掌其事及守当仓库、狱囚、杂物之类。"① 行案典吏也主管狱囚,应主要负责管理监狱相关文书之类的事务,看守监狱的称"狱卒"。黄正建根据明抄本《天圣令》复原的一条关于唐代吏职称谓规定的杂令,对我们了解唐代的吏职具有重要价值,其文如下:

> 诸司流外非长上者,总名"番官"。其习驭、掌闲、翼驭、执驭、驭士、驾士、幕士、称长、门仆、主膳、供膳、典食、主酪、兽医、典钟、典鼓、价人、大理问事,总名"庶士"。内侍省、内坊阉人无官品者,皆名"内给使"。亲王府阉人,皆名"散使"。诸州执刀、州县典狱、问事、白直,总名"杂职"。州县录事、市令、仓督、市丞、府、史、佐、计(帐?)史、仓史、里正、市史,折冲府录事、府、史,两京坊正等,非省补者,总名"杂任"。其称"典吏"者,"杂任"亦是。②

---

① 《唐律疏议》卷6《名例·称监临主守》,第140页。
② 天一阁博物馆、中国社科院历史研究所天圣令整理课题组校证:《天一阁藏明钞本天圣令校证(附唐令复原研究)》,第752页。

该条令文涉及两种司法吏员的称呼：其一是大理问事，称为"庶士"，据《旧唐书·职官三》"大理寺"条，问事有一百四十八人，掌决罪人；其二是州县典狱、问事之类的司法吏员，称为"杂职"，按《唐六典》的记载，人数最多的京兆、河南、太原三府设典狱十八人、问事十二人，人数最少的下县设典狱六人、问事四人[①]，可见相对司法官员而言，唐代司法吏员的人数极为庞大。问事，见于《唐六典》等典籍对大理寺和诸州县的记载，民间俗语也称问头。唐人笔记中记载了宰相王缙在监狱被讯问的事："王缙之下狱也，问头云：'身为宰相，夜醮何求？'王答曰：'知则不知，死则合死。'"[②]

按照唐令的相关规定，司法吏员还执行长期上番和轮流上番两种制度，黄正建复原唐令"杂令"第二十七条云，"诸令史、书令史……司直史、评事史、狱史……并长上。其流外非长上者及价人，皆分为二番。……大理问事……并分为四番"[③]。除上引问事、典狱外，司直史、评事史、狱史等也是与司法有关的典吏。狱吏还有司法掾的称呼，《太平广记》"樊宗谅"条记载："有巨鹿魏南华者，寓居齐鲁之

---

① 《唐六典》卷30，第742页。
② 〔唐〕韦绚撰，阳羡生校点：《刘宾客嘉话录》，《唐五代笔记小说大观》，第804页。
③ 天一阁博物馆、中国社科院历史研究所天圣令整理课题组校证：《天一阁藏明钞本天圣令校证（附唐令复原研究）》，第751页。

间,家甚贫,宗谅命摄司法掾。"①

综合考证成文法、正史典籍的记载以及唐人文集的说法,我们认为唐代的司法吏员有如下几个特点:

其一,"狱吏"在唐人的观念中泛指所有从事司法工作的官吏,也称法吏、刀笔吏,带有一定的贬义,不能等同于司法吏员。《旧唐书·戴胄传》记载贞观三年(629),戴胄进拜民部尚书,并兼摄吏部尚书,掌管选举事宜。"胄虽有干局,而无学术。居吏部,抑文雅而奖法吏,甚为时论所讥。"②这里的"法吏"代指从事司法工作的官员。《旧唐书·杨纂传》记载杨纂贞观年间担任吏部侍郎,前后主持铨选十余年,"然而抑文雅,进酷吏,观时任数,颇为时论所讥"③。《旧唐书·侯君集传》记载侯君集因参与太子李承乾谋反案,被逮捕下狱,太宗亲自讯问,曰"我不欲令刀笔吏辱公"。前文"法吏""酷吏""刀笔吏"都是指从事司法工作的官吏,不论品级的高低。大和年间,温造为御史中丞,路遇左补阙李虞,怒其不避,捕侍从人员决脊十下。左拾遗舒元褒等上疏论之曰:"遗、补官秩虽卑,陛下侍臣也,中丞虽高,法吏也。侍臣见凌,是不广敬;法吏坏法,何以持绳?"④御史中丞这样的高官也被称为"法吏",说明在唐代

---

① 《太平广记》卷128《报应二十七·樊宗谅》,第909页。
② 《旧唐书》卷70《戴胄传》,第2533页。
③ 《旧唐书》卷77《杨纂传》,第2673页。
④ 《旧唐书》卷165《温造传》,第4316页。

的官场之中，对从事司法工作的官吏是有一定的歧视的。

其二，司法吏员应是指从事司法辅助工作，不具有决断权的吏职人员，即前文所引唐律中的主典，唐令中的庶士、杂任等。例如，《唐六典·大理寺》载"狱丞四人，从九品下……狱丞掌率狱吏，知囚徒。贵贱、男女异狱"①，大理寺狱丞是有品级的官员，但是其所从事的是管理囚徒的工作，不能够参与案件的判决，故是狱吏中的领导者。又如州、府及县所设立的司法佐、典狱、问事等官职。

其三，管理监狱的吏。邵治国认为，"具体的监狱日常事务则由狱吏负责，狱吏包括狱丞、典狱、司狱、提牢和禁卒等"②。这是最为狭义的概念，缩小了狱吏的范围。

第三节　唐代冥判故事中所见司法官吏的名称与职务行为

唐代司法体系中，司法官员和吏员分别担任狱政中的各种司法职务。司法官员主要负责案件审理和判决，司法吏员则承担囚犯、证人的追索，文案的抄写处理，囚犯的关押等司法辅助事务。然而，正史典籍对司法官员审判过程的记载多不详细，往往一笔带过；司法吏员在司法运作中的行为更

---

① 《唐六典》卷18《大理寺》，第503—504页。
② 邵治国：《唐代监狱制度述要》，《河北师范大学学报（哲学社会科学版）》2004年第6期。

难觅踪迹。唐人笔记小说、敦煌文书等材料中发现的大量冥判故事,记录了不少司法官吏对犯人的追身、讯问、判决、执行处罚等内容,有较为详细的司法审判过程,可作为我们研究唐代司法案件审判工作的重要补充资料,是在正史之外记录唐代司法运作问题的鲜活材料。

一、冥判故事反映的司法制度与法制观念

冥判故事,即是讲述在冥间地狱进行审判活动的故事,是神话故事的一种,源于对现实生活的想象和宗教思想观念。鲁迅先生这样评述中国古代的神话:"神话之作,本于古民,睹天物之奇觚,则逞神思而施以人化,想出古异,淑诡可观,虽信之失当,而嘲之则大惑也。"[①]鲁迅先生从小听闻反映地狱审判情况的《玉历》,他在论及民间的地狱信仰时认为:"他们——敝同乡'下等人'——的许多,活着,苦着,被流言,被反噬,因了积久的经验,知道阳间维持'公理'的只有一个会,而且这会的本身就是'遥遥茫茫',于是势不得不发生对于阴间的神往。人是大抵自以为衔些冤抑的;活着的'正人君子'们只能骗鸟,若问愚民,他就可以不假思索地回答你:公正的裁判是在阴间!"[②]他认为阴间的

[①] 鲁迅:《破恶声论》,《鲁迅全集》第 8 卷,北京:人民文学出版社,1981 年,第 22—23 页。

[②] 鲁迅:《朝花夕拾·无常》,《鲁迅全集》第 2 卷,第 278—279 页。

裁判反映了百姓对现实生活的不满,体现了他们对公正、公理的期待和向往。

卞孝萱先生以冥判故事《唐太宗入冥记》为材料研究唐代政治史,认为该故事产生于武周代唐之际,是武则天一家为太子李建成、齐王李元吉鸣冤而编造的,是一篇在佛教果报思想掩护下谴责唐太宗的政治小说。① 卞孝萱先生对冥判故事的研究表明:冥判故事与现实政治有紧密的关系,唐代统治者更是有意识地通过编造冥判故事来引导民众的思想。

冥判故事也与中国古代地狱观念有关。有学者考证说,以鬼神来治理天下,从而提高人们道德观念的思想最早起源于墨子。② 秦汉以后,以官僚体系为蓝本构建了中国本土的地狱观,佛教进入中国后,报应轮回观念被融入地狱观中,至魏晋南北朝时期逐渐形成了种种不同说法的地狱体系。③ 唐代笔记小说及敦煌文书所载的冥判故事既是这种地狱观念的反映,也体现了唐代法律运作的种种问题。

唐临所撰《冥报记》是唐代出现较早的冥判故事集。唐临在太宗贞观年间担任侍御史,高宗时担任御史大夫、刑

---

① 卞孝萱:《〈唐太宗入冥记〉与"玄武门之变"》,《敦煌学辑刊》2000 年第 2 期。

② 参见田兆元:《神话与中国社会》,上海:上海人民出版社,1998 年,第 315—316 页。

③ 参见萧登福:《汉魏六朝佛道两教之天堂地狱说》,台北:台湾学生书局,1989 年,第 65—121 页;陈登武:《从人间世到幽冥界——唐代的法制、社会与国家》,第 256—263 页。

部尚书等，是唐代前期著名的法官。《旧唐书》称其"所撰《冥报记》二卷，大行于世"[①]。《冥报记》将现实司法结构、司法程序、司法观念引入冥判故事中，开创了以笔记小说形式记录冥判故事，进而融入作者司法观念、法律思想的先河。故唐代的冥判故事较前代而言，更具有现实的法律意义。

在冥判故事中，有司法官与司法吏之分，其名称多样。除了前文所考正史中的名称，还有一些民间俗语和宗教观念上的名称。司法官的称谓主要有"王""阎罗王""地藏王""判官""太尉"等，司法吏的称谓有"吏""典吏""胥吏""狱卒""厅子""童子"等，将在下文逐一考证。

二、冥判故事中司法官的称谓与职务行为

（一）王。许多冥判故事称具有最高权力、掌握人生死和刑罚的司法官为"王"。《太平广记》保留了大量唐代、五代人所撰写的冥判故事，下面简列几条以"王"作为司法官的例子。

1. 《太平广记》"僧齐之"条载："王因问曰：'汝出家人，何因杀人？'"[②]

2. 《太平广记》"高纸"条载："高纸，隋仆射颖之孙

[①] 《旧唐书》卷85《唐临传》，第2813页。
[②] 《太平广记》卷100《释证二·僧齐之》，第672页。

也。唐龙朔二年,出长安顺义门,忽逢二人乘马,曰:'王唤。'纸不肯从去……寺僧即令舁入兄院,明旦乃苏,云:初随二使见王,王曰:'汝未合来,汝曾毁谤佛法,且令生受其罪。'令左右拔其舌,以犁耕之,都无所伤。王问本吏曰:'彼有何福德如此?'曰:'曾念金刚经。'王称善,即令放还。"①

3.《太平广记》"宋义伦"条载:"唐宋义伦,麟德中为虢王府典签。暴卒,三日方苏,云:被追见王,王曰:'君曾杀狗兔鸽,今被论,君算合尽,然适见君师主云:君持金刚经,不惟灭罪,更合延年?我今放君,君能不吃酒肉,持念尊经否?'义伦拜谢曰:'能。'"②

4.《太平广记》"孙明"条载:"唐孙明者……忽见二吏来追,明意将是县吏,便县去。行可五六里,至一府门,门人云:'王已出巡。'吏因闭明于空室中,其室从广五六十间,盖若阴云。经七日,王方至,吏引明入府。王问:'汝有何福?'答云:'持金刚经已二十年。'王言此大福也,顾谓左右曰:'昨得只洹家牒……以偿功也。'令吏送还舍。"③

王一般代表阎罗王,传入中国与本土的地狱观念融合后,在中晚唐时期被演绎成十位王,其故事见载于敦煌文书《佛说阎罗王授记经》,又称《佛说十王经》。现存敦煌文书

---

① 《太平广记》卷103《报应二·高纸》,第694—695页。
② 《太平广记》卷103《报应二·宋义伦》,第696页。
③ 《太平广记》卷105《报应四·孙明》,第708页。

《佛说十王经》绘制了地狱十王审判的图景，十王分别为：秦广王、初江王、宋帝王、五官王、阎罗王、变成王、太山王、平正王、都市王、五道轮转王。地狱"十王"之称，是中国本土信仰和佛教争"地狱"解释权的结果，经过多次的融合与改良，最终形成十位王之说。① 中以"王"为司法官的冥判故事中，王通常高坐于厅内，显示其最高司法官的地位。其主要工作是查看案簿、讯问囚犯、听取囚犯答辩，并做出最终判决。《太平广记》"李虚"条就完整记录了这个过程：

> 虚方忆之，顷王坐。主者引虚见王，王曰："索李明府善恶簿来。"即有人持一通案至，大合抱，有二青衣童子亦随文案。王命启牍唱罪，阶吏读曰："专好割羊脚。"吏曰："合杖一百，仍割其身肉百斤。"王曰："可令割其肉。"虚曰："去岁有敕拆佛堂，毁佛像，虚界内独存之，此功德可折罪否？"王惊曰："审有此否？"吏曰："无。"新息吏进曰："有福簿在天堂，可检之。"王曰："促检。"殿前垣南有楼数间，吏登楼检

---

① 参见张总：《〈阎罗王授记经〉缀补研考》，季羡林、饶宗颐主编：《敦煌吐鲁番研究》第5卷，北京：北京大学出版社，2001年，第81—116页；江玉祥：《中国地狱"十殿"信仰的起源》，江玉祥主编：《古代西南丝绸之路研究》第2辑，成都：四川大学出版社，1995年，第161—186页。

之。……于是吏检善簿至,唯一纸,因读曰:"去岁敕拆佛堂,新息一县独全,合折一生中罪,延年三十,仍生善道。"言毕,罪簿轴中火出,焚烧之尽。王曰:"放李明府归。"仍敕两吏送出城南门。①

这个故事完整地体现了唐代的司法审判过程。将犯人追索到堂后,主审官查看案情,了解所犯为何罪、该处以何种刑罚,对囚犯进行宣判。其后犯人对答,主审官令人核对新的证据是否属实,核对后做出新的判决。

(二)阎罗王。阎罗王是佛教所称主宰地狱的教主,来源于印度佛教。中国史籍中迄今最早的关于"阎罗"一词的文字记载,应出现在北魏杨衒之的《洛阳伽蓝记》"崇真寺"条。唐代冥判故事中大量出现"阎罗王"一词,特别是《法苑珠林》和信仰佛教的唐临所撰《冥报记》等。冥判故事内容多为对滥杀生者的地狱审判、对崇佛念经者的宽恕。例如,《太平广记》引《冥报记》李知礼的故事说,李知礼善骑射,杀伤甚多,又兼捕鱼不可胜计。贞观十九年(645)病死,在冥间被阎罗王追审,因在冥间作战胜敌,又曾供养僧人,始得放出,从而苏醒。又如,《广异记》记载:"洽问此兵云何,曰:'阎罗王往西京大安国寺也。'既至寺,登百尺高座,王将簿阅云:'此人新造金光明经,遂得延算,故

---

① 《太平广记》卷104《报应三·李虚》,第703—704页。

未合死。'元昌叹羡良久，令人送回，因此得活。"①

（三）地藏王。地藏王是唐代地狱观念中新出现的冥王。唐后期至五代，地藏王成为地狱的最高统治者之一，主要作用是监督冥判，对地狱灵魂进行救赎。《太平广记》"孙咸"条载晚唐时期孙咸被追入冥间，作为证人参加冥王对僧人法秀的审判，经对证后，"地藏令一吏送归，不许漏泄冥事"②。

（四）判官。"判官"一词自隋开始出现，唐初成为普遍用于处理行政事务官员的称谓，中唐以后成为固定设立的官职，在方镇、财税、军使等使职系统中常设。《唐律疏议》"同职犯公坐"条关于唐代官员公罪责任追究的四等制度，即"长官为一等，通判官为一等，判官为一等，主典为一等"，就提及判官。该条疏议还以大理寺断案举例："假如大理寺断事有违，即大卿是长官，少卿及正是通判官，丞是判官，府史是主典，是为四等。各以所由为首者，若主典检请有失，即主典为首，丞为第二从，少卿、二正为第三从，大卿为第四从，即主簿、录事亦为第四从；若由丞判断有失，以丞为首，少卿、二正为第二从，大卿为第三从，典为第四从，主簿、录事当同第四从。"③大理寺丞被称为判官，是因其对司法案件做出判决，说明唐代前期判官还不是固定官职名，而与其是否为判事官员有关。在司法实践中，其他

---

① 《太平广记》卷115《报应十四·李洽》，第801页。
② 《太平广记》卷106《报应五·孙咸》，第717页。
③ 《唐律疏议》卷5《名例·同职犯公坐》，第110—111页。

如监察御史、大理评事、大理司直等具有决断权的官员也常成为判官。唐代冥判故事中，判官常在王之下作为断案的官员出现。

《太平广记》"屈突仲任"条讲述开元年间屈突仲任好盗杀牛马驴和飞鸟走兽，被带至冥间，"至一大院，厅事十余间，有判官六人，每人据二间。仲任所对最西头，判官不在。立仲任于堂下，有顷判官至，乃其姑父郓州司马张安也"，张安设法使屈突仲任接受处罚后回到人间。①

《酉阳杂俎》"陈昭"条云："唐元和初，汉州孔目典陈昭，因患病，见一人著黄衣至床前云：'赵判官唤尔。'……及入，见一人怒容可骇，即赵判官也，语云：'刘辟败东川，窦悬捕牛四十七头，送梓州，称准刘辟判杀。辟又云："先无牒。君为孔目典，合知事实。"②此冥判故事中，赵判官作为主审官员对陈昭进行了讯问，并与刘辟相互质证。经检索法律，应判陈昭决一百，拷五十日。陈昭因有设斋、画佛像、读金刚经之善举，得以免罪放回。

《法苑珠林》记载了贞观年间张法义的一则冥判故事，曰："唐华州郑县人张法义，年少贫野，不修礼度。贞观十一年，入华山伐树，遇见一僧，坐岩穴中。法义便就与语。会天晦冥，不归留宿夜。……至十九年，法义病死……

---

① 《太平广记》卷100《释证二·屈突仲任》，第667—669页。
② 《太平广记》卷106《报应五·陈昭》，第720—721页。

法义自说：初有两人来取，乘空行至官府。入大门，又巡巷南行十许里。巷左右皆有官曹，门闾相对，不可胜数。法义至一曹，见官人遥责使者曰：是华州张法义也。本限三日至，何因乃淹七日？使者云：法义家狗恶，兼有祝师祝神见打甚困。袒而示背，背青肿。官曰：稽过多咎，与杖二十。言杖亦毕，血流洒地。官曰：将法义过录事。录事署发文书，令送付判官。判官召主典，取法义案。案簿甚多，盈一床。主典对法义前披检云：案簿多先朱勾毕。有未勾者，则录之曰：贞观十一年，法义父使刈禾，义反顾张目私骂。不孝，合杖八十。始录一条，即见昔岩穴中僧来。判官起迎问：何事？僧曰：张法义是贫道弟子，其罪尽忏悔灭除，天曹案中已勾毕。今枉追来，不合死。主典云：经忏悔者，此案勾了。至如张目骂父，虽蒙忏悔，事未勾了。僧曰：若不如此，当取案勘之，应有福利。仰判官令典将法义过王。王宫东殿宇宏壮，侍卫数千人。僧亦随至王所。"①

《太平广记》"韦判官"条载："唐博陵崔应任扶沟令，亭午独坐，有老人请见应。应问之，老人对曰：'某通于灵祇也。今者冥司韦判官来拜谒，幸望厚礼以待之。请备香

---

① 〔唐〕释道世撰，周叔迦、苏晋仁校注：《法苑珠林校注》卷89《感应缘·唐华州张法义》，北京：中华书局，2003年，第2588—2589页；又见《太平广记》卷115《报应十四·张法义》，第797—798页。

案,屏去侍从,当为延入。'应依命,老人即出迎之。"①

《太平广记》"李逢吉"条载:"唐丞相凉公李逢吉,始从事振武日,振武有金城佛寺,寺有僧,年七十余。尝一日独处,负壁而坐,忽见一人,介甲持矛,由寺门而入,俄闻报李判官来。……故逢吉出入将相,二十余年,竟善终于家。出补录记传。"②

判官在唐代冥判故事中作为司法官员承担案件审判工作,有单独一人对案件做出断决的,也有多人集议后做出判决的,后者反映了唐代司法官员审判案件时采用集议的方式。

(五)太尉。太尉成为冥间的狱官,或与唐代中后期北司获得司法权有关。贾宪保考证唐肃宗、代宗时期,宦官李辅国、鱼朝恩专权,设狱推讯官员、城内富人等,之后德宗时又有"神策狱"。③ 北军和神策军军使多称太尉,在唐代中后期参与司法事务,禁系官民,故民间亦传有太尉在冥间断案的说法。《太平广记》"刘鸿渐"条记载:"刘鸿渐者,御史大夫展之族子。……至上元年,客于寿春。一日出门,忽见二吏云:'奉太尉牒令追。'鸿渐云:'初不识太尉,何以

---

① 《太平广记》卷123《报应二十二·韦判官》,第867—868页。
② 《太平广记》卷138《征应四·李逢吉》,第991—992页。
③ 贾宪保:《唐代北司的司法机构》,《人文杂志》1985年第6期。

见命?'意欲抗拒。"① 但是太尉作为狱官在冥判故事中并不多见。

冥判故事中的司法官有"王""阎罗王""地藏王"等称呼,是具有最高裁判权的官员,比拟人世间的统治者,对案件行使最终的判决权。而"判官""太尉"是具有次等裁判权的司法官员,比拟人世间的高级官员,经过商讨、集议对案件做出判决,也可单独做出判决。

三、冥判故事中司法吏员的称谓与执掌

(一)追人之吏,称"使者""里正""吏""卒"等,多为二人,亦有一人、四人之说。至后代演绎为"索命无常""黑白无常""牛头马面"等称谓。其主要职责为追索犯人、证人。唐代司法制度对犯人和证人的追身往往需要持帖,这在冥判故事中也有反映。

关于"里正",《太平广记》"卢氏"条云:"唐开元中,有卢氏者,寄住滑州。昼日闲坐厅事,见二黄衫人入门,卢问为谁,答曰:'是里正,奉帖追公。'"②

关于"卒",《太平广记》"李虚"条云:"初为两卒拘至王前。"③

关于"吏",唐代中期戴孚所撰《广异记》"孙明"条

---

① 《太平广记》卷105《报应四·刘鸿渐》,第710页。
② 《太平广记》卷104《报应三·卢氏》,第704页。
③ 《太平广记》卷104《报应三·李虚》,第703页。

云："后正念诵次，忽见二吏来追，明意将是县吏，便县去。"①同书"刘鸿渐"条云："一日出门，忽见二吏云：'奉太尉牒令追。'鸿渐云：'初不识太尉，何以见命？'意欲抗拒。二吏忽尔直前拖曳，鸿渐请著衫，吏不肯放。"②《太平广记》收录《冥祥记》"李氏"条云："及苏说云，初有两人，并著赤衣，门前召出，云有上符遣追，便即随去。"③《广异记》"李洽"条云："山人李洽，自都入京，行至灞上，逢吏持帖，云：'追洽。'洽视帖，文字错乱，不可复识，谓吏曰：'帖书乃以狼籍。'吏曰：'此是阎罗王帖。'洽闻之悲泣，请吏暂还，与家人别。吏与偕行过市，见诸肆中馈馔，吏视之久。洽问：'君欲食乎？'曰：'然。'乃将钱一千，随其所欲即买。止，得一味，与吏食毕，甚悦，谓洽曰：'今可速写金光明经，或当得免。'洽至家写经毕，别家人，与吏去。"④李洽被"吏"追，行贿钱一千，得吏透露速写《金光明经》可得救赎的信息，又恰好与地狱城主邬元昌有旧，故被放回。

（二）厅吏，也称典吏、胥吏、厅子等，在冥判故事中从事保管善恶簿、质证犯人、补充搜寻证据、拟制判文等工作。《太平广记》"李虚"条云："初为两卒拘至王前，王不

---

① 《太平广记》卷105《报应四·孙明》，第708页。
② 《太平广记》卷105《报应四·刘鸿渐》，第710页。
③ 《太平广记》卷109《报应八·李氏》，第746页。
④ 《太平广记》卷115《报应十四·李洽》，第801页。

在,见阶前典吏,乃新息吏也,亡经年矣。……主者引虚见王,王曰:'索李明府善恶簿来。'即有人持一通案至,大合抱,有二青衣童子亦随文案。王命启牍唱罪,阶吏读曰:'专好割羊脚。'吏曰:'合杖一百,仍割其身肉百斤。'"①《太平广记》"王翰"条云:"见一青衫少年,称是己侄,为冥官厅子,遂引见推典。"②

(三)狱卒,主要执行看押囚犯、实施刑罚的工作,也有称"禁子""狱子""吏"者。《太平广记》"李虚"条云:"即有牛头狱卒,出于床下,以叉刺之,洞胸。"③同书"田氏"条云:"其徒十人,至吏局,吏令启口,以一丸药掷口中,便成烈火遍身。须臾灰灭,俄复成人,如是六七辈。"④同书"京兆狱卒"条云:"隋炀帝大业中,京兆狱卒失其名,酷暴诸囚。囚不堪其苦,而狱卒以为戏乐。"⑤敦煌变文《燕子赋》也有"雀儿被禁数日,求守狱子脱枷,狱子再三不肯"⑥

---

① 《太平广记》卷104《报应三·李虚》,第703页。
② 《太平广记》卷108《报应七·王翰》,第731页。
③ 《太平广记》卷104《报应三·李虚》,第704页。
④ 《太平广记》卷104《报应三·田氏》,第706页。
⑤ 《太平广记》卷120《报应十九·京兆狱卒》,第848页。
⑥ 《燕子赋》被王重民收入《敦煌变文集》(北京:人民出版社,1957年),黄征《〈燕子赋〉研究》(《敦煌研究》2003年第1期)从《俄藏敦煌文献》全部卷号中辑录到关于《燕子赋(一)》内容的卷号:Дx.00796、Дx.01343、Дx.01347、Дx.01395、Дx.05415、Дx.10741、Дx.04803,并对其加以考证、校录与缀合。本书依据的是黄征所复原的版本。

之语。

唐代冥判故事中的司法吏职大约有三类：一类是负责追索犯人的，多着黄衫，称吏、里正等；一类是看押囚犯、执行刑罚的狱卒，称狱卒、禁子、狱子等；还有一类是维护审判秩序、书写案件文书、检查"善恶簿"的典吏，称胥吏、典吏、厅子等。司法吏向犯人索要钱财、对其处以酷刑等诸种恶事在冥判故事中常常可见，所以产生了"阎王好见，小鬼难缠"的民间说法。这正是冥判故事对现实司法实践中司法吏勒索、凌辱囚犯的反映，也映照出中国古代司法运作中真实的另一面。

第四节 官吏之间：唐代法直身份地位与职能的演变

法直是唐代司法运作中一类具有重要作用的司法官吏，专为熟悉法律的人员所设立，其主要职能是为司法案件提供适用的法律条文，在唐代中后期其职能发生变化，开始直接参与案件的决断。其身份是官还是吏，颇有模糊之处。这得从唐代直官制度说起。李锦绣认为，直官制度是一个集中、吸收、储蓄、利用特殊专业技术人才的制度，还考证直官有17个种类，有能书、造笔、明法、金银匠等；另外，李锦绣还根据墓志对担任直官的人员进行了补考，录出担任直官的人员。[①] 唐代直官还分为有品直官和无品直官，定额直官和额外直官。杨亚琼认为："定额直官主要是以伎术官为主，为唐代科技文化的发展繁荣奠定了基础；额外直官的发展演变对唐代及后世官制产生了重要影响。"[②]《唐六典》记载唐代整个中央机构设置的有品直官四百六十二员，法直即是其中一种，分别设在中书省、门下省、刑部和大理寺，共五员。

一、唐代法直的设置、品级及来源

在《唐六典》对刑部、大理寺等司法机构官吏设置的记载中，法直一职并不在内，即法直不是司法系统正式的官员，也不是令史、书令史一类的吏员。史籍中关于法直的记载十分罕见，以至于我们对其品级、出身等情况多不了解。《唐六典》"吏部郎中"条有一处关于直官特别的记载，说明在门下省、中书省、刑部、大理寺设有法直一官，其文曰：

[①] 李锦绣：《唐代直官制度初探》，袁行霈主编：《国学研究》第3卷，北京：北京大学出版社，1995年，第383—424页；该文收入李锦绣：《唐代制度史略论稿》，北京：中国政法大学出版社，1998年，第1—59页。李锦绣：《唐代直官补考（上）——以墓志为中心》，黄正建主编：《隋唐宋辽金史论丛》第4辑，上海：上海古籍出版社，2014年；李锦绣：《唐代直官补考（下）——以墓志为中心》，黄正建主编：《隋唐宋辽金史论丛》第5辑，上海：上海古籍出版社，2015年。

[②] 杨亚琼：《试述唐代直官制度》，《西部学刊》2014年第4期。

> 凡诸司置直，皆有定制。诸司诸色有品直……门下省明法一人……刑部明法一人……中书省明法一人……大理寺明法二人……外官直考者，选同京官。其前官及常选人，每年任选。若散官、三卫、勋官直诸司者，每年与折一番。①

据此材料记载，玄宗时期，门下省、中书省、刑部和大理寺四个部门设置有品级的法律类直官，人数为五人。《旧唐书》也采用有品直官人数有定额的说法，其文曰："凡诸司置直，皆有定数。诸司诸色有品直官。"②那么没有品级的直官是否员额更多，还有待考证。而且，我们还要注意一种特殊的情况，就是散官、三卫、勋官也可以兼任直官，并且能够抵充上番，其前提当然是具有一定的特长。散官、三卫、勋官也是直官的重要来源之一。

我们在为数不多的记录法直官的案例中发现，法直本身不设品级，而以其散官阶作为法直的品级。玄宗开元二十五年（737）李林甫修改律令格式时，就有两位法直参与。其事在《新唐书·艺文志》有记载，曰："《格式律令事类》四十卷中书令李林甫、侍中牛仙客、御史中丞王敬从、左武卫胄曹参军崔晃、卫州司户参军直中书陈承信、酸枣尉直刑部俞元杞（按：应为祀）等删定，开元二十五年上。"③中书省法直官陈承信的散官是卫州司

---

① 《唐六典》卷2《尚书吏部》，第35页。
② 《旧唐书》卷43《职官二·尚书都省》，第1820页。
③ 《新唐书》卷58《艺文志》，第1496—1497页。

户参军,刑部法直官俞元祀的散官为酸枣尉。敦煌文书中也有关于俞元祀修订律疏的记录。藏于北京图书馆(中国国家图书馆前身)的《名例律残卷》卷尾有题名"宣义郎行滑州酸枣尉明法直刑部武骑尉臣俞元祀"。[①]这条材料更为完整地记录了刑部法直官俞元祀的官职,使我们了解到法直官的品级情况。

唐代中后期,因为司法制度的变革,御史台和节度观察使府也开始设立法直。德宗贞元年间,御史台申请置法直一员,获得批准。《唐会要》记载了该事:

> (贞元)八年(792)正月,御史台奏,伏以台司推事,多是制狱。其中或有准敕,便须处分。要知法理,又缘大理寺刑部断狱,亦皆申报台司。倘或差错,事须详定。比来却令刑部大理寺法直较勘,必恐自相扶会,纵有差失,无由辩明。伏请置法直一员,冀断结之际,事无阙遗。有粮料请取台中诸色钱物量事支给,其功优等,请准刑部大理处分。敕旨,依奏。[②]

御史台增设的法直未说明品级情况,但据其粮料由台中诸色钱物支给的情况推测,此处法直极有可能属于没有品级

[①] 北京图书馆藏《名例律残卷》(河字17号),转引自刘俊文:《唐律疏议笺解》,第189页。

[②] 《唐会要》卷60《御史台上》,第1042页。

的吏职。

另外,在唐代中后期增设法直的还有节度使府。这一时期,节度使的职权不断扩大,也具有了参与司法监察、疑案审理等权力,下设法直一人以备检用法律。《新唐书·百官志》记载,"节度使、副大使知节度事……府院法直官、要籍、逐要亲事各一人"①。在会昌之后,唐代百官的俸禄变化不大,府、都督府的医博士、法直的俸禄是一样的。《新唐书·食货志》云:"诸府、都督府医博士、法直,两赤县录事,上州录事,市令,万三千。"②

法直多以明法出身者充,但也不限定出身。唐高宗后期和武则天时期选人数量大增,直官亦是如此。张鷟在《朝野佥载》中记载:"张文成曰:乾封以前选人,每年不越数千;垂拱以后,每岁常至五万。人不加众,选人益繁者,盖有由矣。尝试论之,只如明经、进士、十周、三卫、勋散、杂色、直司,妙简实材,勘入流者十分不过一二。"③直司,即指直官,也包括法直。

唐武宗时期颁布的《会昌五年正月三日南郊赦》中规定:"刑部、大理法直,并以明法出身人充。"④由于唐代中后期明法科地位的下降,甚至屡屡停开明法科,法直的地位也

---

① 《新唐书》卷49《百官志》,第1309页。
② 《新唐书》卷55《食货志》,第1404页。
③ 张鷟:《朝野佥载》卷1,《唐五代笔记小说大观》,第9页。
④ 《文苑英华》卷429《翰林制诏》,第2174页。

不高。直到五代时期，由于熟悉法律人员的缺乏，后唐重开明法科，大理寺地位提高，法直的地位随之上升。后唐明宗长兴二年（931）八月乙丑，诏曰："大理寺官员，宜同台省例升进，法直官比礼直官任使。仍于诸道赃罚钱内，每月支钱一百贯文，赐刑部、大理两司，其刑部于所赐钱三分与一分"① 该诏令要求大理寺官员与御史台、尚书省的官员升迁规则一致，至少在名义上改变了唐代以后大理寺官员地位低下，以致无人愿意去当法官的尴尬局面。法直官地位也随之上升，与礼直官相同。

法直也有其他来源，五代有因善名法之学而担任刑部法直的例子。后唐时期的《赵府君墓志》云："君即海宁府君第三子也。生于广陵，长于江左。幼而俊敏，博综群书，尤善名法之学。烈祖辅政，方申明纪律。君以是中选，释褐补江都府文学，直刑部。明年改信州司法参军，察狱详刑，号为祥练。"② 赵某是因善于名法之学而被选为刑部法直的。

到了宋代，司法官吏变得更加专业化，法直的选人成为重要的国家政务，并且要求士人来担任。《宋史》记载：

---

① 《旧五代史》卷42《唐明宗纪》，第581—582页。
② 徐铉：《唐故奉化军节度判官通判吉州军州事朝议大夫检校尚书主客郎中骁骑尉赐紫金鱼袋赵君墓志铭》，《全唐文》卷886，第9257页。

"［景德二年（1005）六月］己卯，命法直官用士人。"①《宋史·刑法志》记载："天圣六年（1028）诏：审刑院举常参官在京刑法司者为详议官；大理寺详断、刑部详覆法直官，皆举幕职、州县晓法令者为之。"②到北宋时期，法直来源为士人，并要求有幕职，是州县中熟悉法律的人，地位也随之提高。

二、唐至五代法直地位与司法职能的演变

在《唐律疏议》等成文法典、《唐六典》、两《唐书·职官志》中，我们没有发现对法直职能的规定，敦煌文书遗留的判文中，也很少发现法直官的落款，因此，难以对法直的司法职能有明确的认识。前文对狱官和狱吏的考证指出，一般的判事程序是，吏提出处理意见，官员做出判决。法直亦官亦吏，其职能又是怎样的呢？

《宋刑统》保存了一条唐德宗建中年间刑部审覆大理寺及诸州府案件程序的敕令，使我们对案件复审中官员与吏员的不同职能有了比较清楚的认识，其文为：

> 建中二年（781）十一月十三日敕节文：刑部法直应覆大理及诸州府狱案。据狱官令，长官以外皆为佐

---

① 〔元〕脱脱等：《宋史》卷7《真宗二》，北京：中华书局，1977年，第128页。
② 《宋史》卷160《选举六·保任》，第3742页。

职，法直官是佐职以下官。但合据所覆犯由，录出科条，至于引条判断，合在曹官，法直仍开，擅有兴夺，因循自久，殊乖典礼。自今以后，不得更然。其诸司及外州府并宜准此。①

这条史料揭示了唐代刑部司法运作的两个重要的问题：其一是在具有司法权的部门设立法直这样一种官职；其二是法直职权在于录出法律科条，决断权则在曹官手上。

法直的主要职能是利用自己的专业技能，对司法案件提出适用的法律条款。史书中也有法直参与成文法律编纂和修改的记载，前引唐玄宗时期李林甫主持修订法律时就有两位法直参与。

法直的另一个重要职能是为各部门提供法律检索服务。除本章第一节所引《唐会要》（见本书第152页）的记载外，《旧五代史·唐明宗纪》载曰："[长兴三年（932）春正月] 大理正张居琢上言：'所颁诸州新定格式、律令，请委逐处各差法直官一人，专掌检讨。'从之。"②这是以法直熟悉法律条文的专业能力为州提供检索服务的例证。

到唐代后期，法直的职能发生变化，主要是司法职事的增多，并开始参与司法审判工作。白居易的判文中有两处关

---

① 《宋刑统》卷30《断狱》，第551页。又见唐德宗：《关刑部法直敕》，《全唐文补编》卷50，第602页。
② 《旧五代史》卷43《唐明宗纪》，第587页。

于法直断案情况的记录,反映了唐代中后期法直可以参与司法案件并做出断决。其一为法直断稽缓制书的案件:

> 得甲为所由,稽缓制书。法直断合徒一年。诉云:违未经十日。
>
> 判曰:……然则审时勾稽,考程定罪。法直以役当期日,所由以违未浃辰,将计年以断徒,恐乖阅实;请据日而加等,庶叶决平。①

其二为法直断盗买印用的案件:

> 得乙盗买印用,法直断以伪造论。诉云:所由盗卖,因买用之,请减等。
>
> 贿以公行,印惟盗用。罪之大者,法可逃乎?伊人无良,同恶相济。所由既败官为墨,予取予求;彼乙乃窃器成奸,不畏不入。潜谋斯露,窃弄难容。犹执薄言,将求末减。用因于买,比自作而虽殊,情本于奸,

---

① 《白居易文集校注》卷30《判》,第1781页;又见白居易:《得甲为所由稽缓制书法直断合徒一年诉云违未经十日》,《全唐文》卷673,第6874页。

与伪造而何异？以兹降等，诚恐利淫。①

白居易所拟两道判文中，均是由法直做出案件的断决结果，完全打破了唐代前期法直只录出法律条文、不能断决案件的惯例。白居易对唐代中期以来这种法直直接参与案件断决，从而掌握重要司法权力的职能变迁有清醒的认识，主张要提高法直的地位，改变由吏员担任法直的情况。他在《论刑法之弊》一文中说："今则条理轻重之文尽询于法直，是使国家生杀之柄假手于小人。……伏惟陛下悬法学为上科，则应之者必俊乂也；升法直为清列，则授之者必贤良也。然后考其能，奖其善。明察守文者，擢为御史；钦恤用情者，迁为法官。"②白居易此文指出了当时法直司法权力大，但其身份又仅为吏职的弊端，提出"升法直为清列"，并"考其能，奖其善"的解决办法。此法在唐代未能实行，法直一直为吏职。到五代末和北宋，法直才真正进入官员序列。法直作为案件审理参与者在案卷上署名就是一个重要的标志，《旧五代史·刑法志》记载了后晋时期的一则奏疏，反映法直与判官、司法参军同在案卷署名的情况，其文曰：

---

① 《白居易文集校注》卷30《判》，第1783页；又见白居易：《得乙盗买印用法直断以伪造论诉云所由盗卖因买用之请减等》，《全唐文》卷673，第6874页。

② 《白居易文集校注》卷28《论刑法之弊》，第1553—1554页。

第三章 唐代司法官员与吏员考论

三月庚午，详定院奏："前守洪洞县主簿卢灿进策云：'伏以刑狱至重，朝廷所难，尚书省分职六司，天下谓之会府，且诸道决狱，若关人命，即刑部不合不知。欲请州府凡断大辟罪人讫，逐季具有无申报刑部，仍俱录案款事节，并本判官、马步都虞候、司法参军、法直官、马步司判官名衔申闻，所贵或有案内情曲不圆，刑部可行覆勘。如此则天下遵守法律，不敢轻易刑书，非唯免有衔冤，抑亦劝其立政者。'臣等参详，伏以人命至重，国法须精，虽载旧章，更宜条理，诚为允当，望赐施行。"从之。①

然而，从理论上看，唐至五代的法官仍坚持认为，按照格的规定，法直只检录法律条文，不得直接参与断案。直到五代后唐长兴二年（931），大理卿李延范仍认为"伏准格文，法直官只合录出科条，备勘押入案，至于引条判断，合在曹官"②。李延范所说的"格文"，可能是指前文所引《宋刑统》保存的德宗建中年间的敕令，该敕令作为永格一直延续下来。

唐代前期，法直的司法职能仅有为断案官员检索法律条文和参与法律校订。到唐代中后期，法直逐渐参与司法审判

---

① 《旧五代史》卷149《刑法志》，第1968—1969页。
② 《五代会要》卷16《大理寺》，第270—271页。

工作。但是出于格式的规定,法直直接参与案件审判工作的行为仍被部分官员驳斥,认为是"奸吏干法"。直至五代后晋时期,法直才正式成为重要的断案官员,在案卷上署名。宋代法直官地位升高,与详议官、详断官等一并成为司法系统重要的专业官员。

从唐代前期到五代和北宋,法直作为司法运作体系中的重要一员,其职能的重要性是不断上升的,地位也随之上升。从中央机构的五名有品法直,发展到地方法直均能成为有品的官员。李锦绣认为,唐代后期"官行吏职","胥吏有官的身份,享受官的待遇",双向的变革模糊了曾经严格的官吏界限。① 此观点充分体现在法直的司法运作中,发人深思。

结　论

唐代司法官员和吏员的区分是魏晋以来官吏分途背景下的一个缩影。唐代官僚体系中有流内官、流外官、吏的区分。然而,鉴于立法技术的历史局限性,唐代法律对官、吏二者的定义不清晰,甚至出现同一文本中含义不同的情况。我们从职能划分上考证可知,唐代的司法官是指从事司法工作,具有对案件断决权的官员,在中央为中书门下、尚书刑

---

① 李锦绣:《关于唐后期官与吏界限的几点思考》,纪宗安、汤开建主编:《暨南史学》第4辑。

部、御史台以及大理寺有品级的官员，在地方为行政长官、次官和专设的法曹参军、县尉等。司法吏是指从事司法辅助工作，可以对案件进行前期调查、对犯人进行追索和关押的吏员，唐代成文法令多称其为"主典""典吏""庶士""杂任"等，有俗称"刀笔吏""法吏"者。司法吏员大略包含三类：一为从事逮捕、追索犯人和证人，取得证据工作的吏职；二为从事案件文书工作、提出法律意见的吏职；三为负责监狱管理、执行刑罚的吏职。

正史典籍对狱官和狱吏职务行为的记载非常简略，但唐代笔记小说和敦煌文书中的冥判故事详细描述了地狱断案活动，给我们研究唐代狱官和狱吏的司法活动提供了新的材料。冥判故事中的狱官有"王""阎罗王""地藏王"，是具有最高裁判权的官员，像人世间的统治者，对案件行使最终的判决权。"判官""太尉"为具有次等裁判权的官员，像人世间的高级官员，经过商讨、集议对案件做出判决，也可单独做出判决。冥判故事中的狱吏有几类，一类是追索犯人的，多着黄衫，称吏、里正等；一类是看押囚犯的狱卒，称狱卒、禁子、狱子等；还有负责维护审判秩序、书写案件文书、检查"善恶簿"的典吏，称胥吏、典吏、厅子等。冥判故事中狱官和狱吏的司法活动是对唐代法律运作现实的反映，在正史典籍之外向我们展示了鲜活的司法运作情况。从某种意义上说，这是比正史典籍所载的更加真实的司法运作常态。唐代是中国地狱观念与佛教地狱观念的融合期，此时大量涌现出来的冥判故事反映了现实法律制度与宗教信仰的结合,对中国古代道德、法律观念产生了深远的影响。值得注意的是,唐代文人甚至法官参与记录、阐释这些冥判故事,可见冥判故事不仅是民间观念的反映,也包含了统治阶层对民众思想的引导。

自唐至宋,经济的变革引起了政治、制度、社会等一系列的变革。日本学者内藤湖南最早提出了"唐宋变革"论。在司法运作的变革方面,一些在唐代属于吏职的,在宋代变为有品级的官职,法直即是其中之一。唐代法直多为吏职,地位比较低下,主要职能也限于检索法律条文。到北宋,法直官与检法官、详刑官一并成为十分重要的司法官,改由士人出任,并扩大了司法职能。这种变化是司法运作体系发展的结果,也反映自唐代以后,中国古代的司法运作体系仍在不断发展和完善,其显著的特点就是部分司法吏员从吏职中分离,成为专职司法官,以适应司法运作愈加专业化的社会发展趋势。关于大理寺、御史台、刑部等唐代前期的司法官吏,前人研究已有比较丰硕的成果,对其司法职能等问题有比较清晰的界定,下文我们将主要讨论前人关注较少的节度观察使及其僚佐、度支盐铁使系统官吏的司法权及其运作问题。

第四章　唐代中后期节度观察使的司法权及其运作

唐代中后期，道一级地方机构的长官节度观察使职权不断扩大，拥有了司法权。设立观察使作为道一级的行政长官，是对唐初确立的府州县地方制度的一个重大变革；节度使初以军队头目出现，后亦逐渐拥有地方行政权。二者职权多有重叠。大略来说，统一镇军队的授节度使，战略要地且管辖地方州县的节度使和观察使并授，平静之地授观察使。张国刚先生《唐代藩镇研究》等书已对此有不少论述。因多数地方有节度使和观察使并授的情况，故本章将节度使和观察使并列合称，指道一级的地方长官。正史典籍中对节度观察使的职权范围记录较少，多以寥寥数语概说，而有关司法权和司法运作方面的记载更是少见，且相当零散。

观察使之设立始于唐肃宗。乾元元年（758），为应对安史之乱的严重局面，肃宗下诏停采访处置使，改置观察处置使。[①] 经不断变革完善，除仅统某军的节度使外，其他节度使多带观察使之名，合军事和民政管辖为一。颜真卿认为

---

① 《唐会要》卷78《采访处置使》，第1421页。

观察使犹如古代（指汉代）州牧，有导风俗、察官吏、调兵赋、督刑狱等职权，他说："国家设观察使，即古州牧部使之职。代朝廷班导风化，而宣布德意，振举万事，而沙汰百吏者也。民俗之舒惨，兵赋之调发，刑狱之冤滥，政治之得失，皆得以观察而行之。"①节度使若兼治理地方，则带观察使之名号，此在唐肃宗、唐代宗时期成为定例。《旧唐书》记载："至德之后，中原用兵，刺史皆治军戎，遂有防御、团练、制置之名，要冲大郡，皆有节度之额，寇盗稍息，则易以观察之号。"②

　　河西地区是唐代前期和中期十分重要的军事重地，处于唐朝政府针对西北羌族、回鹘、九姓胡、吐蕃等军事斗争的前线，是最早设立都督府和节度使的地区。③《旧唐书》称"河西节度使，断隔羌胡"④。因地处边境，河西节度使初设时具有管理军队、营田和九姓部落等与军事有关的职权，后

---

① 颜真卿：《送福建观察使高宽仁序》，《全唐文》卷337，第3416页。

② 《旧唐书》卷38《地理一》，第1389页。

③ 关于河西地区军事体系的建立问题，可参考王永兴：《唐代前期西北军事研究》，北京：中国社会科学出版社，1994年；黄兆宏：《有关河西节度使几个问题的探析》，《甘肃联合大学学报（社会科学版）》2008年第4期；王晓晖：《唐前期河西军事体系的建立和强化》，《军事历史研究》2012年第4期；李文才：《唐代河西节度使所辖军镇考论》，杜文玉主编：《唐史论丛》第18辑，西安：陕西师范大学出版总社有限公司，2014年；等等。

④ 《旧唐书》卷38《地理一》，第1386页。

逐渐增加了察举官吏、征收赋税、执掌刑狱等地方行政职权，是唐代中期道制改革的先驱之地。[①] 河西节度使管辖凉、瓜、甘、沙等战略要地，乾元时亦带观察使之职，因此唐德宗《赠杨休明等官诏》这样称呼河西节度使——故河西兼伊西北庭节度观察使检校工部尚书兼御史大夫赠太子太保杨休明、故河西节度观察使检校工部尚书兼侍御史大夫周鼎。尽管河西节度使所带使衔较多，但到唐肃宗、代宗时期，最为重要的使职是节度使和观察使，连称为"节度观察使"或"节度观察处置使"。

讨论节度观察使的司法权问题，首先从司法权的概念说起。现代法学概念上的司法权有广义和狭义之分，狭义的司

[①] 关于唐代道制改革与节度观察使成为地方行政长官的研究，可参考薛明扬：《论唐代使职的功能与作用》，《复旦学报（社会科学版）》1990年第1期；宁志新：《唐朝使职若干问题研究》，《历史研究》1999年第2期；郭锋：《唐代道制改革与三级制地方行政体制的形成》，《历史研究》2002年第6期；等等。郭锋认为："唐代道制改革是以中央集权、分级管理为制度取向的综合性地方行政管理体制改革。改革起于睿宗、玄宗之际，至代宗、德宗之际告一段落，经历了景云—开元和乾元—大历两大阶段。第一阶段的发展特点是改造贞观十道的虚设巡察单位性质，使之逐渐向实体地方管理层级机构方向发展；第二阶段的发展特点是受战争影响，加强了观察使、节度使等使府长官在地方行政管理方面的作用，同时改进加强了道一级建制的制度建设，使之行政实体化。第二阶段及此后百余年唐廷的地方行政，就在道级单位作为地方最高一级政府的体制下运行，形成道—州府—县分级管理的三级制地方行政管理体制。"

法权仅指法院的审判权；广义的司法权则包括公安机关的刑侦权、检察机关的检控权和法院的审判权。唐代地方机构未明确区分逮捕刑侦权、检控权、审判权的实施主体，节度观察使作为道一级的行政长官，其司法权包括这三个方面。对于节度观察使拥有司法权的问题，不少学者已有关注。民国时期研究中国法制史的学者刘陆民已注意到节度使、观察使、盐铁转运使具有实际上的司法权。[①] 刘俊文在《论唐后期法制的变化》认为唐代后期使职有设牢狱、禁锢犯人的职权，"唐前期派往诸道之使，有权观风俗、察冤滞，但是无权听讼，更无权禁系、刑杀。然而到了唐后期，盐铁、户部、度支诸使事权日重，皆有牢狱，妄专禁锢"[②]。翁俊雄所著《唐后期政区与人口》论述唐代后期的政区时认为节度（观察、经略、防御）使成为地方一级行政机构，拥有统军权、财权、行政权以及监察权、司法权。[③] 虞云国、张玲的《唐宋时期"观察使"职权的演变》一文认为唐代观察使除了军事职权、政务职权、经济管理权之外，"在司法方面也拥有权力。观察使的幕僚中，有专门负责推鞫诉讼的推官，足以表明观察使握有司法权。观察使对所部的民讼、刑罚等

---

① 刘陆民著，郝一伍整理：《唐代司法组织系统考》，曾宪义主编：《法律文化研究》第5辑，北京：中国人民大学出版社，2009年。

② 刘俊文：《论唐后期法制的变化》，《北京大学学报（哲学社会科学版）》1986年第2期。

③ 翁俊雄：《唐后期政区与人口》，第26—30页。

第四章　唐代中后期节度观察使的司法权及其运作

拥有处理权,对法令行废与否握有决定权"①。然而,尽管不少学者认识到节度观察使拥有司法权,但这种司法权范围的大小、如何行使,以及通过哪些司法僚佐来行使等相关问题仍有待进一步探讨。

第一节　法藏敦煌文书 P.2942 中的判文案例分析

藏于法国国家图书馆的敦煌文书 P.2942 被命名为《河西节度观察使判牒集》②,抄录判文和状牒四十九篇,其内容涉及官员任免、赋税征发、犯罪官员处罚等,是记录中唐大历年间河西地区即将陷落吐蕃之际,河西节度观察使行政行为的重要史料。六十余年来,那波利贞、王重民、唐长孺、池田温、安家瑶、唐耕耦、史苇湘、马德、金滢坤等学者先后对该文书进行整理研究,对其年代、性质、作者等问题进行

---

① 虞云国、张玲:《唐宋时期"观察使"职权的演变》,姜锡东、李华瑞主编:《宋史研究论丛》第 7 辑,第 44 页。
② 关于法藏敦煌文书 P.2942 的年代,大多数学者推定为广德到大历年间;文书的作者,学者推断为杨休明、周鼎或杨志烈,三人均担任河西节度使,此时的节度使多兼观察使,成为"节度观察使"。《全唐文》所收德宗《赠杨休明等官诏》称"故河西兼伊西北庭节度观察使检校工部尚书兼御史大夫赠太子太保杨休明、故河西节度观察使检校工部尚书兼侍御史大夫周鼎"。鉴于文书有判文和状牒两种,该文书被命名《河西节度观察使判牒集》是比较准确的。

了考证,相关的研究论文已有二十多篇。[1]但是,从目前已发表的研究成果看,该文书中的法律判文似乎还未得到研究者的重视,以至于利用该判集进行法制史研究的文章并不多见,目前仅见僧海霞《从P.2942文书看河西陷蕃前后变通运用律令的问题》一文[2]。我们主要依据唐耕耦、陆宏基所编《敦煌社会经济文献真迹释录(第二辑)》收录的图片和释文[3],辑录司法判决的判文进行个案研究,以此讨论唐代节度观察使司法权运作的几个相关问题。

法藏敦煌文书P.2942内容丰富,涵盖了节度、观察处置使所拥有的大部分职权,包括赋税征发、兵马调动、官员任命、犯罪官员处罚等方面。故我们对敦煌文书《河西节度观察使判牒集》所反映的司法运作问题进行考察,具有典型的意义。反映河西节度观察使在司法方面的职权并涉及司法运作的判文有十一件,按民事、行政、刑事三类案件分别辑录分析如下。

---

[1] 参见杨宝玉:《六十余年来法藏敦煌文书P.2942研究状况述评》,《中国史研究动态》2014年第1期。
[2] 僧海霞:《从P.2942文书看河西陷蕃前后变通运用律令的问题》,《西藏民族学院学报(哲学社会科学版)》2006年第4期。
[3] 唐耕耦、陆宏基编:《敦煌社会经济文献真迹释录(二)》,北京:全国图书馆文献缩微复制中心,1990年。

第四章　唐代中后期节度观察使的司法权及其运作

一、民事案件的判文

《建康无屯牛，取朱光财市充》，第148至152行载：

> 使司支计，只凭军资。比年绝无，如何准给。今既府库虚竭，自合当处圆融。建康县军，复无人户，若令独办，又恐阙如。终须量事支持，余欠当军率税。肃州朱光身死，承袭都无子孙。资畜已闻官收，且取用市牛值。

朱光身死后财产无子孙继承，由肃州官府没收。建康县驻军申请卖掉其财产以买牛屯田。判文先叙述近年来未调拨军资、府库虚竭、建康县人口稀少三个理由，接着判定朱光财产无人继承，应发卖后给建康县驻军购买屯牛。

二、行政案件的判文

（一）《肃州请闭粜，不许甘州交易》，第6至10行载：

> 邻德不孤，大义斯在；边城克守，小利须通。岂唯甘肃比州，抑亦人烟接武。见可流通。准状，仍榜军州，切勒捉搦，少有宽许，当按刑书。

该判文是对肃州上文请与甘州闭粜（禁止贸易往来）的回

209

复。判文主张肃州和甘州比邻，应该允许往来、不得捉搦商旅，如有违反，按刑书处罚。

（二）《甘州地税勾征，耆寿诉称纳不济》，第59至66行载：

> 彼州户人，颇闻辛苦，应缘张瓌秭政，遂令百姓艰勤。今既李牧抚临，亦冀苍生苏息，尚频申诉，何以而然，地子勾征，俱非杂税，妄求蠲免，在法无文。马料兵粮、固须支给。仓储虚竭，何计供承。若望沙州相资，必恐不及时要，终须自活，岂可妄求。牒到，请使君审与耆寿商量，稳便处置，合放任放，须征任征，此间无物可支，彼处固须自给，终须设法，以叶（协）权宜。

该条为甘州民众以"耆寿"名义对节度观察使诉称纳税不足，要求减免税的案件。判文先称理解民众之艰难，但提出三点理由不能减免税务：一是没有法律条文支持，二是驻扎兵马的粮料须支给，三是从沙州调拨则时间上来不及。因此，判文要求刺史与"耆寿"商量纳税事宜，保证自给。

（三）《沙州祭社广破用》，第66至70行载：

> 艰虞以来，庶事减省；沙州祭社，何独丰浓。税钱各有区分，祭社不合破用。更责州状，将何填陪牛值、

第四章　唐代中后期节度观察使的司法权及其运作

将元案通。

又判：自属艰难，万事减省。明衣币帛，所在不供。何独沙州，广为备物。酒肉果脯，已费不追。布帛资身，事须却纳。

沙州在祭祀的时候花费过度，判文指出因时局艰难，所有开销均要减省，沙州这种破用税钱的行为是不应该的，要求赔偿布帛等。祭祀社稷是州县的重要礼仪，祭祀时间、方式、所用牲口在唐令中均有规定。仁井田陞所复原的《祠令》第二条云："国有大祀、中祀、小祀。昊天上帝、五方上帝、皇地祇、神州、宗庙，皆为大祀；日月、星辰、社稷、先代帝王、嶽镇、海渎、帝社、先蚕、孔宣父、齐太公、诸太子庙并为中祀；司中、司命、风师、雨师、灵星、山林、川泽等并为小祀。州县社稷、释奠及诸神祠，亦准小祀例。"[①]这是对祭祀对象的规定。《祠令》第三十八条又云："诸大祀，散斋四日，致斋三日；中祀，散斋三日，致斋二日；小祀，散斋二日，致斋一日。散斋之日，斋官昼理事如故，夜宿于家正寝。惟不得吊丧问疾，不判署刑杀文书，不决罚罪人，不作乐，不预秽恶之事。"[②]这是对祭祀方式的规定。另外还有对州县祭祀的特别规定，《祠令》第四十三条云："诸

---

① 《唐令拾遗》，第60页。
② 《唐令拾遗》，第114页。

州县,旱则祈雨,先社稷。又祈界内山川能兴云雨者,余准京都例。若岳镇海渎,州则刺史上佐行事;其余山川,判司行事。县则令丞行事。祀用酒脯醢,报以少牢。"[①]

(四)《贷便沙州斛斗,频征不纳》,第124至126行载:

> 贷便之物,不合迁延。在于官司,无由受欠。各合戮力,岂要再论。更牒所由,切须征纳。如更推注,必议刑书。

此案为沙州诉称官方贷出之物征收不上。判文认为原因在于官司催收不力,要求必须征纳,要是再延迟,当按刑书处理。

(五)《玉门过尚书妄破解斗》,第115至118行载:

> 尚书当过,具有文牒。所由颜情,妄事周递。既违公式,自合私填。何须再三,苦有申诉。所费既广,不可尽赔。三分放二,余仰即纳。

玉门指玉门县(今属玉门市),内有玉门军。据李并成考证,汉唐玉门县的治所即今甘肃省玉门市赤金镇赤金堡古城,玉门县位于肥沃的石脂水(今石油河)中游绿洲,为重要的农

---

① 《唐令拾遗》,第118页。

垦屯田之域，物产丰富，人烟稠密。① 此条记述了尚书（尚衡）巡察经过时，玉门县为接待事宜花费过多，因此多次申诉。判文认为这已违反"公式"的规定，应该由官吏填补，要求他们交纳三分之一的费用。

三、刑事案件的判文

（一）《肃州刺史王崇正错用张瓌伪官衔》，第 97 至 100 行载：

> 王使君植性沉和，为官审慎。实为始终勿替，岂期岁寒有行渝。使用伪衔，不曾下问。强索进马，有忤中官。初似知诚，情宜行正法。后能闻义，或可全生。宜舍深刑，终须薄责。罚军粮一百石。

此条讲述了甘州刺史张瓌伪称节度使后，肃州刺史王崇正可能与其勾结，承认张瓌为节度使。考虑到河西正处于战争状态，面临吐蕃、回纥、沙陀的严重威胁，避免将王崇正推向对立方，判文称王崇正为"错用"，不按律处罚，仅处以"薄责"——罚军粮一百石。

（二）《故沙州刺史王怀亮擅破官物、充使料，征半放

---

① 李并成：《〈河西节度使判集〉（P.2942）有关问题考》，《敦煌学辑刊》2005 年第 3 期。

半》,第 71 至 74 行载:

> 王怀亮在官,颇非廉慎。擅破官物,不惧章程。妄布目前之恩,果贻身后之累。既违令式,难免征收。后件无多,伏缘公用。守犹恐未免,论情须为商量。

唐代官吏使用官物是有令式规定的,擅破官物在唐律中是犯罪行为,按"坐赃论"。《唐律疏议》"出纳官物有违"条规定:"诸出纳官物,给受有违者,计所欠剩,坐赃论。"① 但是判文认为这是"伏缘公用",要求赔偿一半。这说明判文根据现实情况,对唐律进行灵活运用。

(三)《张瓌诈称节度使》,第 181 至 189 行载:

> 张使君性本凶荒,志非忠谨,有正卯之五盗,无日䃅之一心。潜构异端,公然纵逆。伪立符敕,矫授旌麾。动摇军州,结托戎狄。恣行险勃,妄有觊觎,文牒太半死人,虚诳辄取进马。论情巨蠹,在法难容。牒张判官与关东兵马使对推问得实状具申、仍所在收禁讫报。管内官吏,尽是贤良。无混淄渑,细宜详审,勿陷刑名。甘州且寮,尤须择地,倘被尘点,不得怨人,如到覆亡,卒难迴避,各求生路,无事守株。

---

① 《唐律疏议》卷 15《厩库·出纳官物有违》,第 295 页。

张璘本为甘州刺史。史苇湘先生推断张璘诈称节度事件是在河西节度使撤离凉州（即764年）之后、甘州陷落之前发生的，时间应在大历元年（766）之际。因节度使杨志烈被沙陀所杀，西迁的河西节度一时无主，张璘就在甘州自立为节度使，同时正值郭子仪请遣使巡抚河西，朝廷任命杨休明继任节度观察使。这是新任节度观察使处理伪节度使案的判文。① 判文指出张璘所犯谋逆、伪立符敕、矫授旌麾、结托戎狄等罪行后，指示由判官张某和关东兵马使关押张璘，对其进行推问，弄清楚案件后上报。

（四）《瓜州别驾杨颜犯罪，出斛斗三百石赎罪》，第141至144行载：

> 杨颜所犯，罪过极多；纵不累科，事亦非少。既愿纳物，以用赎刑。正属艰难，打煞（杀）何益。虽即屈法，理贵适时。犯在瓜州，纳合彼处。事从发断，义不可移。既有保人，任出输纳。

瓜州别驾为州僚佐，节度观察使对州县官吏具有处罚权。该判文指出因时局艰难，同意杨颜以纳物来赎刑，并要求有人

---

① 史苇湘：《河西节度使覆灭的前夕——敦煌遗书伯2942号残卷的研究》，原刊《敦煌研究》，1983年创刊号，后收入史苇湘：《敦煌历史与莫高窟艺术研究》，兰州：甘肃教育出版社，2002年，137—152页。

作保。

（五）《伊西庭留后周逸勾突厥杀使主、兼矫河已西副元帅》，第190至214行。该判文较长，不全引。

> 周逸非道、远近尽知，理合闻天，义难发厘务，既要留后，任择贤良，所贵当才，便请知事。某谬司观察，忝迹行军，欲宽泉下之鱼，有惭弦上之矢，公道无隐，敢此直书，各牒所由，准状勘报、当日停务、各遣东西。仍录奏闻、伏待进止。

被害的河已西副元帅，唐长孺先生、王小甫先生推断为杨志烈，史苇湘先生推断为杨休明，而李宗俊根据崔汉衡墓志的信息、尚衡与仆固怀恩的矛盾、重臣方可称副元帅等推断被害者为尚衡，周逸与叛臣仆固怀恩彼此串通，合谋杀害了尚衡。① 该推断理由比较充分。判文指出周逸的行为"非道"，为将士所痛恨，于法难容。要求各地接到文牒后上报情况，牒到当日停周逸之职务，并将事件上奏朝廷，等候处置。周逸所犯罪行有两个，一为杀害使主，二为矫称河已西副元帅。《唐律疏议》将谋害本府长官列入十恶之罪，其文曰："九曰不义。谓杀本属府主、刺史、县令、见授业师、吏、卒杀本部五

---

① 李宗俊：《法藏敦煌文书 P.2942 相关问题再考》，《敦煌研究》2014 年第 4 期。

品以上官长。"[①] 周逸又犯"矫诏"之罪,

河西节度观察使在唐代设置与存续的时间不长,但河西作为首设节度使的地区,既属于边陲地区的方镇,又统管凉州等广大地区的行政事务,其节度观察使司法权问题具有典型意义。法藏敦煌文书 P.2942《河西节度观察使判牒集》为我们提供了丰富的判文材料,使我们了解河西节度观察使如何行使其司法权的问题。同时,从这些案例中也可以看出,河西地区在至德年间,由于面临吐蕃和回鹘等少数民族政权的威胁,军队供给、叛乱等与军事相关的案件占了主要的内容。

第二节　唐代中后期节度观察使司法权的行使方式

从上述所引 P.2942 的判文案例可以看出,河西节度观察使可以参与民事、行政、刑事三种案件的审理,具有收禁所属州县犯罪官吏、派员审问犯罪嫌疑人、处理公私财物、对案件进行判决等权力,并且能在一定程度上灵活运用法律做出判决。节度观察使的司法权范围具体包括以下几个方面。

一、弹劾使府僚佐及州县官吏

节度观察使的弹劾权在一定程度上可被视作现代法律概

---

① 《唐律疏议》卷1《名例·十恶》,第15页。

念中的检控权。但区别在于：这种弹劾是在已推问明确案情甚至提出处理意见的情况下向朝廷的奏报，等待朝廷处理；现代法律中的检控是检察机关向同级的法院叙述案情，交由法院裁决。P.2942《张璟诈称节度使》称："牒张判官与关东兵马使对推问得实状具申、仍所在收禁讫报。"《伊西庭留后周逸勾突厥杀使主、兼矫河已西副元帅》称："某谬司观察，忝迹行军，欲宽泉下之鱼，有惭弦上之矢，公道无隐，敢此直书，各牒所由，准状勘报、当日停务、各遣东西。仍录奏闻、伏待进止。"张璟为甘州刺史，周逸为伊西庭节度留后，二人犯罪前均是较高级的官员，河西节度观察使的判文中提出"讫报""仍录奏闻、伏待进止"即是向朝廷奏报，请求处理，正体现节度观察使的弹劾权。

唐代节度观察使如何行使弹劾权，决定了使府僚佐及州县官员的升降。在代宗至德宗时期唐朝政府调整战后统治秩序，节度观察使成为道一级实体化行政长官，可选聘僚佐、监察州县官吏，也可对僚佐和州县官吏行使弹劾权。代宗、德宗、穆宗时有几道敕文明确赋予了节度观察使的弹劾权，举例如下。

1. 代宗《令举堪任刺史县令判司丞尉诏》曰：

其所举人授官后，如政能尤异，清白著闻，三两考后，仰本道观察使具状奏闻，其举主及所举官人，并量加进改。如懦弱不举，及暴政处置乖宜，并冒犯赃私

第四章 唐代中后期节度观察使的司法权及其运作

等，议罪论刑，当亦连坐。①

被举官人犯罪连坐举主，这在《唐律疏议》中就有明文规定。"职制"律"贡举非其人"条云："诸贡举非其人及应贡举而不贡举者，一人徒一年，二人加一等，罪止徒三年。"②该诏令要求观察使对举人进行考核，并对举主和被举官人有"懦弱不举，及暴政处置乖宜，并冒犯赃私等"行为议罪论刑。

2. 代宗《禁断织造淫巧诏》曰：

> 今师旅未戢，黎元不康，岂使淫巧之工，更亏常制。……亦宜禁断。两都委御史台，诸州府委本道节度观察使，切加觉察。如违犯，具状奏闻。③

此为接受朝廷委派的临时监察事务，禁断奢侈物品，非节度观察使的监察常务。

3. 德宗《南郊赦文》曰：

> 近日州县官吏，专杀立威，杖或逾制。自今已后，有责情决罚致死者，宜令本道观察使具事由闻奏，并申

---

① 唐代宗：《令举堪任刺史县令判司丞尉诏》，《全唐文》卷46，第508页。
② 《唐律疏议》卷9《职制·贡举非其人》，第183页。
③ 唐代宗：《禁断织造淫巧诏》，《全唐文》卷47，第518页。

报刑部、御史台。①

由节度观察使监督州县官吏使用刑罚情况的惯例由来已久,并多次出现在赦文之中,例如,常衮所拟的《大历四年大赦天下制》云:"如闻州县官,比年率意恣行粗杖,不依格令,致使殒毙,深可哀伤。频有处分,仍闻乖越。自今已后非灼然蠹害者,不得辄加非理。仍委观察节度等使严加捉搦,勿令有犯。如违录名奏闻,量情科贬。"②唐令对行刑杖、讯囚杖的形制大小、所受部位等均有明文规定。《狱官令》规定:"诸杖皆削去节目,长三尺五寸。讯囚杖,大头径三分二厘,小头二分二厘;常行杖,大头二分七厘,小头一分七厘;笞杖,大头二分,小头一分半。其决笞者,腿、臀分受;决杖者,背、腿、臀分受,须数等;拷讯者亦同。笞以下,愿背、腿均受者,听。即殿庭决者,皆背受。"③而州县官吏不按此规定行刑,另制作粗杖等导致犯人死亡,节度观察使可上奏弹劾。

4. 穆宗《南郊改元德音》曰:

> 天下两税外,不得别有差率,刺史若违越,委观察

---

① 唐德宗:《南郊赦文》,《全唐文》卷55,第588页。
② 常衮:《大历四年大赦天下制》,《全唐文》卷415,第4246—4247页。
③ 《唐令拾遗》,第727页。

使举奏；观察使或有事乖格敕，刺史不得接受，已有前敕，宜重申明。仍委御史台严加访察，不得妄称供应及军府煸迫。……其诸道年终，亦宜准承前勒停。如刺史于留州数内，妄有减削，非法破用者，委观察使风闻按举，必当重加科贬，以诫列职。①

敕文中要求节度观察使对有犯赃、不称职、使用酷刑、私自增加赋税或征发赋税徭役不公平、举荐不当等犯罪行为的官吏进行弹劾，涉及范围极广。

在司法实践中，节度观察使对州县长官、属官的弹劾大多得到了朝廷批准。例如，曹王明的后人李皋上元年间为衡州刺史时被观察使弹劾，"诏授衡州刺史，为观察使谩劾，贬潮州"②。德宗贞元年间，《旧唐书》称朝廷对节度观察使的弹章不经过审核就按其意思降黜僚佐，"初，贞元中藩帅诬奏从事者，皆不验理，便行降黜"③。我们试举几个典型案例说明。

其一为于頔弹劾邓州刺史元洪和判官薛正伦的案件。于頔为襄州刺史、山南东道节度观察使，弹劾下属邓州刺史和僚佐，均获得朝廷批准。"邓州刺史元洪，頔诬以赃罪奏闻，朝旨不得已为流端州，命中使监焉。至隋州枣阳县，頔命部

---

① 唐穆宗：《南郊改元德音》，《全唐文》卷 66，第 703—704 页。
② 《新唐书》卷 80《太宗诸子》，第 3580 页。
③ 《旧唐书》卷 154《孔戣传》，第 4097 页。

将领士卒数百人劫洪至襄州，拘留之。中使奔归京师，德宗怒，笞之数十。頔又表洪其责太重，复降中使景忠信宣旨慰谕，遂除洪吉州长史，然后洪获赴谪所。又怒判官薛正伦，奏贬峡州长史。及敕下，頔怒已解，复奏请为判官，德宗皆从之。"①

其二为陈许节度使曲环弹劾从事赵博宣的案件。"（赵涓）子博宣，登进士第，文章俊拔，性率多酒。陈许节度使曲环辟为从事，宾筵之间，多所忽略，环不能容。朝廷方讨淮、蔡，环诬奏博宣受吴少诚赂为反间，又妄说国家休咎，扇惑军情。时博宣权知舞阳县事，诏令环决杖四十，流于康州，人皆以为枉。"②

唐代中后期，节度观察使对其僚佐和州县官吏的弹劾，是代表朝廷行使司法监察权的体现。但是，安史之乱后随着中央对地方控制权的减弱，节度观察使弹劾州县官吏逐渐成为控制地方司法事务的手段。

二、停止犯罪官员职务、收禁犯罪官员

敦煌文书 P.2942 判文《张瓛诈称节度使》有"仍所在收禁讫报"之语，意为先关押张瓛后报告；判文《伊西庭留后周逸勾突厥杀使主、兼矫河已西副元帅》有"当日停务"之

---

① 《旧唐书》卷 156《于頔传》，第 4130 页。
② 《旧唐书》卷 137《赵博宣传》，第 3761 页。

语,即为当天停止职务。停职和关押犯罪官员是进行推问的前提条件,是节度观察使行使司法权的重要内容。

唐初刺史被代替或停职均降"鱼书"。《新唐书·杨绾传》称:"旧制,刺史被代若别追,皆降鱼书,乃得去。开元时,置诸道采访使,得专停刺史,威柄外移,渐不可久。"①开元末玄宗置诸道采访处置使时,才允许使职专停刺史务。②肃宗乾元元年(758),废采访处置使,改置观察处置使,观察使继承了这种停止刺史职务的权力。直到代宗时,才规定使职有权直接停止刺史、长史等重要官员的职务,收禁(关押)推问需要"降鱼书"方可执行。《唐会要·都督刺史已下杂录》载:"永泰二年(766)九月二十二日(敕),诸府刺史、都护、大都督府长史有犯者,自今已后,降鱼书停务讫,然后推勘闻奏。如未降鱼书,不在推限。"③代宗时期要求朝廷降鱼书才能停止刺史职务,实际上是对节度观察使权力的限制。

但是,在司法实践中并未严格执行这一要求,特别是在安史之乱后中央政府对地方的控制力下降、节度观察使权力不断扩大的背景下,节度观察使不待朝廷降鱼书即停刺史

---

① 《新唐书》卷142《杨绾传》,第4665页。
② 《唐会要》卷78《采访处置使》,第1421页。该条记载:"大历十二年(777)五月,中书门下奏:开元末,置诸道采访处置使,许其专停刺史务,废置由己。"
③ 《唐会要》卷69《都督刺史已下杂录》,第1214页。

职务、关押重要官员,竟到"鱼书皆废"的地步,以至于朝廷多次下诏要求节度观察使不得擅停刺史职务和推问。《唐会要》记载:"大历十二年五月十日敕:诸州刺史替代,及别追,皆降鱼书,然后离任。无事不得辄追赴使及出境。刺史有故阙,使司不得差摄,但令上佐知州事。从宰相常衮奏也。"①该条敕令要求刺史离任均应由朝廷降鱼书才能执行;并要求在刺史有缺时,节度观察使不得派人兼摄,而应该由本州的上佐担任。德宗时期因地方节度观察使权力的进一步加强,出现了"鱼书皆废",刺史由节度观察使随意停职的情况。"贞元三年十月,敕:刺史停务,则降鱼书。先是,此制自广德已后,多不施行。又节将怙权,刺史悉由其令,鱼书皆废。"②唐代中后期朝廷与地方节度观察使在停刺史职务方面的权力斗争,集中反映在是否"降鱼书"上。张达志反对把唐代后期的藩镇视为州之上的一级地方行政建制,州直接向朝廷负责。朝廷、藩镇、州实际上是一种奇特的三角关系,而非三级制。③笔者认为至少在唐玄宗后期至德宗贞元年间,这种所谓"三角关系"是不成立的。这是因为,最

---

① 《唐会要》卷69《都督刺史已下杂录》,第1214页。

② 《唐会要》卷69《都督刺史已下杂录》,第1214页。又见《旧唐书》卷12《德宗上》记载:"(贞元三年)是月(十月),复降鱼书停刺史务。"(第358页)

③ 张达志:《唐代后期藩镇与州之关系研究》,北京:中国社会科学出版社,2011年,第52—53页。

第四章 唐代中后期节度观察使的司法权及其运作

初设置节度使和采访处置使，仅作为朝廷监察和控制地方的手段，并没有限制使职的权力，反倒努力加强其权力，以便能够对地方州县予以控制。安史之乱后至德宗贞元初年，全国处于军事斗争不断的情况下，朝廷还是增强节度观察使的军事能力，以维护其统治。例如，P.2942 的《张瓌诈称节度使》《伊西庭留后周逸勾突厥杀使主、兼矫河已西副元帅》反映出，尽管在此前一年（永泰二年）已下诏规定刺史、都护、大都督府长史停务和推问应降鱼书，但在大历元年处于战争状态的河西地区，节度观察使仍先采取了对犯罪刺史和节度留后进行停务、推勘再上奏朝廷的措施。应是直到宪宗时期，浙西节度使李锜反叛等事件发生后，朝廷才加强州的权力，以对节度观察使形成制衡，此可印证张达志的说法，即"刺史除授、停务、替代、别追、离任等一系列相关步骤，都必须由朝廷降鱼书，尽最大可能与藩镇争夺对属州的控制权"[①]。

对别驾、县令、录事参军一类地位低于刺史的官员，节度观察使可以直接关押并停其职务。大历六年（771）四月，代宗诏曰：

> 自今后别驾、县令、录事参军有犯赃私，并暗弱老耄疾患不称所职、户口流散者，并委观察节度等使与本

---

① 张达志：《唐代后期藩镇与州之关系研究》，第54页。

> 州刺史计会访察，闻奏与替。其犯赃私者便禁身，推问具状闻奏。其疾患者准式解所职。老耄暗弱及无赃私才不称职者，量资考改与员外官。余官准前后敕处分。其刺史不能觉察，观察节度使具刺史名品闻奏。如观察节度管内不能勾当，郎官、御史出入访察闻奏。①

该诏令规定，节度观察使、州刺史有权对下属州县的别驾、县令、录事参军犯罪及不称职行为进行访察，可对其禁身推问，并解其职。

三、参与判决和审覆地方司法案件

P.2942 所载的判文中，有民事、行政、刑事三类案件，名义上均由河西节度观察使审理、判决案件时所作。但这种判决权往往交由判官、推官、从事等僚佐和属吏执行，节度观察使直接审理案件的例子较少，仅见于个别长于吏治、能够断案的官员。《新唐书·沈传师传》记载："宝历二年，入拜尚书右丞。复出江西观察使，徙宣州。传师于吏治明，吏不敢罔。慎重刑法，每断狱，召幕府平处，轻重尽合乃论决。"②

五代时，后唐明确规定观察使对下属州的案件和其他文

---

① 《册府元龟》卷 155《帝王部·督吏》，第 1879 页。
② 《新唐书》卷 145《沈传师传》，第 4541 页。

书进行审核,《五代会要》记载了天成四年(929)的一道敕文,曰:"刺史既为属郡,不可自专,按牍既成,须申廉使,余依所奏。"① 廉使,即观察使的别称。该敕文要求刺史完成案牍后,上报观察使进行审核。

四、对使府僚佐及州县官吏执行刑罚

前引 P.2942《瓜州别驾杨颜犯罪,出斛斗三百石赎罪》《故沙州刺史王怀亮擅破官物、充使料,征半放半》反映节度观察使对所属州县官吏的处罚权——以变通律令的方式罚粮或财物赎罪。理论上,唐代官员对下属只能处以鞭笞一类的轻刑作为行政处罚,霍存福认为:"唐代适用于官吏的笞杖刑,具有传统官刑所具有的明显的行政处罚性质。"② 但在司法实践中,节度观察使对下属官吏甚至有杖杀等处罚行为,且朝廷往往不予追究,或处以罚俸一类的轻微惩戒。例如,严武在上元二年(761)至宝应元年(762)担任剑南西川观察使时,对僚佐和州县官吏的处罚极为严厉,曾杖杀属州刺史,"梓州刺史章彝初为武判官,及是小不副意,赴成都杖杀之"③。柳仲郢为剑南东川节度使时,也曾杀属吏孔目官,"大中年,转梓州刺史、剑南东川节度使。孔目吏边章

---

① 李嗣源:《刑狱申廉使》,《全唐文补编》卷 96,第 1183 页。
② 霍存福:《唐代官刑论》,《吉林大学社会科学学报》1989 年第 5 期。
③ 《旧唐书》卷 117《严武传》,第 3396 页。

简者，以货交近幸，前后廉使无如之何。仲郢因事决杀，部内肃然"①。节度使柳仲郢决杀孔目吏章简，树立了威信，故部内肃然。

第三节　唐代后期节度观察使的司法僚佐及其职掌

节度观察使的僚佐有文职和武职之分，文职僚佐有副使、判官、掌书记、推官、从事等，武职僚佐有行军司马、押衙、兵马使等。严耕望先生在《唐代方镇使府僚佐考》一文中对方镇僚佐的职掌做了逐一考证，认为推官"掌推勾狱讼"②。张国刚也认为观察使的"推官掌推鞫狱讼"③。赖瑞和则认为推官不应只限于"推勾狱讼之职"，而是一种高于巡官的事务官，可执行府主委派的任何事务。④大部分学者认为节度观察使的司法僚佐为推官，或称衙推。P.2942 的判文显示，绝非只有推官掌管司法，判官、从事等僚佐也参与了司法活动。在特殊情况下，武职僚佐诸如兵马使也可参与。

---

①　《旧唐书》卷 190《柳仲郢传》，第 4306 页。
②　严耕望：《唐代方镇使府僚佐考》，原刊于《新亚学报》第 7 卷第 2 期，收入《严耕望史学论文集》，上海：上海古籍出版社，2009 年，第 431 页。
③　张国刚：《唐代官制》，第 131 页。
④　赖瑞和：《唐代基层文官》，北京：中华书局，2008 年，第 256 页。

第四章　唐代中后期节度观察使的司法权及其运作

P.2942所载的司法案例为我们展示了更加丰富的唐代道一级地方司法运作情况。

P.2942《张璟诈称节度使》中,河西节度观察使派出的审案僚佐却是判官和关东兵马使,"牒张判官与关东兵马使对推问得实状具申、仍所在收禁讫报。"《伊西庭留后周逸勾突厥杀使主、兼矫河已西副元帅》中,是观察使和行军司马做出的判决,"某谬司观察,忝迹行军"。因此,河西节度观察使可参与司法事务的僚佐有判官、兵马使、行军司马三类。考详《旧唐书》《新唐书》《全唐文》《唐代墓志汇编》等史料的记载,节度观察使参与司法审判的文职僚佐有判官、推官、从事,武职僚佐有行军司马、兵马使、亲事将等,最常见的是判官。

一、唐代方镇判官的设置与司法执掌

判官是使府中最为重要的僚佐,所任广泛,唐代中后期节度、观察、经略等使均设有二员以上的判官。严耕望先生将唐代的判官分为"广义的判官"和"狭义的判官"①,张国刚也认为节度使的判官有时泛指所有幕职,专称判官有两人,"掌判仓、兵、骑、胄四曹事"②。赖瑞和在《唐代中层文官》中把"狭义的判官"分为五类,方镇判官是其中一

---

① 严耕望:《唐代方镇使府僚佐考》,《严耕望史学论文集》,第414页。
② 张国刚:《唐代官制》,第131页。

类，属于使府中比较高级的僚佐，本身无品秩，照例带京官或御史台的头衔，即所谓"朝衔"和"宪衔"，并认为唐代判官是一种执行事务的官员，而不仅是文义层面审判案件的官员。① 近年来，有学者注意到唐代中后期的判官具有司法权。杜文玉《论唐五代藩镇使府内部的监察体制》对两使判官的监察职能做了重点考察，认为"两使判官在使府中地位颇高，地位仅次于副使，但实际权力却高于副使"，负有监察吏治、考课下属官吏、监察司法审判、财税及其他方面的监察之责。②

景云二年（711）设节度使开始，已有节度判官之名，但初期的判官为节度使佐官，方镇判官应出现在道成为一级地方行政机构之后。宁志新认为，经过肃宗、代宗、德宗三朝的发展，形成了以观察使为中心的地方行政管理系统。③ 郭锋认为，在乾元至大历时期，受战争影响，朝廷加强了观察使、节度使等使府长官在地方行政管理方面的作用，同时强化了道一级建制的制度建设，使之行政实体化。④ 在道一级行政机构稳定后，掌管官吏考课、财税、司法等职权也随

---

① 赖瑞和：《唐代中层文官》，第440页。
② 杜文玉：《论唐五代藩镇使府内部的监察体制》，《文史哲》2014年第5期。
③ 宁志新：《唐朝使职若干问题研究》，《历史研究》1999年第2期。
④ 郭锋：《唐代道制改革与三级制地方行政体制的形成》，《历史研究》2002年第6期。

第四章 唐代中后期节度观察使的司法权及其运作

之制度化，节度观察使需要更多的僚佐来协助管理，并让其分掌不同职能。方镇判官的员额随之增加，名称也增多至数种，包括节度判官、观察判官、营田判官、转运判官、支度判官、军事判官、奏事判官、兵马判官等。现藏于徐州博物馆的《使院新修石幢记》留下了元和年间的淮南节度观察使僚佐的成员名单。该碑刻于元和十二年（817），题名除了节度观察使李愿，还包括节度副使、行军司马、营田副使、判官、节度参谋、节度掌书记、观察推官、巡官等僚佐。其中判官有五人，分别为："节度判官谭藩，观察判官□□寮，支度判官□□□，营田判官何授、郭行余。"① 2009年在广州市昌岗路广医二院工地发现的唐墓也出土了一方刻有"吴永判官"的砚台。② 至晚唐五代，方镇判官之间也形成了地位的级差，两使判官（节度使判官、观察使判官）地位高于其他判官。严耕望、张国刚等学者多采用《通典》所记载的"判官二人"之说，则是开元年间边镇节度使或统军节度使

---

① 郭崇殿：《唐徐州〈使院新修石幢记〉考》，《徐州师范学院学报（哲学社会科学版）》1988年第4期。该文对碑的全文进行了释读，并对题名人的事迹进行了考证。

② 该砚图片由广州市文物考古研究院易西兵研究员提供，谨表谢忱。广州市文物考古研究所（广州市文物考古研究院前身）于2009年12月在广州市海珠区昌岗路广医二院工地发现一座唐墓，墓穴为砖构，呈长方形，单穴，长2.8米、宽0.76米、深约0.2米，随葬明器有滑石猪、滑石握手、端石质箕形砚及黄釉陶罐等。其中箕形砚背刻有"吴永判官"四字，推断该墓墓主为吴永，是唐代中晚期的墓。

所聘用判官的情况。

开元年间,采访处置使的判官已成为重要的司法僚佐,参与案件审判工作。《旧唐书·韦元甫传》记载:"韦元甫……本道采访使韦陟深器之,奏充支使,与同幕判官员锡齐名。元甫精于简牍,锡详于讯覆,陟推诚待之,时谓'员推韦状'。"① 宣宗时期,因判官多带监察御史、殿中侍御史等"宪衔",宰相魏謩上奏要求判官接收案件,梳理地方狱政,避免冤滞。② 节度观察使判官参与案件审判的案例不少,例如,《旧唐书·吴汝纳传》记载:"李绅令观察判官魏铏鞫之,赃状明白,伏法。"③ 又如,穆员在担任东都留守、东畿观察使杜亚判官时,参加案件的审判工作,并由于不符合杜亚之意而被斥出幕。《旧唐书·令狐运传》记载:"运为东都留守将,逐贼出郊,其日有劫转运绢于道者,杜亚以运豪家子,意其为之,乃令判官穆员及从事张弘靖同鞫其事。员与弘靖皆以运职在牙门,必不为盗,抗请不按。亚不听,而怒斥逐员等,令亲事将武金鞫之。"④ 在唐代笔记小说中也有节度观察使判官参与司法审判的记载。《独异志》记赵云之弟为观察使判官,代其出按州狱,"唐元和初,有天水赵

---

① 《旧唐书》卷115《韦元甫传》,第3376页。
② 魏謩:《请令判官推劾诉事奏》,《全唐文》卷766,第7963页。
③ 《旧唐书》卷173《吴汝纳传》,第4501页。
④ 《旧唐书》卷124《令狐运传》,第3531页。

第四章 唐代中后期节度观察使的司法权及其运作

云……弟为御史（按：观察使判官带宪衔），出按灵州狱，云以前事密疏示之，其弟告于观察使李铦，由是发卒讨寻，尽得奸人而覆灭其党"①。

对司法案件审覆工作的成效，是考核节度观察使判官的标准之一。《全唐文》辑录了王丛敬的《授陈山庆监察御史制》，曰：

> 敕："宣议郎行大理评事摄监察御史河西节度采访处置使判官陈山庆，植性方雅，从事公勤，评刑有钦恤之名，摄职著军州之效。任惟执宪，寄以佐边，此焉择才，伫闻成绩，可监察御史。"②

陈山庆由节度使判官摄监察御史真授监察御史，其理由之一就是任职期间"评刑有钦恤之名"，可见节度使判官的重要职能就是对刑狱案件进行审核。

判官也可代表节度观察使至州县督查赋税、检查狱政情况、审理案件。《旧唐书·阳城传》记载："观察使遣判官督其赋，至州，怪城不出迎，以问州吏。吏曰：'刺史闻判官来，以为有罪，自囚于狱，不敢出。'判官大惊，驰入谒

---

① 〔唐〕李冗撰，萧逸校点：《独异志》，《唐五代笔记小说大观》，第914—915页。
② 王从敬：《授陈山庆监察御史制》，《全唐文》卷354，第3587页。

城于狱,曰:'使君何罪!某奉命来候安否耳。'留一二日未去,城因不复归馆;门外有故门扇横地,城昼夜坐卧其上,判官不自安,辞去。其后又遣他判官往按之,他判官义不欲按,乃载妻子行,中道而自逸。"①

到五代时期,由节度观察使判官审覆州县案件成为固定的司法程序。《五代会要》记载:

> 其年[后唐同光三年(925)]闰十二月二十五日,大理少卿魏逊奏:此后伏请指挥天下州县应所禁囚徒,不许州县厢边,大小刑狱,委观察使刺史慎选清强判官一员于本厅每月二十六日,两衙引问明置狱,状细述事端,大则尽理推寻,小则立限决。遣其外县镇禁人三日外,具事节申本州府,仍勘问指挥,奉敕宜依。②

大理寺奏每月二十六日由观察使或刺史选择一名判官在观察使厅对监禁的犯人进行审问,按案件的大小进行处理,小的案件直接判决,大案件需推问清楚事实,应不是当场判决,还需上报观察使甚至朝廷判决。《宋刑统》记录了后唐时期的一则敕文,规定观察使、防御团练使判官对案件判决后的囚犯进行录问,"诸道州府凡有推鞫囚狱,案成后,逐处委

---

① 《旧唐书》卷192《阳城传》,第5134页。
② 《五代会要》卷10《刑法杂录》,第159页。

观察、防御团练使判官,引所勘囚人面前录问,如有异同,即移司别勘"①。观察使判官对已经判决的囚犯进行录问,是一种比较特殊的案件审覆方式,若囚犯所言与案卷不同,即可重审,这样可减少冤案的发生。该敕文也反映了五代时期判官审覆、虑囚的司法权比唐代中后期有所扩展,已经从对案卷的审察发展到对囚犯的录问。

二、节度观察使其他僚佐与司法运作

(一)推官

推官是节度观察使府中处理事务的基层官员。严耕望先生认为"推官乃推勾狱讼之职"。赖瑞和认为:"推官是比巡官高一级的执行事务官,职掌和巡官一样多样化,可能执行府主委派的任何职务,非仅审理狱案一项。"②推官应为节度观察使府中基层的司法僚佐,且常带大理评事之职。但或许推官官职较低,史书中记载比较少,多见于墓志。郑涵《崔稃合祔墓志》载:"相国于公坐棠而赋政,分陕以按俗……引为府推官,小大之狱,重轻之典,操刀必割,迎刃斯解。大革冤滞,默销繁苛。"③权德舆《鄜坊节度推官大理评事

---

① 《宋刑统》卷29,第544页;又见李嗣源:《州府连状勘囚敕》,《全唐文补编》卷96,第1181—1182页。
② 赖瑞和:《唐代基层文官》,第255页。
③ 周绍良主编,赵超副主编:《唐代墓志汇编》,上海:上海古籍出版社,1992年,第2019页。

唐君墓志》记叙了唐君受聘担任推官负责军队诉讼的事情:"故人彭城刘景通受天子推毂之重,镇于洛郊,辟书既至,命书继下,以廷尉评事理军讼。"①"廷尉"是借用汉代司法官员之名,代指唐君节度推官兼大理评事的身份,负责审理与军队相关的诉讼案件。刘景通,即刘公济,《旧唐书·德宗下》载:"[贞元十八年(802)]十一月丙辰,以同州刺史刘公济为鄜州刺史、鄜坊丹延节度使。"②

(二)从事

从事是节度观察使府中基层的僚佐,也常参与司法案件的审理工作。例如,《旧唐书·张弘靖传》记载了张弘靖以东都留守从事的身份参加令狐运案件的审理,"东都留守杜亚辟为从事……乃令判官穆员及弘靖同鞫其事。……乃斥员及弘靖出幕府"③。又如,袁滋以使府从事的身份为人雪冤狱,"何士干镇武昌,辟为从事,累官詹事府司直。部有邑长,下吏诬以盗金,滋察其冤,竟出之"④。出于行使司法权的需要,观察使也常常聘任有担任县尉、州司法参军经验,具有断狱才能的官员为使府从事,杜佑就曾因能决疑狱而被浙西观察使聘为从事。《旧唐书》记载:

---

① 权德舆:《鄜坊节度推官大理评事唐君墓志》,《文苑英华》卷956,第5028页。
② 《旧唐书》卷13《德宗下》,第397页。
③ 《旧唐书》卷129《张弘靖传》,第3610页。
④ 《旧唐书》卷185《袁滋传》,第4830页。

第四章 唐代中后期节度观察使的司法权及其运作

他日，元甫视事，有疑狱不能决，佑时在旁，元甫试讯于佑，佑口对响应，皆得其要，元甫奇之，乃奏为司法参军。元甫为浙西观察、淮南节度，皆辟为从事，深所委信。①

节度观察使府僚佐的仕途往往和使主的连在一起，使主改移，则僚佐可能失去官职，但一些擅长决狱的僚佐能继续获得聘任。李士举因能决疑狱，在浙西观察使韩滉使府中担任从事多年，又被接任的王纬聘为判官。"太原王公（按：指王纬，贞元三年至贞元十四年担任浙西观察使。）廉察之七年，署监察御史李公士举为观察判官。公从事浙右十有余年，能事备乎游童，光烈灼乎简书。始从韩公（按：即韩滉，大历十四年至贞元三年担任浙西观察使。）多辩疑狱，多释冤囚，疑似得昭，纠纷得宁，四方翕然，籍甚于公。"②"疑似得昭"或指刑事案件，"纠纷得宁"或指民事案件，说明观察从事对刑事案件和民事案件可能均有参与审判的职权。李士举在韩滉使府担任从事，在推按刑狱方面具有才能；后在王纬担任浙西观察使期间升为判官，所带宪职为殿中侍御史。其事又见于崔备《壁书飞白萧字记》，该文称

---

① 《旧唐书》卷147《杜佑传》，第3978页。
② 李观：《浙西观察使判官厅壁记》，《文苑英华》卷803，第4244—4245页。

"时故殿中李侍御士举为部从事"①。颜真卿所撰《京兆尹御史中丞梓遂杭三州刺史剑南东川节度使杜公神道碑铭》记述了杜济的早期仕宦经历,其文曰:

> 早岁以寝郎从调,书判超等,为李吏部彭年所赏,补梁州南郑主簿。州主司马垂为山南西道采访使,引在幕下。俄丁内艰,终制,转许州长社尉。杨光翙都督陇西,奏公为法曹;皇甫侁采访江西,奏公为推官,授大理司直,摄殿中侍御史,赐绯鱼袋。②

杜济从南郑县主簿转任长社县尉,再转为陇西法曹。皇甫侁聘杜济为江西观察使推官,与其从事县尉、法曹参军的仕宦经历或有关系。杜济在担任推官期间,还先后得到大理司直和殿中侍御史的兼官。

除了判官、推官、从事,还有其他如兵马使等僚佐是受观察使指派参与审判案件的。兵马使,见前引法藏敦煌文书P.2942《张璟诈称节度使》,"牒张判官与关东兵马使对推问得实状具申、仍所在收禁讫报",关东兵马使参与推按工作,应与兵马调动有关。

亲事将,见前引《旧唐书·令狐运传》,"亚不听,而怒

---

① 崔备:《壁书飞白萧字记》,《全唐文》卷544,第5521页。
② 颜真卿:《京兆尹御史中丞梓遂杭三州刺史剑南东川节度使杜公神道碑铭》,《全唐文》卷344,第3489页。

第四章 唐代中后期节度观察使的司法权及其运作

斥逐员等，令亲事将武金鞫之。金笞棰运从者十余人，一人笞死，九人不胜考掠自诬，竟无赃状"①。

另外，州县官吏也可能为节度观察使所差遣调用，参与司法案件的审理。德宗贞元二年（786），还专门发布了一道敕令，其文曰："贞元二年五月十九日敕：州县剧务，不可缺人。自今已后，诸司诸使，不得差两府判司畿赤官出界勾当事。如有借其才能，奏请改官任使者，不在此限。"②该敕令说明诸司诸使差遣两府判司和畿赤官出界勾当事是常见的现象，以致产生州县缺人的情况，故下令禁止。

结　论

法藏敦煌文书 P.2942《河西节度观察使判牒集》记录了中唐时期河西节度观察使行使司法权的情况，其内容包括赋税征发、兵马调动、官员任命、犯罪官员处罚等方面。唐代中期的道制改革，使节度观察使成为地方行政长官并拥有司法权，是唐代司法运作变革的重要内容。《河西节度观察使判牒集》所载河西节度观察使的司法活动正是这种变革的反映。

唐代中后期，节度观察使在司法方面拥有弹劾州县官吏及僚佐，停止犯罪官员职务、收禁（关押）犯罪官员，参与判决和审覆司法案件，对僚佐及州县官吏执行刑罚等司法权

---

① 《旧唐书》卷 124《令狐运传》，第 3531 页。
② 《唐会要》卷 69《丞簿尉》，第 1223 页。

力，并通过使府中的判官、推官、从事等僚佐行使司法权。唐代后期节度观察使的僚佐从聘任逐渐转向固定担任，到五代时期，节度判官和观察判官并称为"两使判官"，承担了对州县司法案件的审覆工作。这种官制的变革，是适应唐代后期道—州—县三级地方制度发展的需要，也是中古时期国家运作法制化所带来的司法官吏专业化需求的反映。

第五章 唐代中后期度支盐铁转运使的司法权及其运作

唐代中后期,以度支使、盐铁使、转运使为中心建立了财税管理系统,主掌赋税征收与运输、财政、盐政等事务,并拥有了一定的司法权。这种司法权包括对地方政府的监察权,也有针对本系统官吏,盐户、盐商等工商业参与群体的管辖权,以及贩卖私盐等特别犯罪的司法管辖。

20世纪70年代开始,日本学者高桥继男先后发表了《唐后半期度支使盐铁转运使系统巡院的设置》《唐代后半期巡院的地方行政监察业务》等文[①],认为巡院具有监察包括财政在内的全部地方行政事务的职能,藩镇行政机构更是监察的重点。笔者认为监察职能只是监院、巡院的附带司法职能,其更为重要的司法工作是管辖本系统的官吏、工商业者、匠户等,禁绝私盐、采矿、私铸钱等非法行为。除禁止私铸钱外,唐代中后期出台了禁止私盐、采矿、私酿酒、私贩茶等大量新的法令,并主要由度支盐铁转运使及其下属机

---

① 参见刘俊文主编:《日本中青年学者论中国史(六朝隋唐卷)》,上海:上海古籍出版社,1995年。

构执行，或者由其监督地方州县执行，度支盐铁转运使的司法职能范围愈加扩大。

第一节　唐代中后期新出财税法律及财税系统司法权的扩张

唐代后期制定了许多财税、盐政、茶酒等方面的政策，其中大部分是主要由度支盐铁转运使执行的刑事特别法。《通典》、两《唐书·食货志》、《唐会要》等典籍对度支盐铁转运使的记载以历史沿革为主，也有与刑律相关的敕令，但是比较分散，有必要进行分类辑录，作为我们讨论度支盐铁使系统司法职权的法律条文基础。

一、漕运、仓库管理方面的刑律

仓库管理是度支使、转运使的重要工作职责，相关刑律主要集中在唐律的厩库律中。而唐代中后期的多处新设漕运、转运粮仓，以及盐场、仓库等，亦有以敕令形式发布的新规定。

1. 颁布时间：永徽二年（651）。

资料出处：《唐律疏议·厩库》。

条文内容：诸有人从库藏出，防卫主司应搜检而不搜检笞二十，以故致盗不觉者减盗者罪二等，若夜持时不觉盗减三等。主守不觉盗者，五匹笞二十，十匹加一等，过杖一百，二十匹加一等，罪止徒二年。故纵者各与同罪。即故纵赃满五十匹加役流，一百匹绞。若被强盗者，各勿论。

按：此段属于《唐律疏议·厩库》"库藏失盗"条。唐代前期仓库多由户部管辖，安史之乱后转由财税系统管理，京师诸仓库、设在地方的中央仓库分由度支、户部、盐铁转运三使及其下属机构管理。

2. 颁布时间：元和十五年（820）。

资料出处：《册府元龟·刑法部·定律令第四》。

条文内容：当使监院场官及专知纳给并吏人等有负犯合结罪者，官吏犯赃，监临主守同罪及不能觉察者，准名例条科处。

按：该条为穆宗即位当年盐铁使柳公绰所奏。

原文为：

> 穆宗以元和十五年正月即位，闰正月盐铁使柳公绰奏："当使监院场官及专知纳给并吏人等有负犯合结罪者，比依推问闻奏，只罪本犯所由，其监临主守都无科处，伏请从今举《名例律》，每有官吏犯赃，监临主守同罪及不能觉察者，并请准条科处所冀刑章具举贪吏革心。"从之。①

度支盐铁转运系统的官员因理财税事宜，犯赃罪相对较多，但

---

① 《册府元龟》卷612《刑法部·定律令第四》，第7352页。

处罚却较轻,不连坐直属主官。元和年间柳公绰任盐铁使后对此进行了改革,要求监临主守官员对下属官吏的犯罪行为负有连带责任。《唐律疏议·名例》"称监临主守"条规定:

> 诸称"监临"者,统摄案验为监临。谓州、县、镇、戍、折冲府等,判官以上,各于所部之内,总为监临。自余,唯据临统本司及有所案验者。即临统其身而不管家口者,奸及取财亦同监临之例。称"主守"者,躬亲保典为主守。虽职非统典,临时监主亦是。【疏】议曰:"主守",谓行案典吏,专主掌其事及守当仓库、狱囚、杂物之类。其职非统典者,谓非管摄之司,临时被遣监主者,亦是。①

地方行政长官、军队主官一般称监临;审理案件,管理仓库、监狱等物的主官一般称主守。各律文中常见连坐之条,下属犯罪,监临和主守一般减三等科罪。但从柳公绰的奏文来看,度支盐铁转运系统主管的监院、巡院、场、仓的官员很少被连坐,只对犯罪官吏本人进行刑罚。

3. 颁布时间:会昌元年(841)正月。

资料出处:《册府元龟·刑法部·定律令第四》。

条文内容:度支盐铁户部等司官吏及行纲脚家等,如隐使官钱计赃至三十匹,并处极法,除估纳家产外,并不使征

---

① 《唐律疏议》卷6《名例·称监临主守》,第139—140页。

第五章 唐代中后期度支盐铁转运使的司法权及其运作

纳,其取受赃亦准此。

原文为:

> 会昌元年正月诏曰:"朝廷典刑,理当画一。官吏赃坐,不宜有殊,内外文武官犯入已赃绢三十匹,尽处极法,惟盐铁度支户部等司官吏,破使物数虽多,只遣填纳,盗使之罪,一切不论,所以天下官钱悉为应在奸吏,赃污多则转安。此弊最深,切要杜塞,自今以后,度支盐铁户部等司官吏及行纲脚家等如隐使官钱计赃至三十匹,并处极法,除估纳家产外,并不使征纳,其取受赃,亦准此一条。"从盐铁使柳公绰所奏也。①

这条诏令反映出会昌以前财税系统官吏的特权:盐铁、度支、户部等司官吏破用官物等犯罪行为,并不和其他官员一样按照赃罪处理,仅需要填纳(补交)即可。唐代前期的法律对官财物的管理非常严格,《唐律疏议》"财物应入官私"条规定:"诸财物应入官私而不入,不应入官私而入者,坐赃论。"②另外还有对主守官吏借贷官物、放散官物等行为均按坐赃罪或减赃罪二等处理等规定。柳公绰上奏要求刑名划

---

① 《册府元龟》卷612《刑法部·定律令第四》,第7355—7356页。

② 《唐律疏议》卷15《厩库·财物应入官私》,第292页。

一，对破用官物的盐铁、度支、户部等司官吏按赃罪处理。

4. 颁布时间：大中三年（849）六月。

资料出处：《旧唐书·宣宗纪》。

条文内容：诸司场院官，凡隐盗欠负，如官典犯赃例处分。纵逢恩赦，不在免限。

原文为：

> 户部侍郎，兼御史大夫、判度支崔龟从奏："应诸司场院官请却官本钱后，或有欺隐欠负，征理须足，不得苟从恩荡，以求放免。今后凡隐盗欠负，请如官典犯赃例处分。纵逢恩赦，不在免限。"从之。①

崔龟从在大中年间担任度支使后，奏请对官本钱的征收不得放免。唐代恩赦多有放免官钱的规定，例如，元稹所撰《长庆元年册尊号赦》云："京畿诸县及度支盐铁户部负欠，各疏理放免。"② 崔龟从的奏疏主要是针对度支盐铁下属的各司、场、院系统的，防止官吏"隐盗欠负"。

二、与盐法有关的刑律

唐代前期没有实行盐铁的专卖制度，开元后才实施，故

---

① 《旧唐书》卷18下《宣宗纪》，第621页。
② 元稹：《长庆元年册尊号赦》，《全唐文补编》卷67，第825页。

第五章　唐代中后期度支盐铁转运使的司法权及其运作

唐律中没有相关刑律条文。与贩卖私盐等相关的禁令散见于唐代中后期颁布的敕令中，兹按年代梳理如下。

1. 颁布时间：贞元中（785—805）。

资料出处：《新唐书·食货志》。

条文内容：盗鬻两池盐一石者死。

原文为：

> 宪宗之讨淮西也，度支使皇甫镈加剑南东西两川、山南西道盐估以供军。贞元中，盗鬻两池盐一石者死，至元和中，减死流天德五城，镈奏论死如初。一斗以上杖背，没其车驴，能捕斗盐者赏千钱；节度观察使以判官、州以司录录事参军察私盐，漏一石以上罚课料；鬻两池盐者，坊市居邸主人、市侩皆论坐；盗刮碱土一斗，比盐一升。州县团保相察，比于贞元加酷矣。①

贞元年间因朱泚、朱滔叛乱，一度财政紧张。唐德宗奔走奉天时衣食供给不足，因而他对财税征收十分看重。两池榷盐收入是朝廷重要的财政来源，才颁布重刑之法以绝私盐。

2. 颁布时间：贞元十九年（803）。

资料出处：《唐会要·盐铁》。

---

① 《新唐书》卷54《食货志》，第1379—1380页。

条文内容：(贩卖私盐)一石已上者，止于决脊杖二十，征纳罚钱足。

原文为：

> 开成元年（836）闰五月七日，盐铁使奏：应犯盐人，准贞元十九年太和四年已前敕条，一石已上者，止于决脊杖二十，征纳罚钱足。于太和四年八月二十已后，前盐铁使奏，二石以上者，所犯人处死。其居停并将船容载受故（按：同雇）担盐等人，并准犯盐条问处分。近日决杀人转多，榷课不加旧。今请却依贞元旧条：其犯盐一石以上至二石者，请决脊杖二十。补充当据捉盐所由，待捉得犯盐人日放。如犯三石已上者，即是囊橐奸人，背违法禁，请决讫。待疮损痼身，牒送西北边诸州府效力。仍每季多具人数及所配去处申奏。挟持军器，与所由捍敌，方就擒者。即请准旧条，同光火贼例处分。从之。①

3. 颁布时间：元和年间（806—820）。

资料出处：《新唐书·食货志》。

条文内容：盗鬻两池盐一石者，流天德五城。

按：原文同1所引。两池，指河东道蒲州盐池，是唐代

---

① 《唐会要》卷88《盐铁》，第1606—1607页。

中央控制下最为重要的盐产地，主要供给京师，贞元年间度支设河中院管辖。

4. 颁布时间：元和年间（806—820）。

资料出处：《新唐书·食货志》。

条文内容：盗鬻两池盐一石者死。一斗以上杖背，没其车驴。鬻两池盐者，坊市居邸主人、市侩皆论坐。盗刮碱土一斗，比盐一升。

按：原文同1所引。该条出自皇甫镈所奏文，是其盐政改革的重要内容。加大了对盗卖两池盐的处罚力度，由配流改为死刑；并对坊、市的买卖者，居邸的主人实行连坐。对盗刮碱土的行为也进行处罚。

5. 颁布时间：大和四年（830）八月二十。

资料出处：《唐会要·盐铁》。

条文内容：二石以上者，所犯人处死。其居停并将舡容载受故担盐等人。并准犯盐条问处分。

按：原文同2所引。

6. 颁布时间：开成元年（836）闰五月七日。

资料出处：《唐会要·盐铁》。

条文内容：其犯盐一石以上至二石者，请决脊杖二十，补充当据捉盐所由待捉得犯盐人日放。如犯三石已上者，即是囊橐奸人，背违法禁，请决讫待疮损锢身，牒送西北边诸州府效力，仍每季多具人数及所配去处申奏。挟持军器，与所由捍敌方就擒者，即请准旧条，同光火贼例处分。

按：原文同 2 所引。

7. 颁布时间：文宗时（828—840）。

资料出处：《新唐书·食货志》。

条文内容：（奉天卤池）采灰一斗，比盐一斤论罪。

原文为：

  是时奉天卤池生水柏，以灰一斛得盐十二斤，利倍碱卤。文宗时，采灰一斗，比盐一斤论罪。①

8. 颁布时间：宣宗大中元年（847）至大中三年（849）间。

资料出处：《新唐书·食货志》。

条文内容：盗坏与鬻碱皆死，盐盗持弓矢者死。

原文为：

  宣宗即位，茶、盐之法益密，粜盐少、私盗多者，谪观察、判官，不计十犯。户部侍郎、判度支卢弘止以两池盐法敝，遣巡院官司空舆更立新法，其课倍入，迁榷盐使。以壕篱者，盐池之堤禁，有盗坏与鬻碱皆死，盐盗持弓矢者亦皆死刑。②

---

① 《新唐书》卷 54《食货志》，第 1380 页。
② 《新唐书》卷 54《食货志》，第 1380 页。

第五章　唐代中后期度支盐铁转运使的司法权及其运作

该条由卢弘正上奏颁布。据《旧唐书》记载,卢弘正大中初为户部侍郎,充盐铁转运使,至大中三年出为徐州刺史、武宁军节度使、徐泗濠观察等使。则此条不应晚于大中三年。

9. 颁布时间:大中元年(847)闰三月。

资料出处:《全唐文》,又见《册府元龟·邦计部》。

条文内容:奸人损动壕篱,及放火延烧,并有盗窃踪迹,其地界保社所繇村正居停主人等,如有自擒捉得贼,每捉得贼一人,推勘得实,所捉人当日以官中诸色见钱一十贯文充赏。如漏网及不觉察到,各决脊杖十五,推勘与贼知情,准所犯人条例处分。如是所繇及别色人等捉得,亦请准前给赏。①

原文为:

> 一曰:应捉获越界私盐,并刮碱盗两池盐贼,与劫夺犯盐囚徒头首关连人等,推勘是合抵死刑者,承前并各准元敕极法处分者。伏以本制盐法,束勒甚严,近年以来,稍加宽令。又准会昌六年五月五日敕文,灵武、振武、天德三城封部之内,皆有良田,缘无居人,遂绝耕种。自今以后,天下囚徒各处死刑、情非巨蠹者,特许全生,并家口配流。强盗、盐贼踪入界,各许本州界一月内捉贼送使,如过限不到,即是私存慢易,搜索未精。其元敕内所罚县令课科,便请准敕文牒本州府,当

---

① 《册府元龟》卷494《邦计部》,第5907页。

日据数征克送使。又弓矢射所由等，昼夜只于池内检巡。其壕篱外面，山林掩映，村栅相次，每有奸人兴心结构，必须与村人相熟，乃敢下手，若或无人勾致，即远贼不敢自来。亦缘从来未立科条，以此沿池所由，都无禀束。伏请从今后，如有奸人损动壕篱，及放火延烧，并有盗窃踪迹，其地界保社所由村正居停主人等，如有自擒捉得贼，每捉得贼一人，推勘得实，所捉人当日以官中诸色见钱一十贯文充赏。如漏网及不觉察到，并请追就便各决脊杖十五。如推勘与贼知情，即请准所犯人条例处分。如是所由及别色人等捉搦，亦请准前给赏，其馀并请各准元敕处分。①

该条的落款人为"大中元年闰三月盐铁使"。按《旧唐书·卢弘正传》的记载，卢弘正大中初为户部侍郎，充盐铁转运使，判官为司空舆，则该奏状应为卢弘正所上，所行之法则可能由两人共同创设。史载，"特立新法，仍奏舆为两池使。三年，课如加倍"②，则该法应该是得到实施的，故可列为已行刑律之列。《旧唐书·司空舆传》载司空图的父亲司空舆曾担任安邑两池榷盐使，其文曰："父舆，精吏术。大中初，户部侍郎卢弘正领盐铁，奏舆为安邑两池榷盐使、

---

① 卢弘正：《条奏盐法状》，《全唐文》卷974，第10102—10103页。

② 《旧唐书》卷163《卢弘正传》，第4271页。

检校司封郎中。先是，盐法条例疏阔，吏多犯禁；舆乃特定新法十条奏之，至今以为便。"①此可佐证《条奏盐法状》是基本得到实施的。那么，这条奏文中的刑律部分也应得到了执行。

10. 颁布时间：宣宗大中元年（847）至大中三年（849）间。

资料出处：《新唐书·食货志》。

条文内容：两池盐盗贩者，迹其居处，保、社按罪。鬻五石，市二石，亭户盗粜二石，皆死。

原文为：

> 兵部侍郎、判度支周墀又言："两池盐盗贩者，迹其居处，保、社按罪。鬻五石，市二石，亭户盗粜二石，皆死。"②

该条由兵部侍郎、判度支周墀上奏，获得批准。这条盐法增加了对保、社的连坐，加重了对买卖私盐、盐户对外私卖的处罚。据《旧唐书·宣宗纪》所载，周墀于大中元年（847）六月担任兵部侍郎、判度支，大中三年三月（849）检校刑部尚书、梓州刺史，充剑南东川节度使，则此条应在大中元

---

① 《旧唐书》卷190下《司空舆传》，第5082页。
② 《新唐书》卷54《食货志》，第1380页。

年至大中三年间颁布。

三、与榷酒、茶有关的刑律

1. 颁布时间：建中三年（782）

资料出处：《新唐书·食货志》。

条文内容：醨薄私酿者论其罪。

原文为：

> 乾元元年，京师酒贵，肃宗以禀食方屈，乃禁京城酤酒，期以麦熟如初。二年，饥，复禁酤，非光禄祭祀、燕蕃客，不御酒。广德二年，定天下酤户以月收税。建中元年，罢之。三年，复禁民酤，以佐军费，置肆酿酒，斛收直三千，州县总领，醨薄私酿者论其罪。寻以京师四方所凑，罢榷。①

肃宗乾元年间因食物缺乏而禁止卖酒。代宗广德二年（764）定收酒税之法，但未见相关刑律。德宗建中三年（782）有"醨薄私酿者论其罪"之条，对私酿酒、卖酒的行为给予刑事处罚。

2. 颁布时间：大中五年（851）至大中九年（855）。

资料出处：《新唐书·食货志》。

---

① 《新唐书》卷54《食货志》，第1381页。

条文内容：私鬻（茶）三犯皆三百斤，乃论死；长行群旅，茶虽少皆死；雇载三犯至五百斤、居舍侩保四犯至千斤者，皆死；园户私鬻百斤以上，杖背，三犯，加重徭；伐园失业者，刺史、县令以纵私盐论。

原文为：

> 大中初，盐铁转运使裴休著条约：私鬻三犯皆三百斤，乃论死；长行群旅，茶虽少皆死；雇载三犯至五百斤、居舍侩保四犯至千斤者，皆死；园户私鬻百斤以上，杖背，三犯，加重徭；伐园失业者，刺史、县令以纵私盐论。庐、寿、淮南皆加半税，私商给自首之帖，天下税茶增倍贞元。江淮茶为大摸，一斤至五十两。①

该条由盐铁转运使裴休所立。大中五年，裴休由户部侍郎兼任盐铁转运使。大中九年二月，裴休充宣武军节度使、汴宋亳颍观察处置等使，不再担任盐铁转运使。则此条应在大中五年至九年之间颁布。其惩罚对象不仅包括私贩、私运者，还有产茶的园户，以及负有管理责任的刺史、县令。

四、与禁私铸钱、恶钱等有关的刑律

禁私铸钱、恶钱的法律唐初即有，开元后相关案件才主

---

① 《新唐书》卷54《食货志》，第1382—1383页。

要由度支、盐铁使主管。

1. 颁布时间：永徽二年（651）。

资料出处：《唐律疏议·杂律》。

条文内容：诸私铸钱者，流三千里；作具已备，未铸者，徒二年；作具未备者，杖一百。【疏】议曰：私铸钱者，合流三千里。其"作具已备"，谓铸钱作具，并已周备，而未铸者，徒二年。若"作具未备"，谓有所欠少，未堪铸钱者，杖一百。若私铸金银等钱，不通时用者，不坐。若磨错成钱，令薄小，取铜以求利者，徒一年。【疏】议曰：时用之钱，厚薄大小，并依官样。辄有磨错成钱，令至薄小，而取其铜，以求利润者，徒一年。[①]

2. 颁布时间：神龙年间（705—707）。

资料出处：《神龙刑部散颁格》，敦煌文书编号 P.3078，现藏于法国巴黎国立图书馆，第40—47行。

条文内容：私铸钱人，堪当得实，先决一百，头首处尽，家资没官；从者配流，不得官当、荫赎，有官者仍除名。勾合头首及居停主人，虽不自铸，亦处尽，家资亦没官。若家人共犯罪，其家长资财并没；家长不知，坐其所由者一房资财。其铸钱处邻保处徒一年，里正、坊正各决杖一百。若有人纠告，应没家资并赏纠人。同犯自告者，免罪，依例酬赏。[②]

---

① 《唐律疏议》卷26《杂律·私铸钱》，第480页。
② 刘俊文：《敦煌吐鲁番唐代法制文书考释》，第249页。

第五章 唐代中后期度支盐铁转运使的司法权及其运作

3．颁布时间：永淳元年（682）。

资料出处：《新唐书·食货志》。

条文内容：私铸者抵死，邻、保、里、坊、村正皆从坐。①

按：永淳元年对私铸钱者的处罚重于永徽二年，由流三千里加重到死刑，并增加了邻、保、里、坊、村正的连坐之条。

4．颁布时间：永淳元年（682）。

资料出处：《通典·食货九·钱币下》。

条文内容：私铸钱造意人及句合头首者，并除绞，仍先决一百。若家人共犯，坐其家长；老疾不坐者，则罪归其以次家长。其铸钱处，邻保配徒一年；里正、坊正、村正各决六十。②

5．颁布时间：贞元十年（794）。

资料出处：《册府元龟·邦计部·钱币三》。

条文内容：如有销钱为铜者，以盗铸钱罪论。

原文为：

> 敕：今后天下铸造买卖铜器，并不须禁止，其器物每斤价值，不得过一百六十文。委所在长史及巡院同勾

---

① 《新唐书》卷54《食货四》，第1384页。
② 《通典》卷9《食货九·钱币下》，第200页。

当访察，如有销钱为铜者，以盗铸钱罪论。①

6. 颁布时间：贞元十四年（798）。

资料出处：《旧唐书·食货上》。

条文内容：应属诸军使，有犯时用钱每贯除二十文、足陌内欠钱及有铅锡钱者，决二十。

原文为：

> （贞元）十四年六月，敕："应属诸军诸使，更有犯时用钱每贯除二十文、足陌内欠钱及有铅锡钱者，宜令京兆府枷项收禁，牒报本军本使府司，差人就军及看决二十。如情状难容，复有违拒者，仍令府司闻奏。"②

此条为对在京军使下属的士兵使用欠钱、铅锡钱等非法行为的处罚规定，由京兆府关押后报本军或本使府司，处罚为决二十。其刑罚比普通人轻。

7. 颁布时间：元和八年（813）。

资料出处：《册府元龟·刑法部·议谳第三》。

条文内容：犯私铸钱，依律文及前后格敕处分，不得减死配隶天德五城。

---

① 《册府元龟》卷501《邦计部·钱币三》，第6001页。
② 《旧唐书》卷48《食货上》，第2104页；又见《册府元龟》卷501《邦计部·钱币三》，第6003页。

第五章 唐代中后期度支盐铁转运使的司法权及其运作

原文为:

> 犯十恶及故杀斗、谋劫、私铸钱、造伪并京兆界持杖强盗,不论并依律文及前后格敕处分,自余死刑即请准今敕减死配隶天德五城,有妻者仍准式勒随流,其父祖子孙欲随去者任去从之。①

该敕文规定私铸钱为重罪,比同十恶、故杀人等,不得减死配流。此前有敕文提到,死刑情非巨蠹者皆得减死配流,刑部侍郎王播奏列举之外的罪人方可减死配流天德五城。对比《唐律疏议》的规定,该敕令加重了对私铸钱犯人的处罚。

8. 颁布时间:大和三年(829)六月。

资料出处:《册府元龟·刑法部·定律令第五》,《旧唐书·食货上》。

条文内容:以铅锡钱交易者,一贯以下州府行常杖决脊杖二十,十贯以下决六十徒三年,过十贯已上集众决杀。其受铅锡交易者亦准此。

《册府元龟》原文为:

> (大和)三年六月壬申中书门下奏:"元和四年闰三月四日敕:'应有铅锡钱并合纳官,如有人纠得一钱赏百钱。'当时敕条贵在峻切,今详事实必不可行,则

---

① 《册府元龟》卷616《刑法部·议谳第三》,第7406页。

有入告一百贯锡钱须赏一万贯铜钱，执此而行，是无畔际。今请令以铅锡钱交易者，一贯以下州府行常杖决脊杖二十，十贯以下决六十徒三年，过十贯已上集众决杀。其受铅锡交易者亦准此，其铅锡钱并纳官。其能纠告者，一贯赏五千，不满贯者准此计，赏累至三百千。仍且取当处官钱给付，其所犯人罪不至死者，征纳家资充填赏钱。"可之。①

《旧唐书》原文为：

以铅锡钱交易者，一贯已下，以州府常行决脊杖二十；十贯已下，决六十，徒三年；过十贯已上，所在集众决杀。其受铅锡钱交易者，亦准此处分。其用铅锡钱，仍纳官。其能纠告者，每一贯赏五千文，不满贯者，准此计赏，累至三百千，仍且取当处官钱给付。其所犯人罪不死者，征纳家资，充填赏钱。②

9. 颁布时间：神龙之前。
资料出处：《宋刑统·杂律》。
条文内容：私铸钱及造意人，及勾当头首者，并处绞，仍先决杖一百；从及居停主人，加役流，仍先各决六十。若

---

① 《册府元龟》卷613《刑法部·定律令第五》，第7354页。
② 《旧唐书》卷48《食货上》，第2105页。

第五章　唐代中后期度支盐铁转运使的司法权及其运作

家人共犯,坐其家长。若老、弱、残、疾不坐者,则归罪其以次家长。其铸钱处,邻保配徒一年;里正、坊正、村正各决杖六十。若有纠告者,即以所铸钱毁破,并铜物等赏纠人。同犯自首告者,免罪,依例酬赏。

原文为:

> 【准】刑部格敕:私铸钱及造意人,及勾当头首者,并处绞,仍先决杖一百;从及居停主人,加役流,仍先各决六十。若家人共犯,坐其家长。若老、弱、残、疾不坐者,则归罪其以次家长。其铸钱处,邻保配徒一年;里正、坊正、村正各决杖六十。若有纠告者,即以所铸钱毁破,并铜物等赏纠人。同犯自首告者,免罪,依例酬赏。①

唐贞观年间即已有刑部格之名,后累经增补修订,但多散佚,没有完整保存,零星见于多种史料中。敦煌文书中还存有神龙散颁格残卷(P.3078、S.4673),由刘俊文先生进行了考释②,见本节第2条。该条刑部格内容又与神龙散颁格不同,处罚相对较轻,推测在神龙以前颁布。

---

① 《宋刑统》卷26《杂律》,第463页。
② 刘俊文:《敦煌吐鲁番唐代法制文书考释》,第246页。

五、与禁私采矿等有关的刑律

唐代前期并未对私人采金银、铜铁矿的行为进行禁绝，仅要求边境地区不得私采。唐代《杂令》第九条云："诸州界内有出铜铁处，官未采者，听百姓私采。若铸得铜及白镴，官为市取，如欲折充课役，亦听之。其四边无问公私，不得置铁冶及采铜。自余山川薮泽之利，公私共之。"① 白镴，即铅。

金银的开采公私两便，私人开采可折充课役。部分边疆地方豪族因开采金银矿而致富，并在一定程度上影响了地方社会发展。王承文师在《论唐代岭南地区的金银生产及其影响》一文中以岭南地区为例有充分的论述。② 但是，唐代中后期中原地区则屡有禁采银矿之敕令。

1. 颁布时间：元和三年（808）十月。

资料出处：《册府元龟·刑法部·定律令第四》。

条文内容：辄采银一两已上者笞二十。银出本界，州县官吏节级科罚。

原文为：

> 重申采银之禁，辄采一两已上者笞二十。递出本

---

① 《唐令拾遗》，第783页。《天一阁藏明钞本天圣令校证（附唐令复原研究）》则复原该条为《杂令》十二，见该书第750页。

② 王承文：《论唐代岭南地区的金银生产及其影响》，《中国史研究》2008年第3期。

界，州县官吏节级科罚。①

按：递，应为银。该条不仅限制采银，而且限制流通，对禁银不力的州县官吏加以处罚。

2. 元和三年（808）六月。

资料出处：《旧唐书·食货上》。

条文内容：天下自五岭以北，见采银坑，并宜禁断。

原文为：

> 其年（元和三年）六月，诏曰："泉货之法，义在通流。若钱有所壅，货当益贱。故藏钱者得乘人之急，居货者必损己之资。今欲著钱令以出滞藏，加鼓铸以资流布，使商旅知禁，农桑获安，义切救时，情非欲利。若革之无渐，恐人或相惊。应天下商贾先蓄见钱者，委所在长吏，令收市货物，官中不得辄有程限，逼迫商人，任其货易，以求便利。计周岁之后，此法遍行，朕当别立新规，设蓄钱之禁。所以先有告示，许有方圆，意在他时行法不贷。又天下有银之山，必有铜矿。铜者，可资于鼓铸，银者，无益于生人。权其重轻，使务专一。其天下自五岭以北，见采银坑，并宜禁断。恐所在坑户，不免失业，各委本州府长吏劝课，令其采铜，

---

① 《册府元龟》卷612《刑法部·定律令第四》，第7349页。

助官中铸作。仍委盐铁使条流闻奏。"[①]

该条诏令禁止在五岭以北开采银矿,理由首先是银"无益于生人",即对百姓生活没有助益;其次是银矿常伴生铜矿,开采出来的铜可以用作铸造私钱,因此禁绝。而五岭之南则对外贸易发达,本土产银较多,银是市场流通的货币,故不禁采。

上文辑录的仓库管理、盐法、榷酒征茶、铸钱、采矿等五个方面的刑律,多为唐代中后期新出,反映了唐代中后期经济生产与社会的变迁。度支盐铁转运使正是为适应这种变迁而新设立的财税、工商管理系统,也是这些刑律的主要执行者。下文将从度支盐铁转运使如何行使司法职权的角度展开论述。

第二节 度支盐铁转运使的司法管辖权

唐代中后期,度支盐铁转运系统拥有了一定的司法权。这种司法权包括对地方政府的监察,也包括针对本系统官吏、盐商、茶商等商人,盐户、匠户、园户等人群的管理权,以及对贩卖私盐等特别犯罪的司法管辖权。高桥继男、贾宪保、宁欣等学者的研究认为,巡院具有监察包括财政在内的全部地方行政事务的职能,藩镇行政机构更是监察的重

---

① 《旧唐书》卷48《食货上》,第2101—2102页。

点。① 笔者认为监察职能只是监院、巡院的一个附带职能，其更为重要的司法工作是管辖本系统的官吏、匠户等，禁绝私盐、采矿、私铸钱等非法行为。唐代前期所修订的唐律中有禁止私铸钱的条文，唐代后中期又出台了禁止私盐、私采矿、私酿酒、私贩茶等大量法令，并主要由度支盐铁转运系统执行，使得其司法职能的范围愈加扩大。该系统的工作核心是保障中央政府的财政收入。

唐代中后期度支盐铁转运使及其下属的巡院、监院等机构之所以拥有司法权，是由于安史之乱后中央财政恶化，需要一个强有力的财税系统来保证财政收入。度支盐铁转运使的地位不断上升，到懿宗时期，甚至出现了"多自夏官侍郎判盐铁即秉钧轴"的情况②，直到黄巢之乱后，各地割据势力侵占盐池等利，度支盐铁使的地位才下降。随着征收财税需求的提升，度支盐铁转运使的权力越来越大，财税系统也日益壮大。③ 在这种背景下，度支盐铁转运使不仅对本系统的

---

① 参见刘俊文主编：《日本青年学者论中国史（六朝隋唐卷）》；贾宪保：《唐代巡院初探》，《人文杂志》1984年第3期；宁欣：《唐朝巡院及其在唐后期监察体系中的作用和地位》，《北京师范学院学报（社会科学版）》1989年第6期；等等。

② 〔五代〕尉迟偓撰，恒鹤校点：《中朝故事》，《唐五代笔记小说大观》，第1784页。

③ 李锦绣在《唐代财政史稿》"唐后期的财政机构及职能"一篇中对度支盐铁使及其下属机构的演变已有详尽考证，不过该书集中在其经济方面的职能和运作研究，对司法职能则落笔极少。

官吏拥有司法管辖权,并将与盐铁等相关的商户、匠户、矿工等纳入司法管辖范围内;同时也对贩卖私盐、私自采矿等违法行为进行打击,可对犯人进行关押、审判和执行处罚。吴丽娱认为,"唐后期,度支盐铁监院私设刑狱,追逼勒索盐商、盐民之事所在多有"[①],描述了部分监院的司法职能。但是,所谓"私设刑狱"的表述有待商榷。度支盐铁使及其下属监院、巡院的司法权是由国家颁布敕文授予的,并为其建立了比较严密的司法体系。

一、对财税工商管理系统官吏的司法权

唐代中后期的财税工商管理系统有户部、度支、盐铁三使,其下属官员有副使、判官、推官、巡官,以及地方的知监院官、场库官、属吏等。《唐会要·舆服上》录有一篇请求厘定属吏服饰的奏文,详细记载了三司属吏的名目,有"三司官典,及诸色场库所由等,其孔目、勾检、勾覆、支对、勾押、权遣、指引进库官、门官……其驱使官,有正官,及在城及诸色仓场官……其驱使官,未有正官,及与行按令史等"[②],可见官吏种类之多。而且,度支盐铁使下属的监院、巡院、盐场、仓库等机构的官吏自成体系,俸禄由度支盐铁使发放,待遇优厚,不受地方管理。在司法上也独成

---

① 郭正忠主编:《中国盐业史(古代编)》,第 149 页。
② 《唐会要》卷 31《舆服上·杂录》,第 576 页。

第五章 唐代中后期度支盐铁转运使的司法权及其运作

体系,地方州县无权干涉,甚至在法律执行上也与其他系统的官吏有异。例如,《唐会要》记载了盐铁使柳公绰的奏文,曰:"(元和)十五年(820)闰正月,盐铁使柳公绰奏:当使诸盐院场官,及专知纳给,并吏人等有罪犯合给罪者,比来推问,只罪本犯所由。其监临主守,都无科处。伏请从今后,举名例律,每有官吏犯赃,监临主守同罪;及不能觉察者,并请准条科处,所冀贪吏革心。从之。"①柳公绰所奏说明诸盐院场官吏犯罪,没有按照唐律的要求,对监临主守进行连坐。因此,他请求依法连坐,以减少官吏贪污行为。又如,会昌元年(841)正月的一则诏令也谈到了度支盐铁系统的官员与其他系统官员典刑不一的情况,诏云:"朝廷典刑,理当画一。官吏赃坐不宜有殊,内外文武官犯入已赃绢三十匹,尽处极法,惟盐铁度支户部等司官吏,破使物数虽多,只遣填纳,盗使之罪一切不论,所以天下官钱悉为应在奸吏,赃污多则转安。"②

财税工商管理系统的官吏因经手大量钱粮,贪赃现象比较严重,甚至影响到漕运、盐税等工作的正常运转。《旧唐书·司空舆传》载司空图的父亲司空舆在担任安邑两池榷盐使期间,调整盐法之事:"父舆,精吏术。大中初,户部侍郎卢弘正领盐铁,奏舆为安邑两池榷盐使、检校司封郎中。

---

① 《唐会要》卷88《盐铁》,第1605页。
② 《册府元龟》卷612《刑法部·定律令第五》,第7355页。

先是，盐法条例疏阔，吏多犯禁；舆乃特定新法十条奏之，至今以为便。"① 度支盐铁系统的吏员利用盐法中的漏洞谋取私利，而且数额往往很大，正如德宗贞元年间的盐铁转运使张滂所言，"且凡为度支胥吏，不一岁，资累巨万，僮马第宅，僭于王公，非盗官财，何以致是？"②

因此，整顿吏治是度支盐铁使对财税进行改革的重点之一，对系统内贪赃的官吏进行审判和处罚往往成为其改善财政状况的重要手段。《旧唐书》记载裴休担任盐铁转运使后整顿漕运，就是从惩治漕吏、巡院胥吏开始的。"大中五年（851）二月，以户部侍郎裴休为盐铁转运使。明年八月，以本官平章事，依前判使。始者，漕米岁四十万斛，其能至渭仓者，十不三四。漕吏狡蠹，败溺百端，官舟之沉，多者岁至七十余只。缘河奸犯，大紊晏法。休使僚属按之，委河次县令董之。自江津达渭，以四十万斛之佣，计缗二十八万，悉使归诸漕吏。巡院胥吏，无得侵牟。……由是三岁漕米至渭滨，积一百二十万斛，无升合沉弃焉。"③ 裴休派僚属对犯罪的"漕吏""巡院胥吏"进行审判，故漕运秩序得到好转，运米数量大大提高。

度支、盐铁使不仅可以对下属官吏行使司法权，派出的转运使也可对下层官吏行使司法审判权。韩愈的《送水路转

---

① 《旧唐书》卷190下《司空舆传》，第5082页。
② 《旧唐书》卷123《班宏传》，第3520页。
③ 《旧唐书》卷49《食货下》，第2122页。

运使韩御史归治所序》记载了韩重华担任转运使期间处理犯赃罪官吏的情况：

> 六年冬，振武军吏走驿马诣阙告饥，公卿廷议以转运使不得其人，宜选才干之士往换之，吾族子重华适当其任。至则出赃罪吏九百余人，脱其桎梏，给未耜与牛，使耕其旁便近地，以偿所负，释其粟之在吏者四十万斛不征。吏得去罪死，假种粮，齿平人有以自效，莫不涕泣感奋，相率尽力以奉其令；而又为之奔走经营，相原隰之宜，指授方法；故连二岁大熟，吏得尽偿其亡失四十万斛者而私其赢余，得以苏息，军不复饥。①

韩愈对韩重华担任转运使期间工作情况的描述，使我们对财税系统低层官吏的情况有所了解。"至则出赃罪吏九百余人，脱其桎梏"，一是说明财税系统的犯赃官吏确实不少；二是反映出转运使掌握着对该系统下层官吏的司法审判权和执行刑罚权，故可"脱其桎梏"。韩重华在元和年间曾担任转运使、和籴使、度支副使等职。《旧唐书·潘孟阳传》云："（元和）三年（808），出为华州刺史，迁梓州刺史、剑南

---

① 韩愈著，马其昶校注，马茂元整理：《韩昌黎文集校注》卷4《送水路转运使韩御史归治所序》，上海：上海古籍出版社，2014年，第320—321页。

东川节度使。(潘孟阳)与武元衡有旧,元衡作相,复召为户部侍郎、判度支,兼京北五城营田使,以和籴使韩重华为副。"①韩愈此文写韩重华在元和六年(811)任转运使,则应是韩重华在度支副使的职位上被派出担任代北转运使。何汝泉先生考证说:"代北运使,或称代北水运使,或称振武水运使,或称水陆运使,或称转运使,乃是在振武军所设职兼漕运的地方运使。……代北运使是振武节度使设置后,为了从代北地区运送其营田不足给用的粮食而设置的,并在代州(今山西代县)置使院以组织运输。故代北运使是唐代后期相当长时间存在的一个地方运使"②韩重华灵活运用掌管转运的权力,释放贪赃的官吏,令其从事耕作,使振武军的粮食获得供给。由此看,转运使对所管辖地区的下层官吏是有关押与释放的权力的。

元稹所撰《有唐赠太子少保崔公墓志铭》记录了崔俊作为转运判官行使司法权的情况:

> 累迁京兆府司录,拜侍御史,转膳部员外郎、转运判官。会朝廷始置两税使,俾之听郡县,授公检校膳部郎中,襄州湖鄂之税皆莅焉。且主转运留务于江陵,公乃取一大吏,劾其赃,其余洎小不法者牒按之。所莅皆

---

① 《旧唐书》卷163《潘孟阳传》,第4239—4240页。
② 何汝泉:《唐代地方运使述略》,《西南师范大学学报(人文社会科学版)》2003年第6期。

震悚。岁余计奏,宪宗皇帝深嘉之,面命金紫,加检校职方郎中。①

崔俵监管江陵的转运院,为保证转运工作正常开展,弹劾"大吏"(品级较高的官员),对下层官吏则直接"按之",即审理并判决。崔俵通过行使司法权整顿江陵的转运系统,使年底的财税运送情况好转,故宪宗"深嘉之"。

度支盐铁使对财税系统的大小官吏进行司法管辖,惩治贪污官吏,对中下层的官吏可直接行使审判权;对涉及知院官之类官职较大的案件,通常做法是派出常带御史衔的重要官员审理,最终的处理结果还要经过皇帝的审核。

对财税系统上层官员的处罚较为复杂,往往伴随着高层的权力斗争,常须有皇帝诏令才能推问审理。扬子院主使徐粲贪污案件就是一个典型的例子。徐粲在德宗贞元年间主管扬子院,受贿情节严重,闻于朝野,但由于度支盐铁副使班宏的包庇,迟迟得不到审判。直到后来度支、盐铁转运分为二使,张滂为盐铁转运使分割班宏的权力后,徐粲才被绳之以法。《旧唐书·班宏传》详细记载了这桩案件的经过:贞元初,班宏和窦参均为度支副使。后窦参成为宰相,想换掉贪污严重的扬子院主事徐粲,因班宏阻止而不得实施。直到

---

① 〔唐〕元稹著,冀勤点校:《元稹集》(修订本)卷54《有唐赠太子少保崔公墓志铭》,北京:中华书局,2010年,第670页。

任命张滂为盐铁转运使,分班宏职权后,才得以惩治徐粲。推按扬子院知院官徐粲由张滂直接进行,而不是派出御史审理。

另外,《册府元龟》记载了对度支山南东道巡院知院官郑浪的处理情况,是由皇帝直接下诏惩处的:"郑浪,德宗时为度支山南东道巡院,贞元四年(788)九月坐干没财物、征扰平民、质其妻女,秽黩士类,丑迹奸情,枉法殊死,宜令决重杖一顿处死。"①

元和十二年(817),盐铁福建院官权长孺坐赃罪,诏令付京兆府决杀。因权长孺是宰相权德舆族子,其母刘氏求哀于宰相,崔群于是请求宪宗,权长孺获得赦免。②《旧唐书·卢简辞传》记载卢简辞担任侍御史时,被派出审理福建盐铁院官卢昂坐赃的案件,"又福建盐铁院官卢昂坐赃三十万,简辞按之,于其家得金床、瑟瑟枕大如斗。昭愍见之曰:'此宫中所无,而卢昂为吏可知也!'"③

二、管辖盐商、茶商、铁商等特殊商人群体的司法案件

唐代中后期对盐商专设盐籍,不纳两税,不征徭役,由度支盐铁下属仓场监巡院直接管辖,从而形成了具有特权的

---

① 《册府元龟》卷511《邦计部·贪污》,第6127页。
② 《旧唐书》卷159《崔群传》,第4188页。
③ 《旧唐书》卷163《卢简辞传》,第4270页。

阶层。吴慧《论唐代的盐法与盐政》①、王志胜《论唐代的榷盐商》②等文早有论述，不赘言。本节关注的是盐商犯罪的司法管辖权问题。

唐代后期的中央财政收入中，盐税占据了十分重要的地位，盐商则是盐铁使从盐专卖中获得巨额收入的主要帮手。在垄断贸易中，盐商也因此获得大量的财富，而且不向地方州县缴纳赋税，其犯罪行为也由度支盐铁系统来管辖。白居易、元稹的诗文中对此现象有所讽喻。白居易《盐商妇》云："盐商妇，多金帛，不事田农与蚕绩。……婿作盐商十五年，不属州县属天子。每年盐利入官时，少入官家多入私。官家利薄私家厚，盐铁尚书远不知。"③白居易以诗描述盐商妇生活的舒适奢侈，来说明盐商获利之丰，并指出其财富的获得源于盐商"不属州县属天子"的状况。白居易在《议盐法之弊·论盐商之幸》一文中也指出盐法之弊在于盐商私利太重，对盐商的优待过多，一些资产多者入盐籍，来逃避对州县纳税和服徭役。"自关以东，上农大贾，易其资产，入为盐商。率皆多藏私财，别营稗贩，少出官利，唯求隶名。居无征徭，行无榷税。身则庇于盐籍，利尽入私室"，

---

① 吴慧：《唐代的盐法与盐政》，《盐业史研究》1992年第3期。
② 王志胜：《论唐代的榷盐商》，《学术论坛》2003年第6期。
③ 〔唐〕白居易著，谢思炜校注：《白居易诗集校注》卷4《盐商妇》，北京：中华书局，2006年，第412页。

"使幸人奸党得以自资,此乃政之疵,国之蠹也"。① 元稹也用诗歌描述这种商人不向州县缴纳赋税的情况,其诗《估客乐》云:"大儿贩材木,巧识梁栋形。小儿贩盐卤,不入州县征。一身偃市利,突若截海鲸。"② 富裕之民托身于盐籍、成为盐商,而得以逃避徭役、不受州县管辖的例子并不少见。中唐时期畿县地方官员姚合写诗云:"客行野田间,比屋皆闭户。借问屋中人,尽去作商贾。"③ 此诗深刻反映了这种托身商贾逃避徭役的现象。为保证中央政府的专卖财政收入,唐代中后期朝廷还多次下诏要求州县不得向商人征收赋税和征发徭役。武宗时曾下诏云:"度支盐铁户部诸色所由茶酒盐商人,准敕例条免户内差役。"④

盐商如此,粮商、铁商、茶商等群体亦存在相同的情况。这些商人群体不受州县的管辖,而是入商籍,在度支盐铁使下属的监院、巡院等管辖之下。《唐国史补》记载了一桩盐铁扬子院留后徐粲杖杀涨价米商的案件,云:"江淮贾人,积米以待踊贵,图画为人持钱一千买米一斗,以悬于市。扬子留后徐粲杖杀之。"⑤ 扬子留后,即扬子院留后,是

---

① 《白居易文集校注》卷26《策林二·议盐法之弊》,第1435页。
② 《元稹集》(修订本)卷23《乐府·估客乐》,第307—308页。
③ 〔唐〕姚合:《庄居野行》,《全唐诗》卷498,第5661页。
④ 唐武宗:《加尊号赦文》,《全唐文》卷78,第814页。
⑤ 〔唐〕李肇:《唐国史补》卷中,《唐五代笔记小说大观》,第177页。

度支盐铁使之下掌管东南漕运的主要官员，负有转运漕粮、平粜粮食价格的职责，故能对抬高米价的商人处以刑罚。

三、管辖盐户、匠户、茶园户等群体的司法案件

唐代中后期，因盐铁、茶、酒等专卖措施的大量出台，并由度支盐铁使主掌，从事这类物质生产的盐户、铁匠、矿工、酿酒户、茶园户等群体，也处于度支盐铁系统的巡院、监院的管辖范围中，其产品不得私自发卖，并对违犯者处以刑罚。具体表现如下。

1. 产盐不得私卖。唐代中后期禁止私卖盐的条文最多，诸如元和年间（806—820）的"盗鬻两池盐一石者死……一斗以上杖背，没其车驴……鬻两池盐者，坊市居邸主人、市侩皆论坐；盗刮碱土一斗，比盐一升"；大中年间（847—860）的"两池盐盗贩者，迹其居处，保、社按罪。鬻五石，市二石，亭户盗粜二石，皆死"①，相关法令不一一列举。总体来说，盐户以盐抵赋税徭役，其所产盐亦由盐场直接征收，转粜盐商，不得私自发卖，卖者按私盐贩处理。

2. 酿酒不得私卖。《新唐书·食货志》记载："广德二年，定天下酤户以月收税。建中元年，罢之。三年，复禁民酤，以佐军费，置肆酿酒，斛收直三千，州县总领，醨薄私

---

① 《新唐书》卷54《食货志》，第1379—1380页。

酿者论其罪。"① 代宗广德年间开始对酒征税，德宗即位初曾免征，三年后又复征，其背景是安史之乱以后战乱不息，军费缺乏。对酒征税，禁止私自酿酒，是唐代中后期一项重要的财税改革。

3. 茶叶不得私卖。《新唐书·食货志》记载了文宗大中年间出台的一则限制贩卖私茶的法令，曰"大中初，盐铁转运使裴休著条约：私鬻三犯皆三百斤，乃论死；长行群旅，茶虽少皆死；雇载三犯至五百斤、居舍侩保四犯至千斤者，皆死；园户私鬻百斤以上，杖背，三犯，加重徭。"② 这条法令不仅禁止商人私自贩卖茶叶，作为生产者的园户也不能私自发卖。

四、审理贩卖私盐、私铸钱、私采矿等特殊犯罪案件

度支盐铁转运使通过下设在各地的监院、巡院、盐场等机构禁断私盐、私铸钱、私采矿等行为，并有权捉拿、审判犯人，并执行刑罚。所据刑律在唐律中并不多，而是散见于德宗及以后诸帝的诏敕中。以处罚私盐犯人为例，贞元十九年大和四年以前敕条规定，对贩私盐一石以上的，处以决脊杖二十，并征纳罚钱。大和四年的法律则规定，对贩私盐二石以上的犯人处以死刑，容留私盐贩居住、协助搬运的人也

---

① 《新唐书》卷54《食货志》，第1381页。
② 《新唐书》卷54《食货志》，第1382页。

第五章　唐代中后期度支盐铁转运使的司法权及其运作

准此处罚。那么具体是怎样执行的呢？

《唐会要·盐铁》有一条史料记录了提拿、审判和处罚盐犯的具体情况：

> 开成元年（836）闰五月七日，盐铁使奏：应犯盐人，准贞元十九年太和四年已前敕条：一石已上者，止于决脊杖二十，征纳罚钱足。于太和四年八月二十已后，前盐铁使奏，二石以上者，所犯人处死；其居停并将船容载受故担盐等人，并准犯盐条问处分。近日决杀人转多，榷课不加旧，今请却依贞元旧条，其犯盐一石以上至二石者，请决脊杖二十。补充当据捉盐所由，待捉得犯盐人日放。如犯三石已上者，即是囊橐奸人，背违法禁，请决讫。待疮损锢身，牒送西北边诸州府效力。仍每季多具人数及所配去处申奏。挟持军器，与所由捍敌，方就擒者，即请准旧条，同光火贼例处分。从之。①

由此可知，开成元年改依贞元旧条，并补充规定犯三石以上者流放至西北边诸州府。私盐犯人被提拿以后，判决则应由当地盐场、巡院执行，贩卖私盐一石以上至二石者，决脊杖二十，并在当日处罚后释放；贩卖私盐三石已上者，决

---

① 《唐会要》卷88《盐铁》，第1606—1607页。

脊杖二十，决后关押，等疮损好转后牒送西北边诸州府效力，即如配流之例。私盐有私制、盗窃、私犯、越界枭卖等，容留私盐犯人、协助运输私盐者，均按贩卖私盐之罪处罚。这些犯罪者的捉拿、审判、执行刑罚等工作均由盐铁系统实施，说明其司法权的运作具有独立性。《唐国史补》记载了史牟担任榷盐使实施酷法的一个案例：

> 史牟榷盐于解县，初变榷法，以中朝廷。有外甥十余岁，从牟捡畦，拾盐一颗以归。牟知立杖杀之。其姊哭而出救，已不及矣。①

解县盐池是河东道著名的产盐处，与安邑县盐池并称两池，一直生产至五代，主要供应京师地区。贞元后两池由度支河中院领，有一监九场，并设榷盐使。据吴丽娱考证，两池在大历末的产量约为 47 万石，元和中则在 50—80 万石。② 史牟担任解县盐池榷盐使，按照《唐会要》的记载，是在贞元十六年（800）。③ 杖杀仅"拾盐一颗"的十几岁的外甥，足见其严酷，也说明盐场官员的司法权力很大。

---

① 李肇：《唐国史补》卷中，《唐五代笔记小说大观》，第 179 页。
② 郭正忠主编：《中国盐业史（古代编）》，第 88—89 页。
③ 《唐会要》卷 88《盐铁使》记载，"贞元十六年，史牟以金部郎中主池务，耻同诸院，遂奏置使额"（第 1610 页）。

第五章 唐代中后期度支盐铁转运使的司法权及其运作

唐代中后期也有要求巡院对盗铸钱罪进行查处的敕令，其文曰："今后天下铸造买卖铜器，并不须禁止，其器物每斤价值，不得过一百六十文。委所在长史及巡院同勾当访察，如有销钱为铜者，以盗铸钱罪论。"① 所在长吏，指诸道判官、诸州别驾等。巡院代表中央的财政机构，与地方官府一起从事限制铜器定价过高、销钱为铜的工作。关于盗铸钱罪，《唐律疏议》"私铸钱"条规定，"诸私铸钱者，流三千里；作具已备，未铸者，徒二年；作具未备者，杖一百"②；唐《刑部格》规定："刑部格敕：私铸钱及造意人，及勾当头首者，并处绞，仍先决杖一百……若有纠告者，即以所铸钱毁破，并铜物等赏纠人。同犯自首告者，免罪，依例酬赏。"③ 巡院可对私铸钱等犯罪者处以死刑、杖刑等，并处置钱、铜等财物。

监院、巡院作为度支盐铁转运使在地方的常设机构，不仅监察地方的赋税收入，还成为一级具有独立司法权的机构，行使了监禁、审判、处决犯人的司法职权。监院、巡院与地方行政机构有合作也有冲突，将在下文论述。其中最为突出的表现就是在州县监狱寄禁犯人。文宗开成年间（836—840）的刑部尚书殷侑就上书揭露这种情况，"度支、盐铁转运、户部等使下职事及监察场栅官悉得以公私罪人于

---

① 《册府元龟》卷501《邦计部·钱币三》，第6001页。
② 《唐律疏议》卷26《杂律·私铸钱》，第480页。
③ 《宋刑统》卷26《杂律》，第463页。

州县狱寄禁,或自致房收系。州县官吏,不得闻知,动经岁时,数盈千百"[1]。在邓琬案中,邓琬及其子孙关押在县狱,阌乡县官吏认为犯人由度支关押,他们无权释放,以致邓琬等人被关押时间长达二十九年。同时,也有监院、巡院自设监狱关押犯人的情况,即所谓"或自致房收系"。

当然,这种度支盐铁及其下属机构司法权力过大,导致司法不一的问题也引起了当时一些政治家的重视。部分有识之士要求州县也参与巡院所押犯人的审判,以避免冤滥。《唐会要》载:"元和二年(807)九月,给事中穆质请州府盐铁巡院应决私盐死囚,请州县同监,免有冤滥。从之。"[2]《旧唐书》记载掌赋使院多有禁系匠户之事,"元和初,掌赋使院多擅禁系户人,而有笞掠至死者。(穆)质乃论奏盐铁转运司应决私盐系囚,须与州府长吏监决。自是刑名画一"[3]。度支盐铁使下属机构拥有独立的司法权,并在司法实践中与传统州县地方的司法体制产生了冲突,这与唐代中后期经济与政治体制变革的背景有关。

五、度支盐铁转运使下属机构与州县的司法管辖权冲突

唐代中后期的度支盐铁系统有一套自中央至地方的组织,其职能以征收赋税、管理财政和盐铁等为中心,同时也

---

[1] 《册府元龟》卷467《台省部·举职》,第5561页。
[2] 《唐会要》卷88《盐铁》,第1604页。
[3] 《旧唐书》卷155《穆质传》,第4116页。

第五章　唐代中后期度支盐铁转运使的司法权及其运作

具有司法权。这种司法权开始是为保障中央政府的财政收入而产生的，后逐渐扩大到监察地方、管辖特殊人群、审理特殊案件等方面。度支盐铁使下属机构的司法权独立于州县体系之外，与之产生了一定的管辖权冲突。其根源是中央与地方政府对财税征收的矛盾冲突和权力斗争，表现在司法方面是监院、巡院对特殊群体的管辖和特殊案件的审理。《新唐书·食货志》记载了解县盐池获利丰厚，管理盐池的官员、从事生产的盐民和贩盐商人独立于地方之外，县令不得治理盐民的情况，"两池盐利，岁收百五十余万缗。四方豪商猾贾、杂处解县，主以郎官，其佐贰皆御史。盐民田园籍于县，而令不得以县民治之。"①

唐文宗开成初年的刑部尚书殷侑曾上书描述度支盐铁使及其属官禁系犯人成百上千，但州县不能干预的情况。该奏文言：

> 度支、盐铁转运、户部等使下职事及监察场栅官悉得以公私罪人于州县狱寄禁，或自致房收系。州县官吏，不得闻知，动经岁时，数盈千百。自今请令州县纠举，据所禁人事状申本道观察使，具单名及所犯闻奏。②

---

① 《新唐书》卷54《食货志》，第1379页。
② 《册府元龟》卷467《台省部·举职》，第5561页。

度支、盐铁、户部三司使所派出的巡官，以及在地方的监、院、场官常有关押犯人的行为。犯人有关押在州县监狱的，也有在自致房的。唐文宗大和年间曝出的邓琬案中，邓琬及其子孙被关押在县狱长达二十九年，多次遇赦均未获释，只因邓州内乡县官吏认为犯人由度支关押，县吏无权释放。这种情况的存在造成司法不一和冤滥多发，以至于部分有识者要求州县也参与巡院所押犯人的审判。殷侑上书要求州县对度支盐铁使及其下属机构所关押的犯人进行纠查，形成名册报本道观察使，是以道、州、县地方政府限制度支盐铁系统的司法权。前文所引《唐会要》所载唐宪宗元和年间给事中穆质请求州县共决贩卖私盐的死囚犯之事，也是以地方政府限制度支盐铁系统的司法权之举。①

《旧唐书》记载的与《唐会要》略有不同，穆质反对的是度支下属掌赋使院对匠户随意禁系和施以刑罚的情况，其文曰：

> 元和初，掌赋使院多擅禁系户人，而有笞掠至死者。（穆）质乃论奏盐铁转运司应决私盐系囚，须与州府长吏监决。自是刑名画一。②

---

① 《唐会要》卷88《盐铁》，第1604页。
② 《旧唐书》卷155《穆质传》，第4116页。

因掌赋使院对匠户随意禁系和施以刑罚,穆质要求州县对度支盐铁系统下的司法案件进行监督,此奏获得批准。史书对唐代州县干预度支盐铁系统司法权的记载并不多,大略有以上两例。但度支盐铁系统是朝廷控制地方的重要机构,唐代中期赋予度支盐铁下属官员监察地方职权的诏敕更多,此在宁欣等学者有关巡院监察权的研究中已有讨论①,不再赘言。

在司法运作中,因度支盐铁系统的下属官员多带御史衔,对地方有监察职权,亦常有干扰地方政务和司法之举。韦处厚担任过开州刺史,他就碰到过"被盐监吏人横扰官政"的情况。其事记在韦处厚《驳张平叔榷盐法议》一文中,其文曰:

> 臣尝为开州刺史,当时被盐监吏人横搅官政,亦欲盐归州县,总领其权。尝试研求,事有不可。②

韦处厚的奏文表明,即使是州刺史,也难免受到盐监吏人的干涉。这种干涉有其法理依据,即监院、巡院对州县可以行使监察权,而且监察之事可以是多方面的。例如,《长庆元

---

① 参见贾宪保:《唐代巡院初探》,《人文杂志》1984年第3期;宁欣:《唐朝巡院及其在唐后期监察体系中的作用和地位》,《北京师范学院学报(社会科学版)》1989年第6期。
② 韦处厚:《驳张平叔榷盐法议》,《全唐文》卷715,第7346页。

年册尊号赦》云:"天下具事由奏闻,其天下州县,并委御史台并出使郎官御史、兼诸道巡院,切加察访。"①

因监院、巡院得到中央授权,在中央强力控制地方的时期,或得到中央有效控制的地区,在与州县产生司法管辖权的冲突时,往往占有优势;而在中央控制较弱的地区,则处于劣势。唐穆宗统治时期,还下诏减淄青兖郓等道的榷盐:

> 其盐铁使先于淄青、兖郓等道管内置小铺粜盐,巡院纳榷,起今年五月一日已后,一切并停。仍各委本道约校比来节度使自收管,充军府逐急用度,及均减管内贫下百姓两税钱数,至年终各具粜盐所得钱,并均减两税奏闻。②

穆宗时期对淄青兖郓等道控制力的减弱,使度支盐铁系统不得不关停这些地区的粜盐铺。唐代后期,地方军阀力量不断增长,朝廷的统治危机日加严重,度支盐铁系统也受到影响。唐僖宗曾下诏斥责监院官,给予州县制约监院的权力,其文云:"三司监院官,索州县承迎,云是制院,恐吓州县,影占富豪。从今后,有监院处,亦仰州县常加听察。"③

---

① 《唐大诏令集》卷10《长庆元年册尊号赦》,第61页。
② 唐穆宗:《淄青兖郓等道榷盐诏》,《全唐文》卷65,第692—693页。
③ 《唐大诏令集》卷72《乾符二年南郊赦》,第402页。

唐末，中央政府权力衰弱，盐池被地方藩镇掌握，盐铁使和下属机构失去了对盐池的控制权，监察地方司法更无从谈起了。《新唐书·食货志》记载："其后兵遍天下，诸镇擅利，两池为河中节度使王重荣所有，岁贡盐三千车。中官田令孜募新军五十四都，饷转不足，乃倡议两池复归盐铁使，而重荣不奉诏，至举兵反，僖宗为再出，然而卒不能夺。"[①]靠近中央的两池都不能由盐铁使管理，其他产盐地区，如江淮、浙西等，就更加无法控制了。

度支盐铁使及其属官与州县在司法管辖权方面的冲突，本质上是唐代中央与地方权力的角逐。唐代中后期以度支盐铁转运使为中心的财税工商管理系统，以垂直管理的形式控制财税、盐铁和转运等事务。在这个系统里，有自上而下的整个官吏队伍，也有商户、匠户等特殊人群，他们以相对独立的状态在地方进行收税、经商、生产等，以至于出现"不属州县属天子"的现象。

第三节　唐代后期度支盐铁转运使官吏司法权的行使——以《殷彪墓志》为中心

江苏省镇江博物馆收藏有一方唐代碑刻，题名为《□朝散大夫使持节明州诸军事守明州刺史上柱国陈郡殷府君墓志

---

① 《新唐书》卷54《食货志》，第1381页。

铭并序》，经考证志主为殷彪。该墓志全文一千四百余字，记载了殷彪的仕宦经历及其家世情况。殷彪墓在江苏省镇江市区西南磷肥厂被发现，为砖室墓，基本情况和墓志拓片刊载于《江苏镇江唐墓》一文中。① 该文为刘建国执笔，摄影、拓片分别为徐铁诚、史宝珍。殷彪在唐德宗至敬宗年间历官多个，其中四次担任盐铁系统官员。墓志所载其任职盐铁系统中下层官员的经历，是我们研究唐代中后期度支盐铁系统官员司法职权和司法运作问题的一个重要样本，可弥补正史典籍的不足。

一、《殷彪墓志》文字补正

《殷彪墓志》的志主，镇江博物馆的研究者推测为殷僧辨，未考证出志文作者。② 朱金城认为志主为殷彪，其依据是白居易所撰写的殷彪从扬子留后转任金州刺史的制书。③ 陈尚君所编《全唐文补编》④和吴钢所编《全唐文补遗（第

---

① 镇江博物馆：《江苏镇江唐墓》，《考古》1985 年第 2 期。

② 镇江博物馆：《江苏镇江唐墓》，《考古》1985 年第 2 期。墓志拓片及文字解读见第 141—143 页。

③ 〔唐〕白居易：《杨子留后殷彪授金州刺史兼侍御史河阴令韦同宪授南郑令韦弁授绛州长史三人同制》，《全唐文》卷 661，第 6724 页；又见〔唐〕白居易著，朱金城笺校：《白居易集笺校》卷 48，上海：上海古籍出版社，1988 年，第 2875—2876 页。

④ 郑□：《□朝散大夫使持节明州诸军事守明州刺史上柱国陈郡殷府君墓志铭并序》，《全唐文补编》卷 65，第 801—802 页。

七辑)》^①均收录了该墓志。《全唐文补遗》认为志文作者为郑修。我们以《全唐文补编》所载文字为蓝本,根据志文拓片,参考《全唐文补遗(第七辑)》所录对部分文字进行补正。为方便阅读,按行释读和补正,所补正文字在括号内。

1. □(唐)朝散大夫使持节明州诸军事守明州刺史上柱国陈郡殷府君墓志铭并序

2. □□(江南)道盐铁转运杨子□(院)、朝散大夫、检校尚书职方员外郎、兼侍御史、上柱国、赐鱼袋郑□(修)撰。

3. □□□(君讳彪)。字文□(穆)。其先陈郡人也。曾祖皇颍州别驾讳导。祖皇夔州录事参军讳崇本。父皇大理司直赠主

4. 客员外郎讳□□,外□同郡袁氏太夫人。追封濮阳郡太君。外祖恒。皇常州晋陵县令。堂舅□。皇兵部侍郎

5. □□□□□□道之初。李尚书兼总醒计两使之际。先司直与公。前后二纪之间。俱为首辟。时论以为

6. □□□□□□。年始弱冠。明经擢第。释褐授亳州参军。耽请不倦。通圣人微旨。研究周易。再登崇科。授

7. □□□□□□词。授楚州录事参军。属州将有刚暴者。官既改而诏敕未至。余威犹振。公事尚

---

① 陕西省古籍整理办公室编,吴钢主编:《全唐文补遗(第七辑)》,西安:三秦出版社,2000年,第101—102页。

8. □□□□□致夺其管钥。公坚执固拒。几至危难。力虽莫敌。竟不能屈。事既有异。遽闻于朝。士皆

9. □□□□□考功员外郎裴公垍沮北省一人尤最。而成公之殊考。以酬其事。右拾遗沈既济职兼载笔。

10. □□□□□□止□无不嘉尚。寻拜试大理评事知盐铁转运嘉兴监。即尚书李公首辟之盛也。继革

11. □□□□□□□或□议。惟公守之。予始从事醴府。因而知重。岁满。迁监察御史里行。依前守职。寻迁知

12. □□□□□殿中侍御史内供奉。主钱谷权变之务。存法理特守之术。使条而不紊。直而不枉。所谓闻而

13. □□□□□□朝廷外求宪官。拜殿中侍御史。至数月。罢巡知推。有厩马外牧于河中临晋者。宦官主

14. □□□□□之。以赃犯当死者四。狱具而上。德宗疑之。下命详覆。公视其色而知其冤。一问款

15. □。□□司□□□自惧。翻以谮闻。几将谴适而不追恨。公卿大臣抗疏论谏。终以申明。旋为邪佞所惮。

16. □□□□县令。乡村闾里社保官正伺察之吏。仅逾千数。与民相伴。为弊日久。公省去其十七八。尹京今

17. □□□□行之。淮蔡初复。帝思良牧。公应其选。拜申州刺史。毁逆贼吴少诚伪祠。建先师文

18. □□□□。齐鲁之化。千载复行。污俗惟新。人心骤革。今之汉南节度使仆射柳公除盐铁转运等使。

19. □□□□□之路。予得而举。奏公都官员外郎充转

运判官。陈其利宜。究其事要。佐理之道。言而必行。

20. □□□□。曾无辞避。奏授都官郎中兼侍御史赐绯鱼袋知扬子留后。事无小大。素所谙详。操割条

21. □。□□□地。名实兼茂。前后无俦。岁余。使府改移。留务更代。长庆初。拜金州刺史兼侍御史。又迁明州刺史。

22. □□□□。未尝不以课绩称。而强直执法。最得名于纠曹宪府。其余皆有著闻。先司直出身登科。

23. □与公同。征授秘省正字蓝田县尉晋州录事参军。建中中。除大理司直。充浙江东西道节度推官。

24. □□国韩□首□之盛也。司直早有清白之誉。公实继之。代不乏贤。斯之谓矣。矧能贞方廉静。明达端悫。

25. 公□而不许。□而不□。□不徇名。清不矫俗。嗟乎。年寿难逃乎命。权位未尽其才。以宝历元年九月七日遘疾

26. 而终。春秋七十有七。遗命丧葬从俭。无受公府赠赙。亲友增欷。节士伤怀。郡邑之人辍舂相唁。以宝历二

27. 年六月廿五日。迁窆于润州丹徒县竹里乡。祔于先司直之茔。先夫人韦氏旧殡常州。因公亦迁而未

28. 合祔及不从洛阳大□。皆从宜也。韦夫人先公而殁。父曾。皇宣州旌德县丞。有子一人孺元。前任睦州桐

29. □县尉。二女。长适前湖州乌程县尉郑至言。次适乡贡进士魏文中。今夫人同郡袁氏。淮阳郡君。父

30. □。皇□阳县令。公之内妹也。姻得其亲。有子三人。长曰师元。次曰休元。次曰复元。少已过悼。长未及冠。二女。长未

31. 笄而少尚幼。皆生知孝友。学成道艺。凤□礼义。克保令□（名）。以予悉旧知。备谙行实。以文见托。庶无为遗

32. □之恨。铭曰。吨分殷君。有德有□。□□不回。政绩率闻。既践霜台。俄登粉署。端肃风宪。□行轨

33. □。□□莅职。变俗成务。家传儒学。士□风规。石光火□。位列清时。咸称洁白。孰谓瑕□。年运□穷。

二、殷彪的历官及相关事迹考

殷彪以明经出身，第一份官职为亳州参军。州参军是常见的唐代士人初仕的官职。此后殷彪参加制科，授楚州录事参军，在任上因强硬对抗州将，闻名于朝野，考功员外郎裴垍因此给予殊考。这件事情由沈济既记录。沈济既为当时著名的史家，贞元年间担任左拾遗、史馆修撰，撰有《建中实录》等。

殷彪接受"李尚书"的聘请知嘉兴监，官职全称为"试大理评事知盐铁转运嘉兴监"，这是他首次担任度支盐铁系统的官员。按志文所说"李尚书兼总醋计两使之际"，考贞元年间担任盐铁转运使的李姓官员有李衡、李若初、李琦三人。李衡自贞元九年（793）至十四年（798），李若初为贞

元十四年九月至十五年（799）春正月，李琦从贞元十五年（799）二月开始担任。从时间上看，李尚书最有可能指的是李衡。

嘉兴监在苏州，始为煮盐之地，监首设于唐肃宗乾元年间（758—760）。《太平寰宇记》称"嘉兴监，本秀州嘉兴县煎盐之所，至今升为监"①。刘晏改革盐法，嘉兴监为东南海盐产区的十监之一，下设有徐浦等三盐场，后还设有督查盐运的冬瓜堰等。知监官为盐铁系统的中层官员，下设有都巡官、判官两类佐官。监之下又有盐场官、堰官，以及吏职。担任过嘉兴监知监官的还有张中立等人，张中立任官见《唐故宣议郎侍御史内供奉知盐铁嘉兴监事张府君墓志铭并序》②。大诗人李白的儿子李伯禽就担任过嘉兴监下属盐场的梁盐官，《太平广记》记载："贞元五年（789），李伯（按：应为白）子伯禽，充嘉兴监徐浦下场梁盐官。"③张虎望担任过嘉兴监冬瓜堰官，《南部新书》丁部记载，"张祐字承吉，有三男一女，桂子、椿儿、椅儿。桂子、椿儿皆物故，唯女与椅在。椅儿名虎望，亦有诗。后求济于嘉兴监裴弘

---

① 〔宋〕乐史著，王文楚校：《太平寰宇记》卷95《江南东道七》，北京：中华书局，2007年，第1916页。
② 新文丰出版公司编辑部编辑：《石刻史料新编》第1辑第12册《金石录补》，台北：新文丰出版股份有限公司，1977年，第9093页。
③ 《太平广记》卷305《神十五·李伯禽》，第2417页。

度，署之冬瓜堰官，望不甘。庆曰'祐之子守冬瓜，所谓过分'"①。嘉兴监之下的吏职，目前资料中尚未见。兰亭监的吏职有"驱使官"，见于《□□□府君墓志铭并序》，云："生子六人。长曰少伦，勤俭为事，诗书为典，雅量高明，见机而作，身充兰亭监驱使官佐助盐务，诸无□（阙）遗。"②

唐代中后期的知监官、知院官为使职差遣的性质，其品级按试职或兼职。殷彪初担任嘉兴知监官，试大理评事，为从八品下，是品秩较低的官员。志文又说"岁满，迁监察御史里行。依前守职"，则是在考满后升迁为正八品上。监察御史里行，唐代非正员的御史，太宗时马周以布衣进用为监察御史里行，为里行之名的开始。唐代中后期多用为诸道、诸使属官所设的宪衔，并非御史台的御史。

殷彪不久升迁为知某监或某院的主官，同是在盐铁官职系统内，但兼官变为殿中侍御史内供奉。志文所说"寻迁知□□□□□殿中侍御史内供奉"，殿中侍御史为从七品上，故称"迁"。"内供奉"缀在殿中侍御史后，亦是兼官，非真御史。"朝廷外求宪官"，即朝廷以度支盐铁官员所兼任的御史参与监察工作。殷彪在任上审覆河中临晋厩马外牧者受赃案件，得罪宦官而被贬为县令。自此，从贞元年间至元和

---

① 〔宋〕钱易：《南部新书》丁部，上海：商务印书馆，1936年，第36页。
② 章国庆编著：《宁波历代碑碣墓志汇编》（唐五代宋元卷），上海：上海古籍出版社，2012年，第9—10页。

十二年（817），殷彪一直未得到升迁。

殷彪任申州刺史的时间，当是元和十二年十月平吴元济之后不久。淮蔡地区平复后，选用地方官，殷彪主动报名参加而得申州刺史之职。

元和十四年（819）至长庆元年（821），柳公绰任盐铁转运等使。殷彪经郑修的举荐，先担任转运判官，后担任扬子留后。《旧唐书·柳公绰传》记载："（元和）十四年，起为刑部侍郎，领盐铁转运使。转兵部侍郎、兼御史大夫，领使如故。长庆元年，罢使，复为京兆尹、兼御史大夫。"①

长庆元年，殷彪担任金州刺史。此事又见于白居易所拟制《杨子留后殷彪授金州刺史兼侍御史河阴令韦同宪授南郑令韦弁授绛州长史三人同制》一文：

> 敕："某官殷彪等，今之郡守，古侯伯也。今之邑令，古子男也。于吏有君臣之道焉，于人有父母之道焉。郡邑之间，承上率下者，州长史也。凡此之官，与吾共理。使吾人安而无怨者，其在吏良而政平乎！金，秦之郡也。奏告专达，得行异政。以彪清平信惠，临事能守。小大之职，率著名绩。故仍宪简，俾往牧

---

① 《旧唐书》卷165《柳公绰传》，第4302页。

之。……宜各悉心，修举三职。可依前件。"①

该制文的写作时间，朱金城考证为长庆元年（821），故殷彪应在长庆初（821—824）拜金州刺史兼侍御史，不久迁明州刺史。宝历元年（825），殷彪在明州刺史任上因病去世，年七十七。

殷彪之父为韩滉所聘充浙江东西道节度推官之事，应在代宗大历十二年（777）至德宗贞元三年（787）。按《旧唐书》的记载，韩滉在大历十二年为苏州刺史、浙江东西道都团练观察使，后加节度使，"数月，拜苏州刺史、浙江东西都团练观察使。寻加检校礼部尚书、兼御史大夫、润州刺史、镇军节度使"②，韩滉一直担任浙江东西道观察使兼节度使。韩滉在大历年间曾担任户部侍郎、判度支，贞元二年（786）又领盐铁转运使，直到贞元三年去世。殷彪之父在韩滉使府中担任节度推官，由于韩滉兼领盐铁，故有可能也在盐铁系统任职过。殷彪能得到盐铁官职，或与此有关。故志文有"李尚书兼总醝计两使之际。先司直与公。前后二纪之间。俱为首辟。时论以为□（荣）"之语，殷彪父亲品秩最高的兼官是大理司直，因此称先司直。殷彪担任过四个度支

---

① 白居易：《扬子留后殷彪授金州刺史兼侍御史河阴令韦同宪授南郑令韦弇授绛州长史三人同制》，《全唐文》卷661，第6724页；又见《白居易集笺校》卷48，第2875—2876页。

② 《旧唐书》卷129《韩滉传》，第3600页。

盐铁系统的官职，其父亲也在曾担任度支使、盐铁转运使的韩滉幕府中任职。志文的作者郑修也有知江南道盐铁转运扬子院的身份，在贞元早期与殷彪相识，后在元和末年向盐铁使柳公绰举荐过殷彪。

殷彪在度支盐铁系统的多次任职经历表明，唐代中后期度支盐铁官员在内部迁转的情况较多，而且选聘受一定亲旧、家族关系的影响。《旧唐书·柳仲郢传》记载柳仲郢因受李德裕赏识提拔，在他担任盐铁使后，"取德裕兄子从质为推官，知苏州院事，令以禄利赡南宅"①。《唐故殿中侍御史内供奉知盐铁凤山监博陵崔府君墓志铭并序》记载了崔仲蓉始担任武功县尉等职，后被盐铁使李相国看重而知桂阳监，后转知凤山监，"以吏道得名，于广汉府中主亭……李相国使盐铁日，以桂阳监采铜吏滥，钱弊大行。□其俭慎干劳，奏授监察御史里行知监事。条立而滥禁，费省而功多。寻转殿中侍御史内供奉知凤山监"②。唐武宗会昌年间，一位叫刘略的盐铁官员为亡妻撰写了墓志铭（《唐故荥阳郑氏夫人墓铭》），其中讲述了自己从桂阳监迁转浙西院的经历，"会昌末年，余赴职桂阳监，明年移赴浙西，水陆道途，萦绕千

---

① 《旧唐书》卷165《柳仲郢传》，第4307页。
② 洛阳市第二文物工作队、李献奇、郭引强编：《洛阳新获墓志》，北京：文物出版社，1996年，第106页。

里……以大中元年五月十七日薨于浙西盐铁院"[①]。作者自署名为"鳏夫知盐铁浙西院水务郎试大理司直兼殿中侍御史刘略",则刘略是从知桂阳监转任知盐铁浙西院的。杜牧对唐代后期监院官的选任有一句评语:"今诸道监院,颇不得人,皆以权势干求,固难悉议停替,其于利病,岂无中策?"[②]杜牧对度支盐铁系统选任诸道监院官员的批评,固然缘于其选人不够公开,不过,该系统官吏需要有算学、吏治方面的才能,度支盐铁使选任背景和能力都更为熟悉的故旧亦有其道理。

三、殷彪的司法职务与司法行为

殷彪担任过三任盐铁系统在地方的官员,均兼有宪职;担任过一任盐铁中央官,兼职为朝职。其一为知盐铁转运嘉兴监,所兼宪职为大理评事,并在该职务上兼职升为监察御史里行;其二为知某监(院)官,兼殿中侍御史内供奉;其三为以都官员外郎任转运判官;其四为知扬子院留后,兼职为侍御史。而殷彪在柳公绰属下担任转运判官时,所带兼职为朝官,是都官员外郎。殷彪的兼官情况反映了唐代中后期的度支盐铁属官所兼职的一个规律,即度支盐铁系统的直属官,如判官、推官、巡官,所兼职多为朝官;在地方的属

[①] 洛阳市第二文物工作队、李献奇、郭引强编:《洛阳新获墓志》,第108页。
[②] 杜牧:《上盐铁裴侍郎书》,《文苑英华》卷671,第3452页。

官，如知监官、知院官，兼职多为大理评事和御史一类的宪职。李锦绣曾对度支盐铁系统的属官进行过统计，度支判官二十五人带郎中、员外郎一类的朝职，盐铁判官十二人大多带朝职，极少数兼有侍御史一类的宪职，户部判官十一人均带朝职。[①]巡官因外出处理盐铁事务较多，也常带宪职。监院官、巡院官也有朝职和宪职同带的情况。白居易在长庆元年（821）所拟的一道授官制中，出现了四名知监院官的兼职，制书名为《知汴州院官侍御史卢濛可检校仓部员外郎，陕府院官卢台可兼侍御史，郑滑院官李克恭可试大理评事，独孤操可卫佐并依前知院事四人同制》[②]。该制书中，知汴州院官卢濛本兼侍御史衔，又加检校仓部员外郎，这是朝职和宪职同兼的情况，卢台以知陕府院官兼侍御史，郑滑院官李克恭加试官大理评事，可见，度支盐铁设在地方的监院官、巡院官兼带具有司法权性质的大理评事（"法官"）、监察御史与侍御史（"宪官"）是唐代中后期极为普遍的现象。

度支盐铁系统的监院官、巡院官带宪职具有特殊的意义，可视为中央对地方监察权的延伸。《新唐书·百官志》就记载诸道使府和诸使下属官员以检校、里行、内供奉之名为兼御史，"至德后，诸道使府参佐，皆以御史为之，谓之外台；复有检校、里行、内供奉，或兼或摄，诸使下官亦如

---

① 李锦绣：《唐代财政史稿》第 4 册，第 213—221 页。
② 《白居易集笺校》卷 52，第 3043 页。

之"①。度支盐铁系统的监院官兼御史,又有"监院御史""外台御史"之称,见于《新唐书·高元裕传》,其文曰:

> 故事,三司监院官带御史者,号"外台",得察风俗,举不法。元和中,李夷简因请按察本道州县。后益不职。元裕请监院御史隶本台,得专督察。诏可。②

此事在文宗开成四年(839)。度支、盐铁、户部三司设在地方带御史衔的监院官称为"外台",此为故事,可见由来已久。御史中丞高元裕为加强对地方的监察,请求将监院御史直接划归御史台管理,得到许可。

度支盐铁系统的知监院官带大理评事、御史一类的兼职是其获得司法权的重要依据。唐代中后期的诏敕中,多有要求监院官承担监察地方财税收入、督促盐政的敕令,前文所引贾宪保、宁欣等人的研究早已对此有过论述③。殷彪在知盐铁某监(院)时兼殿中侍御史之职,亦参与了司法活动。志文称:"寻迁知□□□□,□(兼)殿中侍御史内供奉。主钱谷权变之务。存法理特守之术。使条而不紊。直而不枉。

---

① 《新唐书》卷48《百官志》,第1237页。
② 《新唐书》卷177《高元裕传》,第5286页。
③ 参见贾宪保:《唐代巡院初探》(《人文杂志》1984年第3期)、宁欣《唐朝巡院及其在唐后期监察体系中的作用和地位》(《北京师范学院学报(社会科学版)》1989年第6期)等文。

第五章　唐代中后期度支盐铁转运使的司法权及其运作

所谓闻而知之。"殷彪在行使司法职权方面有"直而不枉"的名声，故朝廷外求宪官时，得以拜殿中侍御史。那么，盐铁系统的官吏有哪些司法方面的职务呢？主要有推按度支盐铁系统的司法案件、审覆州县案件、处理影响盐铁生产的事件等。例如，《旧唐书·韦温传》载："盐铁判官姚勖知河阴院，尝雪冤狱。盐铁使崔珙奏加酬奖，乃令权知职方员外郎。"①《新唐书》载姚勖为"盐铁推官"，其余事亦同。这是关于盐铁官吏按覆司法案件的记录。唐代笔记小说中也有监院官处置影响盐铁生产人员的记载，《太平广记》"郑君"条载："唐贞元末，郑君知盐铁信州院。常有顽夫，不察所从来，每于人吏处恐胁茶酒，郑君擒至笞脊。"②这是对干扰盐场生产的人员处以刑罚的记录。

唐代中后期度支盐铁系统拥有管理本系统官吏、商户、匠户等特殊群体，以及审理贩卖私盐、私铸钱等特殊案件的司法权，这种司法权包括了逮捕、禁系、审理、断决等，并具有相对于州县司法系统的独立性。设在地方的监院官和派出督察地方财政的巡官、推官等是其司法权的执行者，但正史典籍对此的记载十分少见。通过《殷彪墓志》可知，殷彪先后担任嘉兴监监院官、扬子院留后等度支盐铁系统的职务，是唐代中后期度支盐铁系统设在地方的中下层官员的代

---

① 《旧唐书》卷168《韦温传》，第4379页。
② 《太平广记》卷73《道术三·郑君》，第457页。

表。殷彪在处理盐政事务的同时，也参与了司法案件的审理工作，并因处事"直而不枉"获得升迁。从这个意义上来说，《殷彪墓志》记录了正史典籍少见的关于度支盐铁官员行使司法权的材料，因而弥足珍贵。

第四节　度支盐铁系统司法运作的典型案例：邓琬案

邓琬案是文宗大和五年（831）被曝出来的一件影响极大的案件。该案起于德宗贞元二十年（804），度支下牒将阌乡县行市、黄涧两场仓督邓琬等四人关押在阌乡县狱，要求赔偿贞元二年（786）邓琬押运期间腐烂的米粮。在邓琬死于狱后，又关押其孙子、玄孙，时间长达二十八年，前后有九人死于狱中。大和五年，宣抚使唐扶访察得知，率先上奏揭露该案；元稹等人先后上书，在朝野引起轩然大波，最终发布敕令，要求全部放还度支盐铁转运系统关押的三年以上的犯人。邓琬案所反映的度支盐铁转运使及其下属监院、巡院的司法权及其运作问题，是唐代中后期司法变革的重要内容。

度支盐铁转运使在唐代中后期承担了一定的司法职能，并通过下设在各地的监院、巡院行使监管地方财税上供、监察司法等方面的权力，同时对私盐、私开矿等犯罪者以及度支盐铁系统的下层官吏拥有司法审判权。学者们多从财政方

第五章 唐代中后期度支盐铁转运使的司法权及其运作

面对度支、盐铁转运使进行了研究,也注意到了度支盐铁巡院的司法监察职能。前文已对相关研究进行梳理(见本书"绪论"第 16—18 页),此处不再赘述。前辈学者对度支盐铁转运使所拥有的司法监察权已有探讨,特别是对使职机构的设置和监察地方之权有比较深入的研究,但是针对执行刑律、审判案件方面的研究却很少。本节拟在前人研究基础上探讨度支盐铁转运使及其下属机构在实际中如何行使司法权的问题,以及由此引发的司法管辖权冲突问题。

唐代中后期度支使、盐铁转运使的设置有合有分,职能亦有重合的地方,此间关系在何汝泉先生的《唐代度支、盐运二使关系试析》一文中已有清楚的交代①,故不多述。我们把度支、盐铁、户部三司统称为财税工商管理系统。为保障中央政府的财政供给,该系统设在地方的监院、巡院拥有司法权,可以对道、州、县地方行政机构进行检查和制衡。唐代中后期,地方监院、巡院长官多带御史衔,有"监院御史"和"外台"之称,可以监察地方财税征收、禁囚滞留等事务。地方行政机构也试图在这种争夺财政权力的角力中获取更大的利益,在司法运作方面与之产生矛盾。邓琬案反映了财税系统所具有的司法职权,以及该系统与地方行政机构在司法管辖权方面的冲突,是我们研究唐代中后期司法运作

---

① 何汝泉:《唐代度支、盐运二使关系试析》,中国唐史学会编:《中国唐史学会论文集》,西安:三秦出版社,1993 年。

变革问题的一个典型案例。

一、邓琬案始末

邓琬案在两《唐书·唐扶传》中均有记载,其文可作为我们了解邓琬案的基本材料。我们再参考《全唐文》所载的奏文和敕令等材料,可对案件始末进行梳理复原。《旧唐书·唐扶传》对案件的记载如下:

> (唐)扶……大和初,入朝为屯田郎中。五年,充山南道宣抚使,至邓州。奏:"内乡县行市、黄涧两场仓督邓琬等,先主掌湖南、江西运到糙米,至浙川县于荒野中囤贮,除支用外,六千九百四十五石,袤烂成灰尘。度支牒征元掌所由,自贞元二十年,邓琬父子兄弟至玄孙,相承禁系二十八年,前后禁死九人。今琬孙及玄孙见在枷禁者。"敕曰:"如闻盐铁、度支两使,此类极多。其邓琬等四人,资产全已卖纳,禁系三代,瘐死狱中,实伤和气。邓琬等并疏放。天下州府监院如有此类,不得禁经三年已上。速便疏理以闻。"物议嘉扶有宣抚之才。[①]

《新唐书·唐扶传》基本上按照《旧唐书》的记载进行了行

---

① 《旧唐书》卷190下《唐扶传》,第5062页。

文上的精简处理，其文为："大和五年，（唐扶）为山南宣抚使。内乡仓督邓琬负度支漕米七千斛，吏责偿之，系其父子至孙凡二十八年，九人死于狱，扶奏申释之。诏切责盐铁、度支二使，天下监院偿逋系三年以上者，皆原。"①唐扶为贞观年间名臣唐俭后人，其父唐次在德宗时任夔州刺史，宪宗时任中书舍人。两《唐书》对他上奏揭开邓琬案一事均持肯定态度。两书记载的内容，《旧唐书》比较详细，且直接引录了部分唐扶的奏文和朝廷敕令，具有更高的史料价值。而《新唐书》把《旧唐书》"天下州府监院"简写为"天下监院"，是对度支盐铁转运使禁系囚犯方式的误解。度支盐铁使系统不仅在监院设有监狱，也可将囚犯寄禁在州府的监狱中。

另外，两书中的"内乡"也写作"阌乡"。《元和郡县图志》"河南道二"云："阌乡县，望。东南至州一百里。本汉湖县地，属京兆尹，自汉至宋不改。周明帝二年，置阌乡郡。按：阌乡，本湖县乡名。阌，古文'闻'字也。《说文》'从门，昬声'。隋开皇三年，废阌乡郡，十六年移湖城县于今所，改名阌乡县，属陕州。贞观八年，改属虢州……黄巷坂，在县西北三十五里，即潼关路也……黄河，在县北三里。"②阌乡县靠近黄河与潼关，地处交通要道，故在此设行

---

① 《新唐书》卷89《唐扶传》，第3761页。
② 〔唐〕李吉甫撰，贺次君点校：《元和郡县图志》卷6《河南道二》，北京：中华书局，1983年，第163页。

市、黄涧二仓。

《全唐文》记载:

> 据屯田郎中唐扶:邓州内乡行市、黄润两场仓督邓琬等,先主掌贞元二年湖南江南运到糙米至浙江,于荒野中权造囤盛贮,差邓琬等交领。除支用外,六千九百四十五石,多年坏烂,已成灰尘。准度支牒,征原主掌所由。从贞元二十年以后,所由邓琬父子兄弟至元孙,相承禁系,经今二十八年,前后禁死九人,追孙及元孙等四人,见枷禁。①

《全唐文》把作者写为阙名,但据其第一句"据屯田郎中唐扶"及相关内容,此应为唐扶所作关于邓琬案的奏状原文。唐扶本官为屯田郎中,宣抚使为使职,故写"据屯田郎中唐扶"。陈尚君《全唐文补编》辑录了此文,拟题为《宣抚邓州奏》,作者为唐扶。② 唐扶的奏状是最早关于邓琬案的原始记录,陈述了邓琬案的起因。

该奏状呈至朝廷,将案件披露后,引起了广泛讨论,发表意见的有元稹、白居易等大臣。最终的处理意见是文宗发出的敕令,《全唐文》所记载的《释邓晟等禁系敕》云:

---

① 阙名:《奏邓琬等禁系状》,《全唐文》卷974,第10101页。
② 唐扶:《宣抚邓州奏》,《全唐文补编》卷70,第867页。

> 如闻盐铁度支两使，此类至多，其邓琬四人，资产全以卖纳，系禁动经三载，死于狱中，实伤和气。其邓晟等四人，勒责保放出。仍委两使都勘天下州府监院，更有此类，但禁经三年已上，一切与疏理，各具事由闻奏。①

通过对比两《唐书·唐扶传》和《全唐文》的记录，整个案件的相关情况可按时间顺序梳理如下：

1. 德宗贞元二年（786）：邓州阌乡县行市、黄涧两场仓督邓琬等人，主掌湖南、江西两地运送糙米的工作，至浙江于荒野中临时造囤贮藏。后来除支用外，有六千九百四十五石因储存多年坏烂，已成灰尘。

史载德宗贞元二年二月，因主政宰相崔造一力主张，诏令停诸道水陆转运使及度支巡院、江淮转运等使，由地方观察使督运米粮到都城或指定仓库。直到该年十二月，韩滉兼度支、诸道盐铁转运使，才使漕运恢复正常。这项改革在当时的背景下实际上是失败的，带来了转运米粮不及时、转运系统瘫痪的恶果。《旧唐书》称"时崔造专政，改易钱谷，职事多隳败"，"物议亦以造所奏虽举旧典，然凶荒之岁，难为集事"。② 邓琬督运糙米本应直达河南，但是却在浙

---

① 唐文宗：《释邓晟等禁系敕》，《全唐文》卷74，第775页。
② 《旧唐书》卷12《德宗上》，第352页；《旧唐书》卷130《崔造传》，第3627页。

江临时造仓囤贮藏，可能与当时的漕运改革有关，导致米粮坏烂。

2. 贞元二十年（804）：度支发牒追责贞元二年米粮坏烂的问题，将当时负责押运的邓琬等四人（准确地说应该是四家）关押在阌乡县监狱，要求他们偿还腐烂的米粮。因数量巨大，即使变卖家产也无法偿还，四家均有人一直被关押在监狱，多次遇到大赦也未获释。

3. 大和五年（831）：宣抚使唐扶巡察邓州时，发现阌乡县监狱关押的邓琬后代邓晟等人，了解案件缘由后，上奏文宗。此时邓琬等四家父子兄弟至元孙被关押已有二十八年，在狱中死亡九人。大和五年尚有孙及元孙等四人，仍然在枷禁之中。

4. 大和五年：文宗发布《释邓晟等禁系敕》，释放了邓晟等四人，并要求两使（度支、盐铁二使）都勘天下州府监院，对此类关押时间达三年以上的案件进行疏理，并奏报朝廷。但要注意的是，敕文中对邓晟等人是"勒责保放出"，说明并没有免罪，也没有免除赔偿的责任。对于都勘系囚，《旧唐书》和《全唐文》的记载均为"天下州府监院"，《新唐书》省简为"监院"。《旧唐书》的记载更为准确，度支、盐铁使系统不仅在监院、巡院设监狱关押犯人，也常借用州县的监狱。"都勘天下州府监院"则指所有度支盐铁使系统关押的囚犯。

暴凉以时。若安置不如法，暴凉不以时，而致损败者，计所损败多少，坐赃论。州、县以长官为首，以下节级为从。监、署等，有所损坏，亦长官为首，以次为从，故云'亦准此'。"① 邓琬为仓督，故而"为首"，因败坏糙米数额巨大而被关押到狱。当时度支不设监狱，所以被关押在阌乡县监狱。类似因运粮失误而被关押的记载还有《太平广记》中的"马子云"条，原文曰：

> 泾县尉马子云，为人数奇，以孝廉三任为泾县尉，皆数月丁忧而去。在官日，充本郡租纲赴京。途由淮水，遇风船溺，凡沉官米万斛，由是大被拘系。子云在系，乃专心念佛，凡经五年。后遇赦得出，因逃于南陵山寺中，常一食斋。②

该故事出于《纪闻》，为唐玄宗时期的牛来颖所撰，反映的应该是玄宗时期的事情。马子云为县尉，主持运送官物到京城，因船沉没失米万斛，被关押五年才遇赦得出。

唐代中后期对督运粮草等失误处以较重的刑罚，相对唐代前期有加重的趋势。在唐代前期多个督运粮草失误的案例中，对主持者多处以免官或给予考课上的处罚，并不处以刑

---

① 《唐律疏议》卷15《厩库·损败仓库积聚物》，第292页。
② 《太平广记》卷101《释证三·马子云》，第681页。

罚。唐太宗征辽东时,"青州刺史刘仁轨知海运,失船极多,除名为民,遂辽东效力"①。高宗时,"承庆典选,校百官考,有坐漕舟溺者,承庆以'失所载,考中下'。以示其人,无愠也。更曰'非力所及,考中中'。以示其人,亦不喜。承庆嘉之曰:'宠辱不惊,考中上。'其能著人善类此"②。卢承庆起初对承担漕运溺失责任的官员考课为中下,后见其宠辱不惊的态度,考课提升为中上。到了玄宗时期,因运输粮草等事出现失误而被处以刑罚者增多,甚至要求押运者赔偿损失的财物。《太平广记》"成珪"条记载:"成珪者,唐天宝初,为长沙尉。部送河南桥木,始至扬州,累遭风水,遗失差众。扬州所司谓珪盗卖其木,拷掠行夫,不胜楚痛,妄云破用。扬州转帖潭府……觐至扬州,以小枷枷珪,陆路递行。至宁江,方入船,乃以连锁锁枷,附于船梁,四面悉皆钉塞,唯开小孔,出入饭食等。……州官僚叹美,为市驴马粮食等,珪便入京,于御史台申理。"③长沙尉成珪往河南送桥木,因遭风浪遗失,却遭诬陷而要被押送至潭州审理。这种司法变革,与唐代中后期朝廷财政愈加紧张,财税系统地位越来越重要有关。

马子云"遇赦得出"为何还要逃亡呢?与当时官物的追征政策有关系。

---

① 张鷟:《朝野佥载》卷1,《唐五代笔记小说大观》,第15页。
② 《新唐书》卷106《卢承庆传》,第4048页。
③ 《太平广记》卷111《报应十·成珪》,第768页。

2. 这类犯人多次遇赦为何不放免？

邓琬及其家人关押在狱，经多次大赦均未获释，这与唐律中对负欠官物的追征制度有关。《唐律疏议》"会赦应改正征收"条云："诸会赦，应改正、征收，经责簿帐而不改正、征收者，各论如本犯律。谓……监临主守之官，私自借贷及借贷人财物、畜产之类，须征收。"①唐律强调了对于官物保管方面的犯罪案件，不得因赦其人而不征其物，以保证官方财产的安全。邓琬等人虽未借贷官物，却使官物损失，类同此例。《唐律疏议》"以赦前事相告言"条也有类似规定："若事须追究者，不用此律。追究，谓婚姻、良贱、赦限外蔽匿，应改正征收及追见赃之类。【疏】议曰：'事须追究者'，备在注文……'赦限外蔽匿'，谓会赦应首及改正征收，过限不首，若经责簿帐不首、不改正征收。及应征见赃，谓盗诈之赃，虽赦前未发，赦后捉获正赃者，是谓'见赃之类'，合为追征。"②

唐代对官物的追征并不因为大赦而减免，即使人被放出，官物仍须征纳。因为一直没有还清官物，邓琬一直被关押在狱。邓琬死后，为了追索官物，又关押其子孙。前文《太平广记》所载案例中，马子云虽出狱，却仍要逃匿到寺庙，不能回家，也有官物不得免征的缘故。

---

① 《唐律疏议》卷4《名例·会赦应改正征收》，第96页。
② 《唐律疏议》卷25《斗讼·以赦前事相告言》，第443—444页。

3. 坐赃者身死不征与负欠官物的对比。

白居易在奏状中说:"臣伏以罪坐之刑,无重于死;故杀人者罪止于死,坐赃者身死不征。今前件囚等,欠负官钱,诚合填纳;然以贫穷孤独,唯各一身,债无纳期,禁无休日。"犯贪污受贿罪的犯人可以因死亡而不征其赃,而欠负官物之人却在还清之前一直被关押,其家人亦受牵连,这看上去是当时法律的不合理之处,但其实与当时的社会背景有关。度支盐铁使及其下属机构所构成的财税系统掌管朝廷财物,保证财税的正常征收和运送,行使司法权也不受地方政府管辖。因此,在实际的司法运作中,追征欠负官物的重要性高于对犯罪行为的惩罚,除没收家产外,其他家人也要承担偿还责任。尽管白居易认为应参考对坐赃者的处罚,但是从文宗敕令所云"其邓晟等四人,勒责保放出"的语气来看,并没有免除邓琬家人偿还官物的责任。

邓琬是负责督运的官员,故而要负责官物的安全,承担官物押运的法律责任,前引《太平广记》"马子云"条亦如此。而协助押运的人员却无须担责。《太平广记》"宋衎"条记载:江淮人宋衎元和初年为盐铁的书手(抄写书簿的吏职),受押运米纲的人聘请临时承担管理簿书的工作。米纲经过三门时遇到暴风,船舶全部沉没,宋衎因抱着一束粟藁漂到岸边方才得救回家。① 宋衎受聘请通管簿书,只是吏职,

---

① 《太平广记》卷106《报应五·宋衎》,第719页。

第五章 唐代中后期度支盐铁转运使的司法权及其运作

不是负责押运的官员,故尽管漕船沉没,但他并不承担赔偿官物的责任。

邓琬案反映唐代中后期的司法运作出现了新变化,即度支盐铁系统在唐代中后期承担了管理财税的主要职责后,为保障财税收入、维持系统的正常运作,被赋予了司法权。这是对唐初所构建的传统司法运作体系的补充,也是新财税制度与政治制度下的司法变革。

结　论

唐代中后期,因社会经济的发展变化,度支盐铁转运系统拥有了一定的司法权,包括对地方政府的监察权,也包括针对本系统官吏,盐商、茶商等商人,盐户、匠户、园户等人群的管理权,以及对贩卖私盐等特别犯罪的司法管辖权等。为了考察这种司法权的运作情况,我们重点梳理了殷彪这一度支盐铁系统中下层官员的仕宦经历和司法职务行为,以及邓琬案这两个典型的例子。

通过对镇江博物馆所藏《殷彪墓志》的考证,我们知道殷彪先后担任嘉兴监监院官、扬子院留后等度支盐铁系统的职务,并兼有大理评事、殿中侍御史这样的法官和宪职,他是唐代中后期度支盐铁系统设在地方的中下层官员的典型代表。殷彪在处理盐政事务的同时,也参与了司法案件的审理工作,并因处事"直而不枉"获得升迁。

邓琬案在德宗贞元年间发生、文宗大和年间方结案，犯罪者被禁系三代，时间长达二十九年。该案不涉及高官，亦非左右政治进程的重案，但反映了唐代中后期司法运作模式的一个重要变革，即度支盐铁转运使及其下属机构掌握了一定的司法权，具有对本系统的官吏、商户、匠户等特殊人群的司法管辖权，以及对贩卖私盐、私铸钱等特殊犯罪案件的管辖权。而且这种司法权包括了逮捕、禁系、审理、断决等，并拥有相对于州县司法系统的独立性。这种司法权是从唐初本属于中央司法系统和地方行政长官的司法权力中分离出来的，与唐宋变革大背景下的经济、政治和制度的变革有着紧密联系。

余 论

秦汉时期，中国古代社会治理模式从贵族世袭制走向官僚选拔制，促使管理官吏的法律制度也不断发展完善，司法官吏的职业化、司法运作体系的建立和完善，就是其中十分重要的环节。公罪和私罪制度作为法律中专门规范官吏职务行为、预防官吏犯罪的制度，发源于秦代。魏晋至隋唐时期，在国家官僚体制不断完善和国家运作机制法制化的背景下，中国形成了律、令、格、式的成文法律体系，并在司法运作中形成了"罪行法定"的原则。《晋书·刑法志》记载了一则晋惠帝时三公尚书刘颂的上疏，是目前最早阐述断罪应以法律令正文为准的文本，其文曰："又律法断罪，皆当以法律令正文，若无正文，依附名例断之，其正文名例所不及，皆勿论。法吏以上，所执不同，得为异议。如律之文，守法之官，唯当奉用律令。至于法律之内，所见不同，乃得为异议也。今限法曹郎令史，意有不同为驳，唯得论释法律，以正所断，不得援求诸外，论随时之宜，以明法官守局之分。"[①]《唐律疏议》规定"诸断罪皆须具引律、令、格、式

---

① 《晋书》卷30《刑法志》，第938页。

正文"①，并禁止法官"辄引制敕断罪"②，明确了罪行法定的原则。该法律原则是对汉代"春秋决狱"司法断决模式的否定，也说明：自中古时期开始，中国法律制度以成文法典为主要法律形式，历朝建立后无不以制定律令、编撰法典为要务。隋唐时期确定的这种成文法典法律体系，对古代亚洲各国产生了重要影响，日本、朝鲜等国多仿照、继承唐朝法律制度建立"律令体系"。这个以隋唐时期的中国法律为核心，古代亚洲一些国家通过移植、借鉴中国法律而建立的成文法律体系，被称为"中华法系"。

本书以"唐代中后期司法运作研究"为题，正是从司法官吏履行职务的视角，对秦汉以来官僚制度的发展和国家运作法制化趋势的讨论。唐代法律对司法官吏的管理方式中，最为重要的就是设立了比较完善的公罪和私罪制度。唐代法律把官吏犯罪分为公罪和私罪，处以不同程度的刑罚，形成了"公罪轻刑"的法律原则，并在司法运作中对官吏仕途、俸禄等产生影响。司法领域公罪和私罪制度的完备，直接反映出唐代司法官吏管理制度较前代更加完善。在此基础上，本书以"禁囚不如法"为例讨论具体的罪名在实际运作中的情况，试图对唐代法律制度的复杂性进行分析，以期对唐代法制史研究多限于《唐律疏议》条文解读的不足有所补

---

① 《唐律疏议》卷30《断狱·断罪不具引律令格式》，第561页。
② 《唐律疏议》卷30《断狱·辄引制敕断罪》，第562页。

二、邓琬案的相关法律问题探讨

邓琬案在大和五年由宣抚使唐扶上奏后，朝野议论纷纷，一些大臣上奏发表自己的意见，引起了文宗的重视，颁布敕令要求放出邓琬的后人。相关朝议已难见，不过，白居易曾上《奏阌乡县禁囚状》，揭示了度支盐铁系统的犯人寄禁在州县地方监狱的悲惨情况，与该案有一定的相关性。其文如下：

> 右，伏闻前件县狱中有囚十数人，并积年禁系，其妻儿皆乞于道路，以供狱粮。其中有身禁多年，妻已改嫁者。有身死狱中，取其男收禁者。云是度支转运下，囚禁在县狱，欠负官物。无可填陪，一禁其身，虽死不放。前后两遇恩赦，今春又降德音，皆云节文不该，至今依旧囚禁。臣伏以罪坐之刑，无重于死。故杀人者罪止于死，坐赃者身死不征。今前件囚等，欠负官钱，诚合填纳。然以贫穷孤独，唯各一身。债无纳期，禁无休日。至使夫见在而妻嫁，父已死而子囚。自古罪人，未闻此苦。行路见者，皆为痛伤。况今陛下爱人之心，过于父母；岂容在下有此穷人？古者一妇怀冤，三年大旱。一夫结愤，五月降霜。以类言之，臣恐此囚等忧怨之气，必能伤陛下阴阳之和也。其囚等人数及所欠官物，并赦文不该事由，臣即未知委细。伏望与宰相商

量，兼令本司具事由分析闻奏。如或贫穷是实，禁系不虚，伏乞特降圣慈，发使一时放免。一则使缧囚获宥，生死皆知感恩。二则明天听及卑，远近自无冤滞。事关圣政，不敢不言。臣兼恐度支盐铁使下诸州县禁囚更有如此者，伏望便令续条疏具事奏上。①

据朱金城笺，该奏状作于元和四年（809），当时白居易为左拾遗、翰林学士。邓州内乡县在河南西南部，其转运的粮草是湖南江西一带从长江运输到荆襄后，再沿汉水运输到关中。而阌乡县在黄河边，白居易此奏应不是针对邓琬案所发，但是两桩案件十分相似，都是关于度支盐铁系统长期关押犯人的事情。该奏状很能说明的问题是：度支盐铁转运使系统将犯人囚禁在州县地方监狱的现象普遍存在，且出现了多年禁系，遇恩赦不放，甚至犯人死后又禁系其子孙的情况。那我们看看白居易是怎样分析此类案件的。

白居易的奏状首先说禁囚状况之惨："其妻儿皆乞于道路，以供狱粮"，"身禁多年，妻已改嫁"，"身死狱中，取其男收禁"；再说囚禁多年的原因：因欠负官物被度支关押，多次遇大赦均没有获释；后谈应该释放的理由：禁囚关押时间过长，有伤和气，放免可令囚犯感恩，也可减少冤狱，避

---

① 《白居易文集校注》卷21《奏阌乡县禁囚状》，第1237—1238页。朱金城笺释见《白居易集笺校》卷58，第3356页。

免囚犯长期滞留；最后回归主旨，申明上奏动机：事关圣政，不敢不言，而且担心上述情形愈加严重。白居易还为此写诗一首，题为《歌舞》，以官员生活之腐化反衬囚犯在监狱的状况之凄惨。其文曰："秦中岁云暮，大雪满皇州。雪中退朝者，朱紫尽公侯。贵有风云兴，富无饥寒忧。所营唯第宅，所务在追游。朱轮车马客，红烛歌舞楼。欢酣促密坐，醉暖脱重裘。秋官为主人，廷尉居上头。日中为一乐，夜半不能休。岂知阌乡狱，中有冻死囚。"①

从奏状来看，白居易更多是从情理上分析案件和请求放免囚犯，以描述囚犯家庭的惨象来打动皇帝，从避免伤阴阳和气的角度劝勉，却没有从法理的角度指出关押行为的错误。从诗歌来看，白居易对囚犯的惨象抱有极大的同情之心，以"秋官"和"廷尉"（暗喻掌握司法权的官员）奢侈的生活对比囚犯在狱中冻死的景象。白居易的奏状是实述囚犯惨象，诗歌则采用对比手法烘托阌乡县监狱冻死囚犯的状况，基本的基调是以情感人，希望当权者施以怜悯而释放囚犯，这并非因为白居易缺乏法律素养。实际上，白居易是一位法律素养极高，又能兼顾情理的法律思想家，其判文为当

---

① 《白居易诗集校注》卷2《讽喻二·歌舞》，第179页。

时预备参加宏词拔萃者所仿写。① 那么，为何白居易不从法理上请求皇帝释放囚犯呢？

从法理上来看，像邓琬这类长期禁系的案件有几个法律问题值得讨论：

1. 邓琬是否犯罪，所犯为何罪？度支为什么可以将他和家人关押？

邓琬等人督办运粮，在荒野造仓囤贮藏而导致米粮腐烂，没有涉嫌贪赃，实为犯公罪的行为。其犯罪行为并不严重，而且也可能与当时废除度支、盐铁转运使运输赋税上京的改革政策有关。事件过去十八年后，度支再发牒要求邓琬等人赔偿。因数额巨大无法偿还，度支下牒关押邓琬等人，理由是其保管官物不当，导致糙米腐烂。

唐律规定，保管官物不当导致败坏以坐赃论罪。《唐律疏议》"损败仓库积聚物"条云："诸仓库及积聚财物，安置不如法，若暴凉不以时，致有损败者，计所损败坐赃论。州、县以长官为首，监、署等亦准此。【疏】议曰：仓，谓贮粟、麦之属。库，谓贮器仗、绵绢之类。积聚，谓贮柴草、杂物之所。皆须高燥之处安置；其应暴凉之物，又须

---

① 对白居易判词的评价，参见霍存福：《张鷟〈龙筋凤髓判〉与白居易〈甲乙判〉异同论》，《法制与社会发展》1997年第2期；付兴林：《论白居易〈百道判〉的思想价值》，《陕西师范大学学报（哲学社会科学版）》2005年第6期；王相民：《既遵法理，又合人情——白居易的判词写作特色》，《兰台世界》2007年第4期；等等。

益。在分析了唐代管理司法官吏的法律制度和刑法方面的罪名后，我们对官吏的设置、职权问题进行讨论。我们认为唐代的司法官有专业和兼职两种，所谓专职法官，指大理寺、刑部、御史台官员，以及地方职官系统中的法曹参军事、县尉等；所谓兼职司法官，指由行政部门设置的、承担司法业务的官员，如中书舍人、门下给事中，也有以地方行政长官的身份兼从事司法审判的官员，如县令、刺史、节度观察使等。唐代司法吏员的设置却具有强化专业分工的趋势，大略有追索和逮捕犯人、检索法律与整理案件文书、管理监狱与执行刑罚三大类吏职。五代至宋，司法运作愈加专业化，唐时部分具有法律专长的吏职地位上升，成为国家官员序列中的正式司法官，法直即是其中一种。

唐代至宋代是中国社会从中古向近世转型的时期，内藤湖南称之为"唐宋变革"。就法律制度与司法运作的变革而言，在法律形式的变化之外，本书特别注意到节度观察使和度支盐铁转运使所代表的两种不同体系的司法权及其运作问题。唐代中后期道一级地方行政机构的出现，使地方司法审级由两级变为三级，节度观察使及其僚佐的司法权从司法监察扩展到审覆、断决司法案件等。至五代，节度判官、观察判官等对下属州县司法案件的审覆成为定例，在敕文中有了明确规定。这种三级制的地方司法制度适应了中国古代地方行政机构变化的需要，也成为中国从唐朝以后至现代一千多年来的固定模式。

唐代中后期财税工商管理制度发生变革，度支盐铁转运使从而拥有了司法权，本书的论述从具体司法案件入手，重点阐述度支盐铁系统本身的司法独立性和对特殊群体、特殊案件的管辖权。这种由中央垂直管理、相对独立的司法系统设置对中国社会产生了长远的影响，宋代转运使、明清漕运总督的设立及其司法管辖权，甚至20世纪铁路公检法系统的设立和运作，都在一定程度上有唐代度支盐铁转运使制度的影子。

通过对唐代中后期司法运作的专题研究，我们可深入了解唐代对司法官吏的职务行为如何管理，司法官吏在司法运作中起到何等作用，以及在国家政治社会变革的背景下，司法运作机制怎样随之变革等问题。这种从司法官吏的角度以司法运作为中心的动态考察，有助于我们认识和理解中国古代法律制度的立法精神与司法运作的实践情况，亦有益于我们在现代司法制度中吸收中华法系的精华。

参考文献

一、传统文献和整理资料

上海古籍出版社编，丁如明、李宗为、李学颖等校点：《唐五代笔记小说大观》，上海：上海古籍出版社，2012年。

天一阁博物馆、中国社科院历史研究所天圣令整理课题组校证：《天一阁藏明钞本天圣令校证（附唐令复原研究）》，北京：中华书局，2006年。

〔元〕马端临撰：《文献通考》，北京：中华书局影印本，1986年。

〔元〕脱脱等：《宋史》，北京：中华书局，1977年。

〔日〕仁井田陞著，栗劲、霍存福、王占通等编译：《唐令拾遗》，吉林：长春出版社，1989年。

中国社会科学院历史研究所宋辽金元史研究室点校：《名公书判清明集》，北京：中华书局，1987年。

中国科学院考古研究所编：《居延汉简甲编》，北京：科学出版社，1959年。

〔北齐〕魏收：《魏书》，北京：中华书局，1974年。

〔汉〕司马迁：《史记》，北京：中华书局，1959年。

〔汉〕班固：《汉书》，北京：中华书局，1962年。

〔汉〕桑弘羊撰，王利器校注：《盐铁论校注》，北京：中华书局，1992年。

〔后晋〕刘昫等：《旧唐书》，北京：中华书局，1975年。

刘俊文主编：《日本中青年学者论中国史（六朝隋唐卷）》，上海：上海古籍出版社，1995年。

李希泌主编，毛华轩等编：《唐大诏令集补编》，上海：上海古籍出版社，2003年。

〔宋〕王应麟：《玉海》，上海：上海古籍出版社，1992年。

〔宋〕王钦若等：《册府元龟》，北京：中华书局影印本，1960年。

〔宋〕王健等：《刑书释名·刑法叙略·续刑法叙略·棠阴比事原编·棠阴比事续编（补编）》，北京：中华书局，1985年。

〔宋〕王溥：《五代会要》，上海：上海古籍出版社，1978年。

〔宋〕王溥：《唐会要》，北京：中华书局，1955年。

〔宋〕乐史著，王文楚校：《太平寰宇记》，北京：中华书局，2007年。

〔宋〕司马光编著，〔元〕胡三省音注，"标点资治通鉴小组"校点：《资治通鉴》，北京：中华书局，1956年。

〔宋〕孙奭：《宋律音义》，〔清〕阮元辑，江苏广陵古籍刻印社整理：《宛委别藏》，南京：江苏古籍出版社，1988年。

〔宋〕李昉等编：《太平广记》，北京：中华书局，1961年。

〔宋〕李昉等编：《文苑英华》，北京：中华书局影印本，1966年。

〔宋〕李焘撰，上海师范学院古籍整理研究室、上海师范大学古籍整理研究室点校：《续资治通鉴长编》，北京：中华书局，1979年。

〔宋〕宋敏求编：《唐大诏令集》，北京：中华书局，2008年。

〔宋〕范晔撰，〔唐〕李贤等注：《后汉书》，北京：中华书局，1965年。

〔宋〕欧阳修、宋祁：《新唐书》，北京：中华书局，1975年。

〔宋〕欧阳修撰，〔宋〕徐无党注：《新五代史》，北京：中华书局，1975年。

〔宋〕郑克编撰，刘俊文译注：《折狱龟鉴译注》，上海：上海古籍出版社，1988年。

〔宋〕钱易：《南部新书》，上海：商务印书馆，1936年。

〔宋〕薛居正等：《旧五代史》，北京：中华书局，

1976年。

张家山二四七号汉墓竹简整理小组编:《张家山汉墓竹简〔二四七号墓〕》,北京:文物出版社,2001年。

陈尚君辑校:《全唐文补编》,北京:中华书局,2005年。

国家文物局古文献研究室等编:《吐鲁番出土文书》,北京:文物出版社,1981年。

〔明〕黄淮、〔明〕杨士奇等编著:《历代名臣奏议》,台北:台湾学生书局,1985年。

周绍良:《唐代墓志汇编续集》,上海:上海古籍出版社,2001年。

周绍良主编,赵超副主编:《唐代墓志汇编》,上海:上海古籍出版社,1992年。

河南省文物研究所、河南省洛阳地区文管处编:《千唐志斋藏志》,北京:文物出版社,1984年。

陕西省古籍整理办公室编,吴钢主编:《全唐文补遗(第七辑)》,西安:三秦出版社,2000年。

故宫博物院编,郭玉海、方斌主编:《故宫博物院藏历代墓志汇编》,北京:紫禁城出版社,2010年。

洛阳市第二文物工作队、李献奇、郭引强编:《洛阳新获墓志》,北京:文物出版社,1996年。

〔晋〕陈寿撰,陈乃乾校点:《三国志》,北京:中华书局,1959年。

〔唐〕元稹著，冀勤点校：《元稹集》（修订本），北京：中华书局，2010年。

〔唐〕长孙无忌等撰，刘俊文点校：《唐律疏议》，北京：中华书局，1983年。

〔唐〕白居易著，朱金城笺校：《白居易集笺校》，上海：上海古籍出版社，1988年。

〔唐〕白居易著，谢思炜校注：《白居易文集校注》，北京：中华书局，2011年。

〔唐〕白居易著，谢思炜校注：《白居易诗集校注》，北京：中华书局，2006年。

〔唐〕白居易编撰：《白氏六帖事类集》，上海：上海古籍出版社，1999年。

〔唐〕刘肃撰，许德楠、李鼎霞点校：《大唐新语》，北京：中华书局，1984年。

〔唐〕杜佑撰，王文锦、王永兴、刘俊文等点校：《通典》，北京：中华书局，1988年。

〔唐〕李延寿：《北史》，北京：中华书局，1974年。

〔唐〕李延寿：《南史》，北京：中华书局，1975年。

〔唐〕李林甫等撰，陈仲夫点校：《唐六典》，北京：中华书局，1992年。

〔唐〕李商隐著，叶葱奇疏注：《李商隐诗集疏注》，北京：人民文学出版社，1998年。

〔唐〕吴兢编著：《贞观政要》，上海：上海古籍出版社，

1978年。

〔唐〕张九龄撰，刘斯翰校注：《曲江集》，广州：广东人民出版社，1986年。

〔唐〕张鷟撰，田涛、郭成伟校注：《龙筋凤髓判》，北京：中国政法大学出版社，1996年。

〔唐〕张鷟撰，赵守俨校点：《朝野佥载·补辑》，北京：中华书局，1979年。

〔唐〕陆贽撰，王素点校：《陆贽集》，北京：中华书局，2004年。

〔唐〕欧阳询撰，汪绍楹校：《艺文类聚》，上海：上海古籍出版社，1999年。

〔唐〕房玄龄等：《晋书》，北京：中华书局，1974年。

〔唐〕韩愈著，马其昶校注，马茂元整理：《韩昌黎文集校注》，上海：上海古籍出版社，2014年。

〔唐〕释道世撰，周叔迦、苏晋仁校注：《法苑珠林校注》，北京：中华书局，2003年。

〔唐〕虞世南：《北堂书钞》，上海：上海古籍出版社，1999年。

〔唐〕魏徵、令狐德棻：《隋书》，北京：中华书局，1973年。

〔唐〕魏徵撰，王方庆辑：《魏郑公谏录》，《丛书集成》本。

章国庆编著：《宁波历代碑碣墓志汇编》（唐五代宋元

卷），上海：上海古籍出版社，2012年。

〔清〕王昶：《金石萃编》，北京：中国书店影印本，1985年。

〔清〕沈家本撰，邓经元、骈宇骞点校：《历代刑法考》，北京：中华书局，1985年。

〔清〕顾炎武著，〔清〕黄汝成集释：《日知录集释》，上海：上海古籍出版社影印本，1985年。

〔清〕彭定求等辑：《全唐诗》，北京：中华书局，1960年。

〔清〕董诰等编：《全唐文》，北京：中华书局，1983年。

〔清〕薛允升撰，怀效锋、李鸣点校：《唐明律合编》，北京：法律出版社，1999年。

睡虎地秦墓竹简整理小组编：《睡虎地秦墓竹简》，北京：文物出版社，1978年。

薛梅卿点校：《宋刑统》，北京：法律出版社，1999年。

二、近人、今人著作

马小红：《礼与法》，北京：经济管理出版社，1997年。

马克昌主编：《刑法学》，北京：高等教育出版社，2007年。

王立民：《唐律新探》，上海：上海社会科学出版社，1993年。

王永兴:《王永兴说隋唐》,上海:上海科学技术文献出版社,2009年。

王永兴:《唐代前期西北军事研究》,北京:中国社会科学出版社,1994年。

王重民、王庆菽、向达等编:《敦煌变文集》,北京:人民出版社,1984年。

王清云:《汉唐文官法律责任制度》,北京:中国人民大学出版社,1989年。

中国政法大学法律史学研究院编:《日本学者中国法论著选译》,北京:中国政法大学出版社,2012年。

毛汉光:《中国中古政治史论》,台北:联经出版事业公司,1988年。

邓小南著,吴宗国审定:《课绩·资格·考察——唐宋文官考核制度侧谈》,郑州:大象出版社,1997年。

石云涛:《唐代幕府制度研究》,北京:中国社会科学出版社,2003年。

叶孝信主编:《中国法制史》,上海:复旦大学出版社,2002年。

田兆元:《神话与中国社会》,上海:上海人民出版社,1998年。

史苇湘:《敦煌历史与莫高窟艺术研究》,兰州:甘肃教育出版社,2002年。

丘汉平:《历代刑法志》,长沙:商务印书馆,1938年。

巩富文：《中国古代法官责任制度研究》，西安：西北大学出版社，2002年。

乔伟：《唐律概说》，吉林大学内部刊本，1982年。

任爽：《唐朝典章制度》，长春：吉林文史出版社，2001年。

刘俊文、[日]池田温主编：《中日文化交流史大系·法制卷》，杭州：浙江人民出版社，1996年。

刘俊文：《唐代法制研究》，台北：文津出版社有限公司，1999年。

刘俊文：《唐律疏议笺解》，北京：中华书局，1996年。

刘俊文：《敦煌吐鲁番唐代法制文书考释》，北京：中华书局，1989年。

严耕望：《严耕望史学论文集》，上海：上海古籍出版社，2009年。

李长青主编：《中国监狱简史》，北京：社科出版社，1994年。

李季平：《唐代奴婢制度》，上海：上海人民出版社，1986年。

李锦绣：《唐代财政史稿》，北京：社会科学文献出版社，2007年。

李锦绣：《唐代制度史略论稿》，北京：中国政法大学出版社，1998年。

杨廷福：《唐律初探》，天津：天津人民出版社，

1982年。

杨鸿烈：《中国法律发达史》，上海：商务印书馆，1930年。

杨鸿烈：《中国法律思想史》，北京：中国政法大学出版社，2004年。

吴宗国：《中国古代官僚政治制度研究》，北京：北京大学出版社，2004年。

吴宗国主编：《盛唐政治制度研究》，上海：上海辞书出版社，2003年。

何勤华主编：《法律文化史研究（第一卷）》，北京：商务印书馆，2004年。

张达志：《唐代后期藩镇与州之关系研究》，北京：中国社会科学出版社，2011年。

张国刚：《唐代官制》，西安：三秦出版社，1987年。

张国刚：《唐代政治制度研究论集》，台北：文津出版社，1994年。

张国刚：《唐代藩镇研究》，长沙：湖南教育出版社，1987年。

张晋藩总主编：《中国法制通史》，北京：法律出版社，1999年。

陈仲安、王素：《汉唐职官制度研究》，北京：中华书局，1993年。

陈顾远：《中国法制史》，上海：商务印书馆，1934年。

陈顾远:《中国法制史概要》,台北:三民书局,1977年。

陈玺:《唐代诉讼制度研究》,北京:商务印书馆,2012年。

陈登武:《从人间世到幽冥界——唐代的法制、社会与国家》,北京:北京大学出版社,2007年。

[英]梅恩著,郭亮译:《古代法》,北京:法律出版社,2016年。

郑显文:《律令时代中国的法律与社会》,北京:知识产权出版社,2007年。

郑显文:《唐代律令制研究》,北京:北京大学出版社,2004年。

赵晶:《〈天圣令〉与唐宋法制考论》,上海:上海古籍出版社,2014年。

胡世凯:《"明主治吏不治民":中国传统法律中的官吏渎职罪研究》,北京:中国政法大学出版社,2002年。

胡宝华:《20世纪以来日本中国史学著作编年》,北京:中华书局,2012年。

胡宝华:《唐代监察制度研究》,北京:商务印书馆,2005年。

胡戟、张弓、李斌城等主编:《二十世纪唐研究》,北京:中国社会科学出版社,2002年。

柏桦:《中国古代刑罚政治观》,北京:人民出版社,

2008年。

柳立言：《宋代的家庭和法律》，上海：上海古籍出版社，2008年。

钱大群、钱元凯：《唐律论析》，南京：南京大学出版社，1989年。

钱大群、郭成伟：《唐律与唐代吏治》，北京：中国政法大学出版社，1994年。

钱大群：《唐律与唐代法律体系研究》，南京：南京大学出版社，1996年。

钱大群：《唐律研究》，北京：法律出版社，2000年。

徐朝阳：《中国刑法溯源》，上海：商务印书馆，1929年。

徐道邻：《中国法制史论集》，台北：台湾志文出版社，1975年。

徐道邻：《唐律通论》，台北：台湾中华书局，1966年。

翁俊雄：《唐后期政区与人口》，北京：首都师范大学出版社，1999年。

高明士主编：《唐代身分法制研究——以唐律名例律为中心》，台北：五南图书出版公司，2003年。

高明士主编：《唐律与国家社会研究》，台北：五南图书出版公司，1999年。

高潮、刘斌：《中国法制古籍目录学》，北京：北京古籍出版社，1993年。

郭正忠主编：《中国盐业史（古代编）》，北京：人民出版社，1997年。

郭东旭：《宋代法制研究》，保定：河北大学出版社，2000年。

唐长孺：《山居存稿》，北京：中华书局，1989年。

唐耕耦、陆宏基编：《敦煌社会经济文献真迹释录（二）》，北京：全国图书馆文献缩微复制中心，1990年。

黄正建主编：《〈天圣令〉与唐宋制度研究》，北京：中国社会科学出版社，2011年。

黄正建主编：《中晚唐社会与政治研究》，北京：中国社会科学出版社，2006年。

黄永年、贾宪保：《唐史史料学》，西安：陕西师范大学出版社，1989年。

黄秉心：《中国刑法史》，永安：改进出版社，1940年。

萧登福：《汉魏六朝佛道两教之天堂地狱说》，台北：台湾学生书局，1989年。

梁民立主编：《简明中国监狱史》，北京：群众出版社，1994年。

彭炳金：《唐代官吏职务犯罪研究》，北京：中国社会科学出版社，2008年。

韩国磐：《中国古代法制史研究》，北京：人民出版社，1993年。

程树德：《九朝律考》，北京：中华书局，2006年。

鲁迅：《鲁迅全集》，北京：人民文学出版社，1981年。

曾一民：《唐代考课制度研究》，台北：台湾商务印书馆，1978年。

曾宪义主编：《中国法制史》，北京：北京大学出版社，高等教育出版社，2000年。

蒲坚主编：《中国法制史（修订本）》，北京：光明日报出版社，1999年。

赖瑞和：《唐代中层文官》，北京：中华书局，2011年。

赖瑞和：《唐代高层文官》，北京：中华书局，2017年。

赖瑞和：《唐代基层文官》，北京：中华书局，2008年。

新文丰出版公司编辑部编辑：《石刻史料新编》，台北：新文丰出版股份有限公司，1977年。

潘维和：《唐律学通义》，台北：汉林出版社，1979年。

薛梅卿、赵晓耕主编：《两宋法制通论》，北京：法律出版社，2002年。

薛梅卿主编：《中国监狱史》，北京：群众出版社，1986年。

戴伟华：《〈唐方镇文职僚佐考〉订补》，台北：台湾学生书局，1999年。

戴伟华：《唐方镇文职僚佐考》，天津：天津古籍出版社，1994年。

戴炎辉：《中国法制史》，台北：三民书局，1966年。

戴炎辉：《唐律各论》，台北：成文出版社，1988年。

戴炎辉编著：《唐律通论》，台北：台湾编译馆，1964年。

戴建国：《唐宋变革时期的法律与社会》，上海：上海古籍出版社，2010年。

戴建国：《唐宋法律史论集》，上海：上海辞书出版社，2007年。

瞿同祖：《中国法律与中国社会》，北京：中华书局，1981年。

瞿同祖：《瞿同祖法学论著集》，北京：中国政法大学出版社，1998年。

三、学术论文

力安中：《我国狱政思想及其发展特征初探》，《学术研究》2002年第5期。

马小红：《"格"的演变及其意义》，《北京大学学报（哲学社会科学版）》1987年第3期。

马小红：《唐王朝的法与刑》，《政法论坛（中国政法大学学报）》2006年第2期。

王立民：《有关中国古代刑讯制度的几点思考》，《华东政法学院学报》1999年第3期。

王立民：《论唐律令格式都是刑法》，《法学研究》1989年第4期。

王立民：《论唐律的礼法关系》，《浙江学刊》2002年第

2期。

王立民:《唐律的礼法关系透视》,中国儒学与法律文化研究会编:《儒学与法律文化》,上海:复旦大学出版社,1992年。

王志胜:《论唐代的榷盐商》,《学术论坛》2003年第6期。

王利民:《中国古代监狱管理初探》,《人文杂志》2000年第4期。

王宏治:《唐代司法中的"三司"》,《北京大学学报(哲学社会科学版)》1988年第4期。

王承文:《论唐代岭南地区的金银生产及其影响》,《中国史研究》2008年第3期。

王春花、刘再聪:《试论〈唐律疏议〉中对"疾残"人的政策》,《江南大学学报(人文社会科学版)》2007年第4期。

王相民:《既遵法理,又合人情——白居易的判词写作特色》,《兰台世界》2007年第4期。

王素芬:《唐朝待遇囚人之法论要》,《浙江社会科学》2007年第6期。

王晓晖:《唐前期河西军事体系的建立和强化》,《军事历史研究》2012年第4期。

王德权:《唐代律令中的"散官"与"散位"——从官人的待遇谈起》,《中国历史学会史学集刊》1989年第21期。

［日］砺波护著，黄正建译：《唐代的县尉》，刘俊文主编：《日本学者研究中国史论著选译（第四卷）》，北京：中华书局，1992年。

卞孝萱：《〈唐太宗入冥记〉与"玄武门之变"》，《敦煌学辑刊》2000年第2期。

付兴林：《论白居易〈百道判〉的思想价值》，《陕西师范大学学报（哲学社会科学版）》2005年第6期。

冯卓慧：《从几件敦煌吐鲁番文书看唐代法律形式——式》，《法学研究》1992年第3期。

宁志新：《唐朝使职若干问题研究》，《历史研究》1999年第2期。

宁欣：《唐朝巡院及其在唐后期监察体系中的作用和地位》，《北京师范学院学报（社会科学版）》1989年第6期。

巩富文：《中国古代刑讯考略》，《人文杂志》1992年第1期。

巩富文：《唐代法官出入人罪的责任制度探析》，《政治与法律》1993年第1期。

向群：《唐判论略》，《华学》编辑委员会编：《华学（第二辑）》，广州：中山大学出版社，1996年。

向群：《敦煌吐鲁番文书中所见唐官文书"行判"的几个问题》，《敦煌研究》1995年第3期。

刘后滨：《唐代司法"三司"考析》，《北京大学学报（哲学社会科学版）》1991年第2期。

刘后滨：《隋与唐前期的中书省》，吴宗国主编：《盛唐制度研究》，上海：上海辞书出版社，2003年。

刘陆民著，郝一伍整理：《唐代司法组织系统考》，曾宪义主编：《法律文化研究》第5辑，北京：中国人民大学出版社，2009年。

刘俊文：《论唐后期法制的变化》，《北京大学学报（哲学社会科学版）》1986年第2期。

刘俊文：《唐律与礼的关系试析》，《北京大学学报（哲学社会科学版）》1983年第5期。

齐涛：《巡院与唐宋地方政体的转化》，《文史哲》1991年第5期。

江玉祥：《中国地狱"十殿"信仰的起源》，江玉祥主编：《古代西南丝绸之路研究》第2辑，成都：四川大学出版社，1995年。

许章润：《唐代狱政制度》，《法学与实践》1986年第1期。

许颖、曹铂：《明清两代的公罪与私罪制度》，《河北学刊》2006年第2期。

杜文玉：《论唐五代藩镇使府内部的监察体制》，《文史哲》2014年第5期。

李天石：《唐代的官奴婢制度及其变化》，《兰州学刊》1988年第3期。

李文才：《唐代河西节度使所辖军镇考论》，杜文玉主编:《唐史论丛》第 18 辑,西安:陕西师范大学出版总社有限公司,2014 年。

李玉生:《唐代法律体系研究》,《法学家》2004 年第 5 期。

李并成:《〈河西节度使判集〉(P.2942)有关问题考》,《敦煌学辑刊》2005 年第 3 期。

李伯重:《〈唐律疏议〉中所见的社会等级》,《云南社会科学》1988 年第 5 期。

李宗俊:《法藏敦煌文书 P.2942 相关问题再考》,《敦煌研究》2014 年第 4 期。

李祥金:《儒家思想对我国古代狱制的影响》,《齐鲁学刊》2006 年第 4 期。

李锦绣:《关于唐后期官与吏界限的几点思考》,纪宗安、汤开建主编:《暨南史学》第 4 辑,广州:暨南大学出版社,2005 年。

李锦绣:《典在唐前期财务行政中的作用》,汪晖等主编:《学人》第 3 辑,南京:江苏文艺出版社,1992 年。

李锦绣:《唐代直官补考(下)——以墓志为中心》,黄正建主编:《隋唐宋辽金史论丛》第 5 辑,上海:上海古籍出版社,2015 年。

李锦绣:《唐代直官补考(上)——以墓志为中心》,黄正建主编:《隋唐宋辽金史论丛》第 4 辑,上海:上海古籍出版社,2014 年。

杨亚琼:《试述唐代直官制度》,《西部学刊》2014 年第 4 期。

杨宝玉:《六十余年来法藏敦煌文书 P.2942 研究状况述评》,《中国史研究动态》2014 年第 1 期。

吴承学:《唐代判文文体及源流研究》,《文学遗产》1999 年第 6 期。

吴慧:《唐代的盐法与盐政》,《盐业史研究》1992 年第 3 期。

何汝泉:《汉唐财政职官体制的三次变革》,《西南师范大学学报(哲学社会科学版)》1997 年第 1 期。

何汝泉:《关于唐代转运使的治所问题》,《西南师范学院学报》1983 年第 4 期。

何汝泉:《唐代地方运使述略》,《西南师范大学学报(人文社会科学版)》2003 年第 6 期。

何汝泉:《唐代转运使成为固定职官考》,《西南师范学院学报》1982 年第 1 期。

何汝泉:《唐代度支、盐运二使关系试析》,中国唐史学会编:《中国唐史学会论文集》,西安:三秦出版社,1993 年。

何汝泉:《唐代度支使出现时间的探讨》,《西南师范大学学报(哲学社会科学版)》1988 年第 3 期。

张广达:《论唐代的吏》,《北京大学学报(哲学社会科学版)》1989 年第 2 期。

张正印:《论狱讼胥吏对宋代狱讼体制的影响》,《求索》2010年第6期。

张金桐:《〈冥报记〉的冥判故事与初唐"依律慎刑"思想》,《社会科学论坛》2002年第12期。

张总:《〈阎罗王授记经〉缀补研考》,季羡林、饶宗颐主编:《敦煌吐鲁番研究》第5卷,北京:北京大学出版社,2001年。

张晋藩:《综论中国古代司法渎职问题》,《现代法学》2012年第1期。

张琰琰:《近三十余年唐代胥吏问题研究述论》,《中国史研究动态》2016年第1期。

陈宁英:《唐代律令中的奴婢略论》,《广西民院学报(哲学社会科学版)》1997年第4期。

陈成国:《从〈唐律疏议〉看唐礼及相关问题》,《湖南大学学报(社会科学版)》1999年第1期。

陈仲安:《唐代的使职差遣制》,《武汉大学学报》1963年第1期。

陈俊强:《汉唐正史〈刑法志〉的形成与变迁》,《台湾师大历史学报》第43期(2010年6月)。

陈俊强:《唐代录囚制试释》,高明士编:《东亚传统教育与法制研究(一)教育与政治社会》,台北:台湾大学出版中心,2005年。

陈玺:《唐代虑囚使职系统的演进与发展》,《求索》

2008年第1期。

邵治国：《唐代监狱制度述要》，《河北师范大学学报（哲学社会科学版）》2004年第6期。

［英］丹尼斯·C.特威切特著，张中秋摘译：《初唐法律论》，《比较法研究》1990年第1期。

范忠信：《法律史研究的"文化解释"使命——兼论传统法律史研究的局限性》，倪正茂主编：《批判与重建：中国法律史研究反拨》，北京：法律出版社，2002年。

季怀银：《宋代司法审判中的限期督催制度》，《史学月刊》1991年第2期。

季怀银：《宋代清理"留狱"活动述论》，《中州学刊》1990年第3期。

岳纯之、唐澜：《论唐宪宗之死》，《烟台师范学院学报》1997年第1期。

周斌、秦雪：《论中国古代的刑讯逼供及其殷鉴》，《求实》2001年第1期。

郑世保：《中国古代刑讯制度的特征、成因与禁用》，《郑州轻工业学院学报（社会科学版）》2005年第4期。

郑显文：《〈唐律疏议〉的释法性解释和造法性阐释》，《法学论坛》2022年第4期。

郑显文：《新材料、新视野——敦煌吐鲁番文书与中国法律史学研究》，张中秋编：《法律史学科发展国际学术研讨会论文集》，北京：中国政法大学出版社，2006年。

赵光怀:《狱吏与汉代司法系统》,《河南师范大学学报(哲学社会科学版)》2005年第4期。

赵春燕:《中国古代刑讯制度演变规律之研究》,《中国刑事法杂志》2003年第4期。

胡沧泽:《唐代御史台司法审判权的获得》,《厦门大学学报(哲学社会科学版)》1989年第3期。

胡沧泽:《唐代御史台对官吏的弹劾》,《福建学刊》1989年第3期。

柏桦、葛荃:《公罪与私罪——中国古代刑罚政治观》,《政治与法律》2005年第4期。

姜小川:《中国古代刑讯制度及其评析》,《证据科学》2009年第5期。

姜伯勤:《王涯与中唐时期的令与礼》,《中国古代社会研究》编委会编:《中国古代社会研究——庆祝韩国磐先生八十华诞纪念论文集》,厦门:厦门大学出版社,1998年。

姚潇鸫:《刘宋监狱新考》,《上海师范大学学报(哲学社会科学版)》2004年第1期。

贾文龙:《宋朝鞫谳分司制度的历史浮沉》,姜锡东主编:《宋史研究论丛》第16辑,保定:河北大学出版社,2015年。

贾俊侠、张艳云:《龙筋凤髓判探析》,《西安文理学院学报(社会科学版)》2005年第8期。

贾宪保:《唐代北司的司法机构》,《人文杂志》1985年第 6 期。

贾宪保：《唐代巡院初探》，《人文杂志》1984 年第 3 期。

顾成瑞：《唐代典吏考》，《齐鲁学刊》2016 年第 1 期。

钱大群：《律、令、格、式与唐律的性质》，《法学研究》1995 年第 5 期。

钱大群：《唐律与封建吏治》，《江海学刊》1985 年第 5 期。

徐忠明、杜金：《唐明律例刑讯规定之异同》，《北京大学学报（哲学社会科学版）》2009 年第 4 期。

徐忠明：《"刑治主义"与中国古代法律观念》，《比较法研究》1999 年第 1 期。

徐忠明：《略论唐朝法律与礼的关系》，《中山大学学报（社会科学版）》1997 年第 1 期。

徐显明：《唐律中官吏犯罪初探》，《东岳论丛》1985 年第 1 期。

徐唐棠：《略论我国古代的刑讯制度》，《当代法学》2002 年第 9 期。

殷啸虎：《宋朝监狱管理制度述论》，《法治论丛》1992 年第 1 期。

高积顺：《狱的法文化考察》，《法律科学》1997 年第 3 期。

郭崇殿：《唐徐州〈使院新修石幢记〉考》，《徐州师范学院学报（哲学社会科学版）》1988 年第 4 期。

郭锋：《唐代道制改革与三级制地方行政体制的形成》，《历史研究》2002年第6期。

陶昆、赵科晨：《唐律"拷囚"制度评析》，《法制与经济》2007年第4期。

黄正建：《唐式摭遗》，韩金科主编：《98法门寺唐文化国际学术讨论会论文集》，西安：陕西人民出版社，2000年。

黄兆宏：《有关河西节度使几个问题的探析》，《甘肃联合大学学报（社会科学版）》2008年第4期。

黄宏：《监狱制度的惩罚哲学——以福柯的〈规训与惩罚〉为考察中心》，《法制与经济（下半月）》2008年第2期。

黄征：《〈燕子赋〉研究》，《敦煌研究》2003年第1期。

黄修明：《唐代县令考论》，《四川师范学院学报（哲学社会科学版）》1997年第4期。

曹小云：《〈唐律疏议〉词语考释》，《安徽农业大学学报（社会科学版）》2009年第6期。

曹强新：《五代监狱制度考略》，《理论月刊》2010年第10期。

盛会莲：《论唐五代的三疾救恤》，《中国经济史研究》2007年第3期。

崔永东：《试析中国古代狱政文化的基本精神》，《北方法学》2010年第6期。

阎守诚、李军：《唐代的因灾虑囚》，《山西大学学报

（哲学社会科学版）》2004年第1期。

彭炳金：《论唐代官吏职务连坐法律制度》，《人文杂志》2004年第5期。

韩国磐：《传世文献中所见唐式辑存》，《厦门大学学报（哲学社会科学版）》1994年第1期。

童光政：《唐宋"四等官"审判制度初探》，《法学研究》2001年第1期。

楚永桥：《〈燕子赋〉与唐代司法制度》，《文学遗产》2002年第4期。

楼劲：《"官吏之别"及"官吏关系"的若干历史问题》，《社会》2016年第1期。

楼劲：《武德时期的立法与法律体系——说"武德新格"及所谓"又〈式〉十四卷"》，《中国史研究》2014年第1期。

虞云国、张玲：《唐宋时期"观察使"职权的演变》，姜锡东、李华瑞主编：《宋史研究论丛》第7辑，保定：河北大学出版社，2006年。

僧海霞：《从P.2942文书看河西陷蕃前后变通运用律令的问题》，《西藏民族学院学报（哲学社会科学版）》2006年第4期。

镇江博物馆：《江苏镇江唐墓》，《考古》1985年第2期。

薛明扬：《论唐代使职的功能与作用》，《复旦学报（社会科学版）》1990年第1期。

薛梅卿:《我国监狱及狱制探源》,《法学研究》1995年第4期。

霍存福:《令式分辨与唐令的复原——〈唐令拾遗〉编译墨余录》,《当代法学》1990年第3期。

霍存福:《论〈唐律〉"义疏"的法律功能》,《吉林大学学报(社会科学版)》1987年第4期。

霍存福:《张鷟〈龙筋凤髓判〉与白居易〈甲乙判〉异同论》,《法制与社会发展》1997年第2期。

霍存福:《唐代官刑论》,《吉林大学社会科学学报》1989年第5期。

霍存福:《唐式与日本式的比较研究》,《法律史研究》编委会、《中日文化交流》丛书编委会合编:《中外法律史新探》,西安:陕西人民出版社,1994年。

霍存福:《唐式的遗存与搜集情况》,《法律史研究》编委会编:《中国法律史国际学术讨论会论文集》,西安:陕西人民出版社,1990年。

霍存福:《唐式性质考论》,《吉林大学社会科学学报》1992年第6期。

戴建国:《天一阁藏明抄本〈官品令〉考》,《历史研究》1999年第3期。

戴建国:《宋代的狱政制度》,《上海师范大学学报(哲学社会科学版)》1987年第3期。

四、学位论文

王建峰:《唐代刑部尚书研究》,山东大学 2007 年博士学位论文。

宋平:《唐代公罪研究》,中山大学 2007 年硕士学位论文。

陈灵海:《唐代刑部》,华东政法学院 2004 年博士学位论文。

陈玺:《唐代诉讼制度研究》,陕西师范大学 2009 年博士学位论文。

赵友新:《唐代狱政制度研究》,西南政法大学 2006 年硕士学位论文。

五、外文文献

山本達郎、池田温、崗野誠:《敦煌吐魯番社会経済史資料》,東京:東洋文庫,2008 年。

中村裕一:《唐代公文書研究》,東京:汲古書院,1996 年。

仁井田陞:《唐宋法律文書の研究》,東京:東京大學出版會,1983 年。

仁井田陞:《補訂中國法制史研究》,東京:東京大學出版會,1981 年。

仁井田陞著,池田温編集:《唐令拾遺補》,東京:東京大學出版會,1997年。

辻正博:《唐宋時代刑罰制度の研究》,京都大学学術出版会,2010年。

高橋継男:《唐代後半期における巡院の地方行政監察業務について》,星博士退官記念中国史論集編集委員会編:《星博士退官記念中国史論集》,1978年。

唐代史研究会編:《律令制——中国朝鮮の法と国家》,東京:汲古書院,1986年。